हरियाणा में सत्ता की राजनीति
जाति और धन का खेल

हरियाणा
में
सत्ता की राजनीति
जाति और धन का खेल

लेखक
भीम सिंह दहिया

अनुवाद
डा. सुभाष चन्द्र

GYAN

हरियाणा में सत्ता की राजनीति
जाति और धन का खेल

रुपये 540

ISBN: 978-81-212-1017-1

मूल अंग्रेज़ी से हिन्दी में अनुवाद: डा. सुभाष चन्द्र

प्रकाशन वर्ष 2009
ज्ञान पब्लिकेशन्स
23, मेन अंसारी रोड, दरियागंज
नई दिल्ली–110002
ई-मेल: gyanbooks@vsnl.com
Website: http:// www.gyanbook.com

अक्षर मुद्रांकन: क्विक मीडिया, दिल्ली
Printed at : Young Art Press, Delhi - 92

समर्पण

स्वर्गीय चौ. हरद्वारी लाल

को

जिन्होंने मुझे अकादमिक कार्य से परे किया

और

स्वर्गीय डा. सरूप सिंह

को

जिन्होंने मुझे राजनीति से जोड़ा

विषय-सूची

प्राक्कथन

'डा. सरूप सिंह : साहित्य से सियासत तक' पुस्तक लेखन के दौरान मेरे दिमाग में हरियाणा की राजनीति के बारे में एक पुस्तक जन्म ले रही थी। डा. सरूपसिंह के बहाने हरियाणा की राजनीति के देखे-सुने किरदार व घटनाएं धीरे धीरे आंखों के सामने घूमने लगी। इनका खाका तैयार होने के बाद मैने स्थानीय इतिहासकारों के कार्यों को पढ़ा, सक्रिय राजनीतिज्ञों से सम्पर्क साधा, जिससे हरियाणा में सत्ता की राजनीति के बारे में मेरे ज्ञान में वृद्धि हुई।

ऐतिहासिक तथ्यों और सार्वजनिक व्यक्तित्वों पर आधारित हुए भी यह पुस्तक इतिहास नहीं है, न ही मेरा इतिहास लिखने का कोई इरादा रहा है। घटनाओं और रूझानों को नीरस शैली में दर्ज करने की बजाए कहानी और चित्र उकेरने में मेरी अधिक रुचि रही है। घटनाएं व लोक कहावतें सीधे मानवीय भावनाओं से जुड़े होने के कारण लोगों को ज्यादा आकर्षित करती हैं, इसलिए मैने इनका खूब प्रयोग किया है। प्रवृतियां और रूझान, विश्लेषण और निष्कर्षों को रखते हुए भी मेरा जोर घटनाओं के मानवीय पहलू पर अधिक रहा है। दूसरे शब्दों में यह राजनीति की कविता है, जिसमें कामेडी भी है और ट्रेजडी भी तथा सुर-ताल भी है और बेसुरापन भी।

कोई भी इन्सान अपनी तमाम कोशिशों के बावजूद भी पूर्वाग्रहों से पूर्णतः मुक्त तो नहीं हो सकता, लेकिन मैने किसी ऐतिहासिक घटना या राजनीतिक व्यक्तित्व को तोड़-मरोड़कर पेश करने से बचने का हरसंभव प्रयास किया है। सक्रिय राजनीति में रहने के कारण पार्टी और पार्टी से बाहर मेरे दोस्त और प्रतिद्वन्द्वी रहे हैं। तटस्थता से सभी राजनीतिक व्यक्तित्वों को उचित स्थान देने में साहित्यिक और सामाजिक आलोचक होने के लम्बे अनुभव ने मेरी महती मदद की है। मैने जाति और समुदायों का आवश्यकता अनुसार जिक्र किया है, लेकिन प्रयास रहा है कि किसी की भावनाओं को

ठेस न पहुंचे। यदि यह पुस्तक पाठकों को मानसिक संकीर्णताओं के खोल से बाहर निकालकर मानवीय संवेदनाओं से जोड़ने में जरा भी सफल रही तो मेरा उद्देश्य पूरा हो जाएगा।

इस पुस्तक में चौ. छोटूराम से लेकर चौ. भूपेन्द्र सिंह हुड्डा के शासन तक की हरियाणा की सत्ता की राजनीति पर विहंगम दृष्टि डालने का प्रयास रहा है। जिस तरह 'हरियाणा में सत्ता की राजनीतिः जाति और धन का खेल' पुस्तक का मसौदा पिछली पुस्तक 'डा. सरूप सिंहः साहित्य से सियासत तक' लिखने के दौरान बना था, उसी तरह इस दौरान हरियाणा में उच्च शिक्षा पर आधारित अगली पुस्तक का खाका भी बना है। हरियाणा की राजनीतिक, शैक्षणिक और सांस्कृतिक विकास की कहानी कहती ये तीनों पुस्तकें न केवल एक दूसरे से जड़ी हुई होंगी, बल्कि परस्पर पूरक भी होंगी। आशा है कि अगले वर्ष तक यह पुस्तक भी आपके हाथों में होगी।

इस पुस्तक के लेखन में राजनीतिक व्यक्तियों, इतिहासकारों और लेखकों से मदद मिली है, विशेषकर डा. रणजीत सिंह द्वारा रचित प्रो.शेरसिंह; डा. नोनिका दता की 'फारमिंग आईडेंटिटी: ए सोशल हिस्टी ऑफ जाट्स'; डा. एम.एम. जुनेजा रचित 'दि डायरिज ऑफ डा. रामजीलाल हुड्डा एंड हिसार सिटीः प्लेसिज एंड पर्सनलिटिज' तथा शिवा एन.मलिक रचित सेठ छज्जूराम के व्यक्तित्व पर प्रकाश डालने वाली पुस्तकों से मुझे महत्त्वपूर्ण जानकारी मिली है, मैं इनके प्रति आभार व्यक्त करता हूं।

मैं 1966 के बाद की राजनीति पर केन्द्रित करना चाहता था, लेकिन चौ. भूपेन्द्र सिंह हुड्डा ने बीसवीं शताब्दी के आरम्भ से ही हरियाणा की राजनीति पर लिखने का महत्त्वपूर्ण सुझाव देकर इस पुस्तक को आकार देने में योगदान दिया। मैं प्रो. शेरसिंह का धन्यवादी हूं, जिनसे बातचीत ने हरियाणा की राजनीति और लोगों को समझने में मदद की। इसमें महत्वपूर्ण सुझावों के लिए मैं कुरुक्षेत्र विश्वविद्यालय हिन्दी-विभाग में कार्यरत डा. सुभाष चन्द्र का भी धन्यवादी हूं। सेठ छज्जूराम के पोते श्री अरविन्द चौधरी, चौ.श्यामचन्द, चौ.तेजेन्द्र मान और श्री रणबीर सिंह जी के प्रति धन्यवाद ज्ञापित करता हूं, जिन्होंनें इस पुस्तक के लिए मूल्यवान तथ्यों की जानकारी दी।

अपनी पत्नी सुदेश, पुत्र त्रिभुवन, दोनों बेटियों दिव्या और हेमा, पुत्रवधू सुमन तथा पोतों सिद्धार्थ और राहितेश्वर से मिले प्रेम एवं स्नेह के बिना हरियाणा की सत्ता की राजनीति को पुस्तक का रूप देने का लक्ष्य हासिल नहीं हो सकता था। मैं इनका आभारी हूं।

अन्त में मैं प्रो. आर.डब्ल्यू. देसाई का विशेष धन्यवाद करता हूं, जिन्होंने पाण्डुलिपि को पढ़कर इसकी अशुद्धियां दूर की।

डा. भीम सिंह दहिया

अनुवादक की ओर से

आज का हमारा समाज राजनीति से संचालित और नियंत्रित है। समाज का हर जागरूक व्यक्ति राजनीति पर चर्चा करता है। कहीं तांगे में, चौपाल पर या किसी रिश्तेदार के आ जाने पर कुछ समय घरेलू बातचीत के बाद लोग राजनीतिक चर्चा में मशगूल हो जाते हैं। राजनीतिक चर्चा उनके मनोरंजन का साधन भी बन गई है और सामूहिकता का भी। अब यही एक साझा विषय रह गया है, जिस पर लोग बड़े चाव से एक दूसरे का साथ देते हैं। लेकिन इस चर्चा में अभी भी व्यक्ति केन्द्रित राजनीति ही है। समाज में अभी नीतियों और राजनीतिक प्रक्रियाओं पर विचार करने की संस्कृति नहीं पनपी, जिससे वास्तव में प्रशासन व शासन चलता है। सत्ता के गलियारों में दाखिल राजनीतिक नेता भी यही चाहते हैं कि राजनीति का केन्द्र वही रहें। वे राजनीति में किसी की हिस्सेदारी नहीं चाहते, न मुद्दे और न चेतना। आम जन को वे सिर्फ इस सीमा तक शामिल करना चाहते हैं कि वे उनके 'कारनामों' की चर्चा करते रहें। इस शैली में राजनीतिक लोगों से जुड़ी घटनाओं की तो खूब चर्चा की जाती है और कथित राजनीति में उनके कारनामों का बखान खूब चटखारे लेकर किया जाता है, लेकिन जनता के प्रति उतरदायित्व को कितना निभाया यह पक्ष गायब ही हो जाता है। डा. भीम सिंह दहिया ने इसी शैली में हरियाणा की राजनीति के चरित्र को बताने की कोशिश की है, वे कितने सफल हुए हैं, इसका निर्णय तो पाठक ही करेंगें।

इतना तो कहा जा सकता है कि डा. साहब ने खुलकर खुलासा किया है कि हरियाणा की सत्ता की राजनीति में जाति के झाड़-बोझड़े कुछ लोगों की महत्वाकांक्षाओं को पूरा करने तथा उनकी काली करतूतें छिपाने का साधन है। जाति का किला उनकी सुरक्षा के लिए है, इसलिए इसको वे मजबूत करते हैं। इसीलिए जाति की पंचायत में धुर राजनीतिक दुश्मन भी एक मंच पर होते हैं और एक जैसी भाषा का प्रयोग करते हैं। मानसिक तुष्टि

के अलावा लोगों का इस तरह की मुद्दाविहिन राजनीति से कोई ठोस भला नहीं होता।

जाति के नाम पर वोट मांगने वाले कभी अपनी जाति के लोगों की समस्याओं को दूर करने में भी दिलचस्पी नहीं लेते। देखने में आया है कि अमीर लोग अपने सामाजिक और राजनीतिक व्यवहार में जाति की सीमाओं को उतना नहीं मानते, जितना कि गरीब, लेकिन यह बात भी सही है कि जब जाति-गौरव का कोई आयोजन-उत्सव होता है तो सबसे आगे खाते-पीते लोग ही होते हैं, वही बढ़चढ़ कर धन देते हैं। यह सब इसीलिए तो होता है कि जाति का ढांचा बचेगा, तो इनकी चौधर बचेगी। लोग यदि अपने वर्गीय भाईचारे में संगठित होने लगे, तो इस जातिगत संकीर्ण भाईचारे की नींव हिल जाएगी और लोगों के लिए वास्तव में कुछ न करने वाले नेताओं व पार्टियों की राजनीतिक दुकान बंद हो जाएगी, जिसके माध्यम से वे जनता का सामाजिक-आर्थिक व भावनात्मक शोषण कर रहे हैं। इसीलिए जाति के आधार पर तो बड़े-बड़े हिंसक आन्दोलन हो जाते हैं और समाज की सांझी तकलीफों को दूर करने के लिए कभी भी जाति-पंचायतें आगे नहीं आती। भ्रष्टाचार, मंहगाई, गरीबी, बीमारी, गुण्डागर्दी, साम्प्रदायिकता जैसी समस्याओं से सभी जाति, समुदायों व क्षेत्रों के लोग समान रूप से त्रस्त होते हैं। ये समस्याएं किसी की जाति या धर्म नहीं देखती। दहेज-प्रथा, भ्रूण-हत्या, निरक्षरता, घरेलू-हिंसा, बिजली-पानी की दैनिक जरूरतों आदि के लिए किसी जाति पंचायत ने आन्दोलन नहीं किया। लोगों को इन समस्याओं से निपटने के लिए जातिगत सीमाओं को तोड़कर सांझा मोर्चा बनाना होगा।

अपने बच्चे को स्कूल या ट्युशन पर भेजते समय अध्यापक की जाति नहीं, उसकी योग्यता, ईमानदारी, निष्ठा देखते हैं, इलाज कराने के लिए जाने से पहले डॉक्टर की जाति नहीं, बल्कि उसका ज्ञान देखते हैं, लेकिन सोचने की बात है कि वोट देने से पहले नेता की जाति क्यों देखते हैं? क्या अपनी जाति का नेता ही जरूरी तौर पर हमारा भला करता है। सब इस बात को जानते हुए कि ऐसा नहीं होता, लेकिन फिर भी राजनीतिक व्यवहार पूरी तरह से जाति आधारित होता है। अनुभव ने इस बात को बार बार सिद्ध किया है

कि जाति की राजनीति करने वाला अवसरवादी तो है ही। वह अपने स्वार्थ के लिए ही अपनी जाति के लोगों को जाति पर खतरा दिखाकर पुकार लगाता है, अपने नुक्सान को जाति का नुक्सान और अपनी हार को जाति का अपमान कहकर लोगों की भावनाओं को अपने लिए भड़काता है। समाज में जातिगत द्वेष का सबसे बड़ा कारण इस समय राजनीतिक लोगों की महत्वाकांक्षाएं हैं।

नेताओं की बात तो छोड़ें जनता ने भी इस बात को तो भुला सा दिया है कि राजनीति व्यक्तिगत महत्वाकांक्षाओं को पूरा करने का नहीं, बल्कि समाज में सकारात्मक बदलाव का जरिया है। जनता के पक्ष में राजनीति को मोड़ने के लिए उसके सत्ता के चरित्र तथा उसके औजारों की पहचान करना जरूरी है। यह पुस्तक राजनीतिक विमर्श शुरू करने में मदद करेगी, इस आशा के साथ इस रूप में यह आपके सामने है।

डॉ. सुभाष चन्द्र
रीडर, हिन्दी-विभाग
कुरुक्षेत्र विश्वविद्यालय, कुरुक्षेत्र

1

रोहतक में राजनीति की जड़ें (1916 - 1945)

वर्तमान हरियाणा की आधुनिक राजनीति की शुरूआत सन् 1916 में चौ. छोटूराम द्वारा प्रकाशित साप्ताहिक पत्र 'जाट-गजट' के प्रकाशन से हुई। इसकी प्रतिक्रियास्वरूप पण्डित श्रीराम शर्मा ने 1923 में 'हरियाणा तिलक' का प्रकाशन आरम्भ किया। संपादकों के गृह जिले रोहतक से प्रकाशित होने वाले ये दोनों साप्ताहिक पत्र हरियाणा की राजनीति के दो ध्रुवों का प्रतिनिधित्व करते थे। जिस राजनीति की शुरूआत इन नेताओं ने की थी, उसे इनके उत्तराधिकारियों ने आगे बढ़ाया और आज तक जारी है। चौ. छोटूराम व पं. श्रीराम शर्मा क्रमश: जाट व ब्राह्मण जाति के नेता के साथ-साथ क्रमश: यूनियनिस्ट पार्टी व कांग्रेस पार्टी के महत्वपूर्ण स्थानीय नेता के तौर पर भी उभरे।

अपने राजनीतिक मुखपत्रों (साप्ताहिकों) के माध्यम से अपने राष्ट्रीय व क्षेत्रीय राजनीति के हितों को साधते हुए इन दोनों नेताओं ने जाटों और ब्राह्मणों में जाति के आधार पर विभाजन करके तथा कांग्रेस के समर्थन और विरोध के राष्ट्रीय विभाजन के आधार पर हरियाणा की जनता की राजनीतिक चेतना के मोटे तौर पर दो ध्रुव स्थापित किये। अन्य जातियां इन दोनों ध्रुवों के इर्द-गिर्द ही एकत्रित हुई। काश्तकार चौ. छोटूराम के साथ आए तो व्यापारी व दुकानदार पं. श्रीराम शर्मा के साथ।

गौर करने की बात है कि कांग्रेस में ब्राह्मणों के प्रभुत्व के कारण स्थानीय स्तर पर हरियाणा के जाटों की राजनीतिक प्रतिद्वन्द्विता थी, लेकिन अन्य जातियों या समुदायों के मुकाबले जाट महर्षि दयानन्द सरस्वती के आर्य समाज के अधिक समर्थक बने, यद्यपि महर्षि दयानन्द स्वयं ब्राह्मण थे।

दूसरी तरफ ब्राह्मण आर्य समाज के घोर विरोधी थे, आर्य समाज मूर्ति पूजा का विरोधी था, जो भूमिहीन ब्राह्मण की जीविकोपार्जन का पेशा था।

हिसार और रोहतक जिले में सन् 1880 में अपनी शाखाएं खोलने के बाद आर्य समाज ने हरियाणा में अपनी पकड़ बना ली थी। इन दोनों शाखाओं के साथ रोहतक जिले के सांघी गांव का प्रतिष्ठित जाट परिवार जुड़ा था, इस परिवार के दो भाई डॉ. रामजी लाल हुड्डा और चौ. मातूराम हुड्डा हरियाणा में आर्य समाज के महत्वपूर्ण संस्थापक सदस्य थे। चौ. मातूराम हुड्डा का पोता चौ. भूपेन्द्र सिंह हुड्डा इस समय हरियाणा के मुख्यमंत्री हैं। परिवार की बाद की पीढ़ियों के बारे में बाद में बात करेंगें, इस समय आधुनिक हरियाणा के महत्वपूर्ण राजनीतिक परिवारों की प्रथम पीढ़ी के नेताओं की भूमिका पर नजर डालना ही उचित है।

सांघी गांव के हुड्डा परिवार को सबक सिखाने के लिए सनातनी और पौराणिक ब्राह्मण तथा परम्परागत जाटों में बहुत आक्रोश था। आर्य समाज को अपनाने पर डा. रामजीलाल हुड्डा और चौ. मातूराम हुड्डा का हिन्दू समुदाय से बहिष्कार करने के लिए जाट खापों की पंचायत आयोजित की गयी। दकियानूसी लोगों की परवाह न करके दोनों भाई नए धार्मिक मत (आर्य समाज) के संदेश को प्रसारित करते रहे और अंधविश्वासी शक्तियों द्वारा सताये गए नए मतानुयायियों को नेतृत्व प्रदान करते रहे। शक्तिशाली जाट नेतृत्व में आर्य समाज आन्दोलन बढ़ता गया और जाट बहुल देहात में इसका वर्चस्व स्थापित हो गया। इन नेताओं ने गौशालाओं और गुरुकुलों की स्थापना की, जो जल्दी ही आर्य समाज आन्दोलन के प्रसार के केन्द्र बन गए। वर्तमान करनाल, जीन्द, सिरसा आदि जिलों के जाट बहुल क्षेत्रों में 1880 में आर्य समाज की शाखाएं स्थापित हो गई थी।

सांघी गांव के इस परिवार ने समाज सुधार के उल्लेखनीय कार्य किए। स्वामी दयानन्द के विधवा पुनर्विवाह पर जोर व अपनी विवेकपूर्ण चेतना के मद्देनजर डॉ. रामजीलाल हुड्डा प्रथम जाट हैं, जिन्होंनें स्वेच्छा से विधवा से विवाह किया। अन्य गांव में जाते हुए एक विधवा से मिलने पर सन् 1905 में अपनी डायरी में लिखा :

"पहली शादी से उसका एक बेटा है। वह बहुत गरीब है। उसका चरित्र व व्यवहार अच्छा है। देखने में वह बदसूरत नहीं है। मैने उसे बराही में उसकी मां के साथ देखा है। मैं उससे विवाह करने को तैयार हूं, मुझे इसमें कुछ अटपटा नहीं लगता।" (जुनेजा व अन्य; दी डायरी आफ रामजी लाल हुड्डा; 1989)

इस साहसिक कदम ने जाट समुदाय में क्रांति ला दी, विशेषकर उनमें जिनके सदस्य युद्धों में मारे गए और विधवाओं को सामाजिक और आर्थिक संकट में छोड़ गए थे। डा. रामजी लाल हुड्डा प्रतिबद्ध सामाजिक कार्यकर्ता और प्रतिष्ठित जाट नेता थे, जिन्होंनें स्कूल, सभाएं, धर्मशालाएं आदि बनवाई और अपने समुदाय को एकजुट रखने में महत्वपूर्ण योगदान दिया। देसवाली और बागड़ी जाटों में अक्सर विवाद हो जाता था। वे हमेशा शांति कायम करते थे, अपने तटस्थ और संत-व्यक्तित्व के कारण सभी उनका आदर करते थे।

सांघी गांव के हुड्डा परिवार ने रोहतक व हिसार जिले में तथा इनके साथ लगते जिलों में सामाजिक और धार्मिक तौर पर उच्च स्थान हासिल कर लिया था। आर्य समाज में दृढ़ विश्वास, कांग्रेस पार्टी में निष्ठा व अपनी बिरादरी सेवा के कारण इस परिवार ने अनुपम दर्जा हासिल कर लिया था, प्रतिबद्धता दर्शाती है कि यह परिवार किस शुद्ध मिट्टी का बना है।

सन् 1886 में मेडीकल कालेज, लाहौर से एम.बी.बी.एस. की शिक्षा प्राप्त करने के बाद डा. रामजी लाल हुड्डा ने सन् 1892 में, हिसार में सहायक सिविल सर्जन के पद पर कार्य ग्रहण किया और हरियाणा के आर्य समाज के अग्रणी सदस्य बने। डा. रामजी लाल का जाट समुदाय में इतना व्यापक प्रभाव था कि हिसार व रोहतक जिले के चौ. छोटूराम, चौ. टीकाराम, चौ. मातूराम हुड्डा, चौ. छज्जूराम और चौ. फतेह सिंह जैसे बड़े-बड़े नेता भी इनकी प्रेरणा से आर्य समाजी बने।

डा. रामजी लाल हुड्डा ने अपना जीवन हरियाणा के लोगों और विशेषकर जाटों की आध्यात्मिक और सामाजिक उन्नति के लिए समर्पित कर दिया था। इसके परिणामस्वरूप इनके भाई चौ. मातूराम हुड्डा रोहतक क्षेत्र में

राजनीति की तीसरी धारा के संवाहक बने जबकि दो धाराओं का प्रतिनिधित्व चौ. छोटूराम व पं. श्रीराम शर्मा कर रहे थे। जैसा कि हम बाद में देंखेंगें कि आमतौर पर हरियाणा की और विशेषकर रोहतक की राजनीति इन तीन स्तम्भों से निश्चित और परिभाषित होती थी।

सांघी गांव के हुड्डा परिवार ने सन् 1914 में, रोहतक में, जाट ऐंग्लो-संस्कृत उच्च विद्यालय की शुरूआत करके एक महत्वपूर्ण कार्य किया, चौ. मातूराम हुड्डा इसके संस्थापक अध्यक्ष थे। इसके बाद चौ. लालचन्द और चौ. छोटूराम ने जाट हीरोज मेमोरियल उच्च विद्यालय की शुरूआत की, जिसकी प्रबन्धन समिति के ये दोनों सदस्य क्रमश: अध्यक्ष व सचिव बने। 1926 में, सेठ छज्जूराम और डा. रामजी लाल की मध्यस्थता से इन दोनों विद्यालयों का विलय हो गया। इस समझौते पर चौ. मातूराम, चौ. छोटूराम, चौ. लालचन्द, सेठ छज्जूराम और डा. रामजी लाल ने हस्ताक्षर किए। इस विद्यालय का नया नाम 'जाट हीरोज मेमोरियल ऐंग्लो-संस्कृत उच्च विद्यालय' रखा गया। इस विद्यालय की प्रबन्ध समिति का चुनाव उन जाट नेताओं की प्रतिद्वन्द्विता का स्थान बन गया जो जाति में अपनी पहचान बनाना चाहते थे। इस विद्यालय में आने वालों में अपने जाट होने का सुखद अहसास था तथा अपने समुदाय की सेवा करने की जबरदस्त भावना थी।

बीसवीं शताब्दी के आरम्भ में भारत के स्वतंत्रता-आन्दोलन के प्रसार के साथ और विशेषकर प्रथम विश्व युद्ध के दौरान रोहतक तथा हरियाणा के अन्य क्षेत्रों की राजनीति ने शक्ल अख्तियार करनी शुरू की। चौ. लालचन्द और चौ.छोटूराम अंग्रेजी साम्राज्य की ओर थे, दोनों ने इस युद्ध के लिए अधिकाधिक सैनिक भर्ती करवाने के लिए कार्य किया, जिसके परिणामस्वरूप केवल रोहतक क्षेत्र से सन् 1915 में 6245 के मुकाबले 1918 में भर्ती होने वालों की संख्या 22144 हो गई।(नोनिका दता, फोरमिंग आइडेंटिटी : ए सोशल हिस्ट्री ऑफ जाटस, 91)। इसके विपरीत चौ. मातूराम हुड्डा व पं.श्रीराम शर्मा आदि कांग्रेस की ओर थे। इसप्रकार हरियाणा में सत्ता की राजनीति में विभाजन की रेखाएं इसी दौरान खिंची।

चौ. लालचन्द जाटों में काफी लोकप्रिय थे, लेकिन अपेक्षाकृत 'समझदार' चौ. छोटूराम ने अपनी राजनीतिक गतिविधियों के क्षेत्र को पश्चिमी उतरप्रदेश

व राजस्थान तक विस्तार देकर जाट समुदाय को सूदखोर महाजनों व अंग्रेजी-प्रशासन में उनके लग्गे-भग्गों के खिलाफ उकसाना शुरू किया। अन्य जाट नेताओं की तरह चौ. छोटूराम भी अपनी जाति और अपनी आस्था (आर्य समाज) से सम्बद्ध थे। उनके मनपसन्द काम में मौजूद 'उन्माद' को अंग्रेज नापसन्द करते थे। परन्तु अपनी जाट 'कौम' की उन्नति उनके जीवन का मकसद बन गई। यद्यपि उन्होंनें शासकों की संतुष्टि के लिए अपने विश्वास को अपनी 'कौम' का मामला बताया और इसे शहरी हिन्दुओं के आर्य समाज से भिन्न परिभाषित करने में सफल हुए।

हरियाणा के दूसरे नेताओं जैसे चौ. मातूराम हुड्डा और पं. श्रीराम शर्मा की तरह चौ. छोटूराम ने भी अपने राजनीतिक जीवन की शुरूआत कांग्रेस से की। वे सन् 1916 से 1922 तक रोहतक जिला कांग्रेस के प्रधान रहे। सन् 1920 में यह आरोप लगाते हुए त्याग पत्र दे दिया कि कांग्रेस पार्टी में उच्च-जाति शहरियों के प्रभुत्व के कारण गरीब देहातियों और विशेषकर किसानों की समस्याओं के संबोधन की कोई गुंजाइश नहीं है। अपनी कौम के लिए उन्होंनें कांग्रेस के प्रतिनिधित्व में चल रही राष्ट्रवादी राजनीति को तिलांजलि दे दी, जिसका उन्हें कभी अफसोस नहीं हुआ।

इसप्रकार हरियाणा की राजनीति में शहरी और देहाती अन्तर्विरोध का आयाम जुड़ गया। पंजाब में यह अन्तर्विरोध धीरे धीरे कांग्रेस और यूनियनिस्ट पार्टी के परस्पर विरोध में प्रकट हुआ। चौ. छोटूराम ने कड़ी मेहनत से हरियाणा, राजस्थान और पश्चिमी उत्तर प्रदेश से जबरदस्त समर्थन प्राप्त किया। आर्य समाज और जाट समुदाय के हितों को एक मंच पर लाकर अपनी राजनीति के लिए ठोस आधार निर्मित किया। बाद में, पंजाब के सिक्ख और मुस्लिम किसानों को जोड़कर अपने राजनीतिक आधार को विस्तार दिया, जो अन्तत: 1923 में यूनियनिस्ट पार्टी की स्थापना में जुड़ा।

यूनियनिस्ट पार्टी मोटे तौर पर छोटे और बड़े किसानों की थी, जो मूलत: पंजाब के शासक वर्ग ने पैदा की थी। चौ. छोटू राम ने पंजाब के समूचे किसान वर्ग को संगठित करने का बीड़ा उठाया और अपने उद्देश्य में सफलता के लिए अनथक ढंग से कार्य किया। किसानों को एक संगठित

शक्ति बनाने के लिए 'अजगर' का नारा दिया, यानी अहीर (यादव), जाट, गुज्जर, राजपूत जातियों को एक मंच पर लाने का काम किया। इस कार्य से वे संयुक्त पंजाब में देहाती-किसानों के निर्विवाद नेता बने।

सन् 1923 में, पंजाब विधान परिषद के चुनावों में युनियनिस्ट पार्टी ने हरियाणा क्षेत्र की आठ सीटों में से सात पर जीत हासिल की, चौ. छोटूराम और चौ. लालचन्द ग्रामीण रोहतक क्षेत्र से विजयी हुए। इस चुनाव में चौ. लालचन्द के विरूद्ध कांग्रेस स्वराज पार्टी की ओर से सांघी गांव के चौ. मातूराम हुड्डा उम्मीदवार थे, जिन्हें विजयी उम्मीदवार द्वारा असंवैधानिक तरीके अपनाने के कारण हार का मुंह देखना पड़ा, लेकिन ऐतिहासिक न्याययिक संघर्ष में चौ. मातूराम हुड्डा विजयी हुए। सम्माननीय न्यायाधीशों ने अपनी टिप्पणी में कहा कि

> "यह बात विश्वास करने लायक नहीं है कि कोई उम्मीदवार जो अपने को पूर्णत: पाक-साफ रखना चाहता है, वह टेकराम जैसे व्यक्ति को अपने चुनाव की बागडोर थमायेगा।" (जगत नारायण, रिपोर्ट आफ इण्डिया इलेक्शन पेटिशन, वाल्यूम 2 (1923-25), 169)

बाद में, चौ. छोटूराम चौ. लालचन्द को अपना मंत्रीपद बहाल करवाने में कामयाब हुए। यहां गौर करने की बात यह है कि चुनावों में धांधली हमारी चुनाव-प्रणाली में कोई नई घटना नहीं है, बल्कि जब से लोकतांत्रिक ढंग से चुनाव आरम्भ हुए तब से यह हमारे देश की राजनीतिक संस्कृति का अंग है। ताकतवर को जब भी जरूरत महसूस हुई उसने इसका इस्तेमाल किया है। सुखद बात यह है कि वर्तमान समय में चुनाव आयोग इस बुराई को रोकने के लिए प्रभावी कदम उठा रहा है।

अंग्रेजी-राज की सहायक यूनियनिस्ट पार्टी के शक्तिशाली जाट नेताओं के विरूद्ध चौ. मातूराम के संघर्ष का स्वरूप व्यक्तिगत न होकर प्रातिनिधिक था। चौ. छोटूराम और पं. श्रीराम शर्मा की राजनीति जाटों व ब्राह्मण-बनिया, शहरी व ग्रामीणों के हितों के विरोध तथा जातिगत और राष्ट्रीय भावनाओं पर टिकी थी। तीसरे स्तम्भ चौ. मातूराम हुड्डा यद्यपि स्वयं जाट थे, लेकिन वे

राष्ट्रवादी राजनीति से जुड़े थे, कांग्रेस स्वतंत्र पार्टी जिसका प्रतिनिधित्व करती थी। हरियाणा की सत्ता की राजनीति की तीसरी धारा संकीर्णता की बजाए धर्मनिरपेक्षता तथा क्षेत्रीय या जातिगत हितों की अपेक्षा राष्ट्रीय हितों की संवाहक थी। चौ. मातूराम हुड्डा व क्षेत्र के कई नेताओं ने सत्ता के अत्याचार व बहुमत के बाहुबल को चुनौती देने और राष्ट्रवादी कांग्रेस व आर्य समाज के उच्च मूल्यों की स्थापना के लिए कमर कस ली थी।

चौ. मातूराम और पं. श्रीराम के अलावा भी महत्वपूर्ण नेता थे, जो कांग्रेस की विचारधरा से जुड़े थे। करनाल जिले के चौ. समर सिंह (व्यंग्य में इन्हें पण्डित कहते थे) उनमें से एक थे, जो 1952 में कांग्रेस की टिकट पर पंजाब विधान सभा के लिए चुने गए। करनाल जिले से ही राय बहादुर चौ. बंस गोपाल ने भी स्वतंत्रता-प्राप्ति से पूर्व कांग्रेस स्वराज पार्टी की टिकट पर चुनाव लड़ा और सालों तक एम.एल.ए./ एम.एल.सी. रहे। चौ. बंस गोपाल का परिवार भी चौ. मातूराम हुड्डा के परिवार की तरह ही प्रमुख जाट राजनीतिक-परिवार बन गया। संयोगवश डा. रामजीलाल हुड्डा की बेटी का विवाह चौ. बंस गोपाल के साथ होने से दोनों परिवारों में रिश्तेदारी हो गई।

चौ. बंस गोपाल के उत्तराधिकारी चौ. रणधीर सिंह करनाल में प्रख्यात वकील थे, जिन्होंनें करनाल जिले में सहकारी गतिविधियों में प्रमुखता से भाग लिया। इन्होंनें पानीपत में सहकारी चीनी मिल और करनाल व अन्य स्थानों पर सहकारी बैंक की स्थापना करवाई। इनके बेटे चौ. सुरजीत सिंह 1968 से 1977 तक विधान सभा के सदस्य और कुछ वर्ष मंत्री भी रहे। इस परिवार की अगली पीढ़ी का प्रतिनिधित्व चौ. तेजेन्द्र सिंह मान ने किया, जो 1991 से 1996 तक विधान सभा के सदस्य और मंत्री रहे, और पुनः 2005 में कैथल जिले के पाई हल्के से आजाद उम्मीदवार के तौर पर विधान सभा के सदस्य निर्वाचित हुए।

यद्यपि अधिकांश जाट नेता चौ. छोटू राम के प्रभावस्वरूप यूनियनिस्ट पार्टी में शामिल हुए, लेकिन सांघी के हुड्डा के साथ बहुत से जाट नेताओं ने राष्ट्रीय आन्दोलन में भाग लिया और कांग्रेस पार्टी में शामिल हुए। प्रतिष्ठित

नेता और दृढ़ आर्य समाजी प्रोफेसर शेर सिंह ने थोड़ी देरी से पदार्पण किया। केवल हिसार में ही अन्य जातियों से और विशेषकर ब्राह्मण और बनिया जातियों से संबंधित बाबू चुड़ामणि, लाला लाजपत राय, पं. जवाहर लाल भार्गव, बाबू जुगल किशोर आदि अनेक ऐसे नेता थे, जिन्होंने कांग्रेस पार्टी के झण्डे तले स्वतंत्रता संग्राम में सक्रिय भाग लिया।

यहां दो बातों पर विशेष ध्यान देने की जरूरत है : एक, चौ. मातूराम और बंस गोपाल जैसे प्रसिद्ध जाट नेताओं ने अंग्रेजी-राज के जैलदार और राय बहादुर जैसे खिताब भी प्राप्त किए, और साथ ही कांग्रेस स्वराज पार्टी में भी शामिल हुए, जिसका चौ. छोटूराम और चौ. लालचन्द ने विरोध किया। दूसरे, वे आर्य समाज में भी दृढ़ रहे और कांग्रेस पार्टी के कार्यकर्ता भी रहे, जिस पर ब्राह्मणों का वर्चस्व था, ब्राह्मण आर्य समाज को परम्परागत हिन्दू विश्वास की जड़ खोदने वाला समझते थे।

दिलचस्प बात यह है कि जाट नेता चाहे किसी भी राजनीतिक पार्टी में शामिल हुए हों, अपने समुदाय की 'उन्नति के धर्मयुद्ध' में और आर्य समाज में आस्था को लेकर उनमें जबरदस्त एकता थी। दूसरे शब्दों में कहा जा सकता है कि इन प्रमुख जाट परिवारों ने विभिन्न राजनीतिक हितों को साधते हुए भी जाट-समुदाय तथा आर्य समाजी के रूप में एक स्पष्ट सामाजिक और राजनीतिक पहचान बनाई।

यह भी कम दिलचस्प नहीं है कि इन नेताओं का जातिगत भाईचारा इतना पक्का था कि इनके राजनीतिक और धार्मिक मान्यताएं इसको कमजोर नहीं कर सकी। सरदार भगतसिंह के चौ. छज्जूराम के घर में रहने का पता लगने पर लाहौर से चौ. छोटूराम का उनको इस नौजवान को शहर के किसी अज्ञात स्थान पर स्थानांतरित करने का संदेश भेजना इसका एक उदाहरण है। यह दर्शाता है कि अपने अपने क्षेत्र यानी राजनीति और व्यापार में प्रसिद्ध दोनों जाट नेताओं ने राज भक्त होते हुए भी राष्ट्र के प्रति अपनी भावनाओं का प्रदर्शन किया। (शिवा वी. मलिक, सेठ छज्जूराम, ए लाईफ विद ए परपज, 57-58)

चौ. छोटूराम ने देहाती-किसान हिन्दुओं और शहरी-व्यापारी हिन्दुओं में जो विभाजन किया, मोटे तौर पर सही था। जहां एक मोटे तौर पर साम्प्रदायिक

संरचनाओं विश्वास करता था, वहीं दूसरा शहरी हिन्दुओं की अपेक्षा अपने हित मुस्लिम और सिक्ख किसान के साथ अधिक निकट समझता था। 16 जनवरी, 1926 को द टिब्यून में चौ. छोटूराम की टिप्पणी इस ध्रुवीकरण के जातिगत और आर्थिक आधार स्पष्ट करती है। उन्होंनें कहा कि यूनियनिस्ट पार्टी ''हिन्दुओं, मुसलमानों और सिक्खों को उनके गैर-धार्मिक और आर्थिक हितों के आधार पर संगठित करना चाहती है, यही वास्तविक आधार है जिसे राजनीतिक पार्टी को उजागर करना चाहिए। पार्टी एक साझा मंच प्रदान करती है जो प्रान्त से साम्प्रदायिकता को समाप्त करना चाहते हैं। हम गरीबों के दोस्त हैं, कमजोर के रक्षक हैं, दलितों के सहायक हैं, बेजबानों के पक्षधर हैं और पंजाब के शोषित वर्गों के हिमायती हैं।'' (दता, 120)

चौ. छोटूराम के बाद से चौ. चरण सिंह व चौ. देवीलाल समेत नेता इसी आधार पर नए राजनीतिक दल गठित करते रहे हैं। जरूरत पड़ने पर राजनीतिक गठबन्धन के लिए ये साम्प्रदायिक पार्टी से भी जुड़े, लेकिन इन्होंने गठबन्धन को केवल अपने आर्थिक हितों की रक्षा के लिए इस्तेमाल किया। यदि किसी बिन्दु पर साम्प्रदायिक पार्टी इन हितों के खिलाफ हुई या उसने अपना विशुद्ध साम्प्रदायिक एजेंडा लागू करने की कोशिश की तो इन्होंने अपने राजनीतिक सहयोगी से किनारा कर लिया।

दिलचस्प बात यह है कि किसान समुदायों के गठजोड़ की यह सीमा रही कि यह जातिगत दायरे से बाहर नहीं जा सका। चौ. छोटूराम ने बड़ी सफलता के साथ किसान व जातिगत आधार पर राजनीति की, ये दोनों एक ही धुरी के बड़े और छोटे चक्र थे। आर्य समाज जाटों की एक प्रतिबद्धता बनाता था, तो भू-स्वामित्व दूसरी। इस कारण उनकी राजनीति में विरोधाभास का होना स्वाभाविक ही था। यदि वे गो-रक्षा की बात करते तो मुसलमान विरोधी हो जाते लेकिन यदि वे भू-स्वामियों के हितों की रक्षा की बात करते तो मुसलमानों के हितैषी हो जाते। इसमें कोई आश्चर्य नही है कि भारतीय क्रांति दल, भारतीय लोक दल, लोक दल, इण्डियन नेशनल लोकदल, राष्ट्रीय लोकदल जैसे जिन गैर-कांग्रेसी राजनीतिक दलों को चौ. चरण सिंह और चौ. देवीलाल ने बनाया और बाद में उनके बेटों के नियन्त्रण में कार्य

करते रहे। इन राजनीतिक दलों का जनसंघ और भारतीय जनता पार्टी के प्रति हमेशा प्रेम-घृणा का संबंध बना रहा है।

हरियाणा और पंजाब में जाति या समुदाय पर आधारित पार्टियां धीरे-धीरे क्षेत्रीय शक्ति के तौर पर उभरी, सत्ता प्राप्ति के संघर्ष में कांग्रेस इनकी स्थायी प्रतिद्वन्द्वी है। पंजाब और हरियाणा में जमींदार या जाट पार्टी का भारतीय जनता पार्टी से असंतोषजनक गठबन्धन जारी रहने का एक मात्र कारण है - कांग्रेस को सत्ता से बाहर रखना। जाति और सम्प्रदाय के संकीर्ण हितों से ऊपर उठकर विचारधारा की राजनीति करने की बजाए कांग्रेस समेत समस्त राजनीतिक पार्टियां जाति और समुदाय के हितों को पोषित करने वाली संकीर्ण राजनीति में धंसी हुई है। इसलिए विचारधारा पर आधारित भारतीय कम्युनिस्ट पार्टी और मार्क्सवादी कम्युनिस्ट पार्टी का भारत के उत्तर-पश्चिमी क्षेत्र में न पनपना आश्चर्य की बात नहीं है।

आधिपत्य स्थापित करने की अभिलाषा ही जाटों की राजनीति का केन्द्रीय संचालक बिन्दु है। भारतीय जनता पार्टी, कांग्रेस पार्टी, और कम्युनिस्ट पार्टी तक में जाट तब तक रहता है जब तक उसका प्रभुत्व है। यदि उसे किसी के अधीन काम करना पड़े तो वह उसे छोड़ देता है। वे गठबन्धन तोड़ देते हैं, यहां तक कि वे पार्टी को भी तोड़ देते हैं। अपना शासन बनाए रखने के लिए वे किसी भी पार्टी का समर्थन लेते हैं। अधीनता की स्थिति को वे कभी स्वीकार नहीं करते। वर्तमान समय में भी राजस्थान में जाटों को भारतीय जनता पार्टी और कांग्रेस पार्टी के बीच झूलते हुए देखा जा सकता है। उत्तर प्रदेश में चौ. अजीत सिंह का राष्ट्रीय लोक दल हर चुनाव में नये गठबन्धन की तलाश में रहता है। उत्तर प्रदेश में कम संख्या में होने के कारण जाट नेतृत्व प्रदान करने की आशा नहीं कर सकते, इसके बावजूद उत्तर प्रदेश में चरण सिंह ने मात्र प्रभुत्व के लिए पार्टियां और गठबन्धन तोड़े। थोड़े समय के लिए ही सही, इसमें वे दो बार सफल भी हुए। जनता पार्टी को तोड़कर वे चार महीने के लिए भारत के प्रधानमंत्री का पद प्राप्त करने में भी सफल हुए।

चौ. छोटूराम के दिमाग में यह बात घर कर गई थी, कि जाट समुदाय के हित और ब्राह्मण व महाजन समुदायों के हित परस्पर विरोधी हैं। अपनी

जाति की सामाजिक व आर्थिक चौधर के लिए वे अंग्रेजों की तरफदारी करने को भी बुरा नहीं मानते थे, जिनके हितों की वे अप्रत्यक्ष रूप से रक्षा कर रहे थे। चूंकि कांग्रेस अंग्रेजों के समक्ष चुनौती पेश कर रही थी, इसलिए छोटूराम की जमींदार लीग का कांग्रेस-विरोधी रुख अंग्रेजों के लिए श्रेयस्कर था। दूसरे शब्दों में कहा जा सकता है कि स्थानीय चौधर की राजनीति के चलते चौ. छोटूराम राष्ट्रीय हितों के प्रति न केवल उदासीन रहे, बल्कि अप्रत्यक्ष रूप से अंग्रेजी साम्राज्यवाद की मदद भी करते रहे। चौ. छोटूराम को इस बात का अंदेशा था कि कांग्रेस में विशेषाधिकार प्राप्त जातियों के वर्चस्व के चलते खेतीहर जातियां आर्थिक और राजनीतिक दृष्टि से मजबूत नहीं हो सकेंगी। वे किसी भी कीमत पर कृषकों की उन्नति के उत्सुक थे, जिसे उन्होंनें सफलतापूर्वक किया भी। उन्हें लगता था कि राष्ट्रवाद अपना ख्याल स्वयं कर लेगा।

जहां ब्राह्मण और महाजन कांग्रेस को पसन्द करते थे, वहीं जाट, अहीर आदि की पसन्द जमींदार लीग या युनियनिस्ट पार्टी थी। यह ध्रुवीकरण 1942 में खतरनाक राजनीतिक *प्रतिरोधियों* की सूची से प्रकट होता है, जिनके अपराधों का रिकार्ड रोहतक के अंग्रेज पुलिस अधीक्षक के पास मौजूद था। इन कुल बीस *'खतरनाक प्रतिरोधियों'* में चार ब्राह्मण, आठ महाजन, छः जाट, एक एक अहीर और मुसलमान था। रोहतक जिले में जाटों की आबादी कुल आबादी का आधा भाग थी, इसके मुकाबले में इस सूची में जाटों की संख्या कम है।

इस सूची में जाट नेताओं में चौ. रणबीर सिंह हुड्डा अकेले थे। लाला लाजपत राय और महात्मा गांधी (सन् 1920 में वैश्य उच्च विद्यालय, रोहतक का शिलान्यास किया) के प्रभाव के कारण महाजनों की संख्या सर्वाधिक थी, जबकि जनसंख्या की दृष्टि से बर्चस्वी जाट जाति की कम संख्या का कारण उनका यूनियनिस्ट पार्टी से जुड़ाव था। उच्च जातियों और किसानी जातियौं ने राष्ट्रवादी और यूनियनिस्ट के विपरीत कैंपों से स्वयं को जोड़ा।

चौ. छोटूराम के समय में ही न केवल हरियाणा की, बल्कि पंजाब की भावी राजनीति की भी नींव रख दी गई थी। उन्होंने जाट और गैर-जाट के

बीच तथा शहरी और ग्रामीण समुदाय के बीच, कांग्रेस और गैर-कांग्रेस पार्टी के बीच विरोध को स्पष्ट व तीखा किया। आधुनिक हरियाणा और पंजाब की सत्ता की राजनीति में ये विरोध ही प्रभावशाली रहे हैं।

हरियाणा और पंजाब दोनों राज्यों में कांग्रेस मुख्य राजनीतिक शक्ति होने के कारण पंजाब में अकाली दल को और हरियाणा में लोकदल को सत्ता प्राप्ति के लिए भारतीय जनता पार्टी के समर्थन पर निर्भर होना पड़ता है। सत्ता की भूख ने हरियाणा में लोकदल और भारतीय जनता पार्टी को तथा पंजाब में अकाली दल और भारतीय जनता पार्टी जैसे अजनबियों को एक मंच पर ला दिया है, लेकिन हरियाणा में लोकदल ने और पंजाब में अकाली दल ने भारतीय जनता पार्टी को किसानों का शोषण करने वाली पार्टी माना। एक मंच पर चौ. देवीलाल ने कहा था कि घोड़े (व्यापारी) और घास (किसान) में दोस्ती नहीं हो सकती।

जाटों तथा भूमि से जुड़ी अन्य जातियों के लिए सन् 1900 का भूमि विधेयक निर्णायक कदम साबित हुआ, जिसने सामाजिक और राजनीतिक जीवन में उनको अधिक शक्तिशाली बना दिया था। इस विधेयक ने कृषि भूमि को विक्रय या अन्य कारणों से गैर-कृषकों को हस्तांतरित करने पर पाबन्दी लगा दी थी। आज स्थिति विडम्बनापूर्ण है कि विभिन्न राज्यों की सरकारें कृषि योग्य भूमि को अधिग्रहण करके उद्योग व व्यापार के लिए कारपोरेट घरानों को बेच रही हैं। सही है कि समय बदल गया है, शायद चौ. छोटूराम भी वही करते जो आज का किसान नेतृत्व कर रहा है। भूमंडलीकरण ने सरकारों को 'उदारवादी' अर्थव्यवस्था अपनाने पर विवश कर दिया है। उदारवादी नीतियों के चलते राष्ट्र की अपेक्षा व्यक्ति अधिक अमीर होते जा रहे हैं।

जहां चौ. छोटूराम व अन्य जमींदार नेताओं ने जाटों व अन्य भू-स्वामी किसानों को सूदखोरों से मुक्ति दिलाई, वहीं अमीर भू-स्वामियों को भूमिहीन निम्न जातियों का शोषक बना दिया। यद्यपि समय बदल गया है, लेकिन देहात में भू-स्वामियों का प्रभुत्व अभी भी बरकरार है। बाद में हम देखेंगें कि चाहे सरकार किसी भी पार्टी की बने, लेकिन निम्न जातियों के नेता अभी

भी सरकार में दोयम दर्जे के सदस्य हैं। आज के पूंजीवादी समाज में जिस तरह अमीर और अधिक अमीर होता जा रहा है तथा गरीब और अधिक गरीब होता जा रहा है, उसी तरह राजनीतिक रूप से शक्तिशाली और अधिक शक्तिशाली होता जा रहा है और कमजोर और अधिक कमजोर।

हरियाणा की राजनीति के निर्माण के दौर में हम देख सकते हैं कि किस तरह विरोध पैदा हुए और स्थायीत्व प्राप्त किया, जिसने शहरी और देहाती, किसान और व्यापारी, भू-स्वामी और भूमिहीन के बीच राजनीतिक प्रतिद्वन्द्विता को जन्म दिया। इसके साथ हरियाणा क्षेत्र की सत्ता की राजनीति ने अपने बीज-काल में हिसार और रोहतक जिले को नेता दिए। चौ. छोटूराम के नेतृत्व के कारण तथा जाति-आधारित अन्य नेताओं के प्रयासों के कारण हरियाणा की सत्ता की राजनीति में हिसार और रोहतक जिले का प्रभुत्व स्थापित हुआ, जो आज तक कायम है। साम्राज्यवादी शासन से राष्ट्रीय शासन स्थापित होने के बावजूद भी समाज में जाति और वर्ग की संरचनाओं में कोई अन्तर नहीं आया। औपनेविशिक शासन के दौरान भी राजनीति और व्यापार में जाति के आधार पर ही नेतृत्व और वर्चस्व स्थापित होता था और आज स्वतंत्र भारत में भी नेतृत्व और वर्चस्व का आधार यही है।

कांग्रेस बनाम जाट-नेतृत्व में कृषक समुदाय के बीच आज भी राजनीतिक विरोध जारी है। आजादी के पहले से चले आ रहे राजनीतिक अन्तर्विरोधों और विरोधाभासों में हरियाणा की राजनीति विकसित हुई और शायद ही कभी इस परिपाटी से इधर-उधर हुई है। यहां तक कि सन् 1966 में राज्य के गठन के बाद इस तंग दायरे में ये राजनीतिक विरोधाभास और भी पैने हुए हैं।

पंजाब और हरियाणा दोनों राज्यों की कांग्रेस पार्टी में सरदार प्रताप सिंह कैरों और प्रोफेसर शेर सिंह के समय से सरदार अमरेन्द्र सिंह और चौ. भूपेन्द्र सिंह हुड्डा तक अपने वर्चस्व के दावे के लिए जाट निरन्तर दबाव बनाये रहे। जब कभी वर्चस्व नहीं रहा, तो दोनों ही राज्यों में सरकारें गिरने का संकट पैदा हुआ, यहां तक कि पार्टी की कीमत पर भी ऐसा हुआ। असल में कांग्रेस का आन्तरिक संघर्ष कांग्रेस और विपक्ष के बीच बाह्य संघर्ष की

ही अभिव्यक्ति है। दोनों राज्यों में संघर्ष की दिशा एक जैसी ही रही है। दूसरे शब्दों में, सन् 1966 से पहले हरियाणा और पंजाब की सत्ता की राजनीति में जाटों का वर्चस्व रहा है। हम देखेंगे कि चौ. छोटूराम द्वारा दिया गया जातिगत राजनीति का तोहफा किस तरह हरियाणा क्षेत्र की सत्ता की राजनीति को निरन्तर निर्धारित करता रहा है। हम पसन्द करें या न करें, लेकिन कटु सत्य यही है कि भारतीय राजनीति में प्रमुख जातियों और समुदायों का वर्चस्व कायम है और जब तक यह राजनीतिक विचारधारा और तंत्र है, तब तक इसे उखाड़ फेंकना भी संभव नहीं है।

2
चौ. छोटूराम के बाद का युग (1945 - 1957)

सन् 1945 में चौ. छोटूराम के निधन के बाद जमींदार लीग के नेतृत्व का दायित्व सोनीपत के चौ. टीकाराम के कंधों पर आ पड़ा, जो पंजाब में यूनियनिस्ट पार्टी की सरकार में मंत्री भी बने। चौ. छोटूराम के उत्तराधिकारी के व्यक्तित्व में उनकी तरह का जज्बा नहीं था, जिसने कि पंजाब में, विशेषकर हरियाणा के क्षेत्र में जाटों का राजनीतिक प्रभुत्व स्थापित करने में कामयाबी हासिल की थी। किसानों को राजनीतिक रूप से संगठित करने की अपेक्षा चौ. टीकाराम शैक्षणिक और अन्य सामाजिक गतिविधियों में अधिक रूचि लेते थे। उन्होंने चौ. छोटूराम जमींदार उच्च विद्यालय और छोटूराम आर्य कालेज, सोनीपत की स्थापना की। सन् 1946 में चौ. लहरी सिंह के मुकाबले में सोनीपत हल्के से विधान सभा का चुनाव हारने के बाद उन्होंनें स्वयं को इस काम के लिए पूरी तरह से समर्पित कर दिया।

इस दौरान रोहतक, हिसार और करनाल जिलों में जाट नेताओं की नई फसल पनपी। रोहतक जिले की सोनीपत तहसील में सोनीपत के निकट के एक ही गांव से चौ. लहरी सिंह और चौ. मुखत्यार सिंह जैसे कद्दावर नेता उभरे। इसी दौरान सोनीपत के निकट के गावों से ही पं. चिरंजीलाल और चौ. रिजक राम प्रतिष्ठित हुए। चौ. लाल चन्द और चौ. छोटूराम जैसे अपने अग्रजों की तरह ये नेता भी पेशे से वकील थे। हिसार जिले से चौ. सूरजमल और कैप्टन रणजीत सिंह जैसे नेता उभरे।

हरियाणा की सीमा पर स्थित चौटाला गांव से चौ. साहब राम और चौ. देवी लाल नामक दो भाई महत्त्वपूर्ण नेता के तौर पर उभरे। प्रारम्भ में चौटाला के इस परिवार का संबंध कांग्रेस से था। चौ. देवीलाल ने स्वतंत्रता-संग्राम

में सक्रिय भाग लिया। यद्यपि सांघी गांव के चौ. रणबीर सिंह ने चौ. देवीलाल से अधिक समय तक स्वतंत्रता-संग्राम में भाग लिया, लेकिन चौ. देवीलाल स्थानीय संघर्षों को नेतृत्व प्रदान करने की पहलकदमी करने में तेज थे। 1940 के दशक में चौ. रणबीर सिंह हुड्डा पं. श्रीराम शर्मा के साथ कई बार जेल गए और राष्ट्रीय संविधान निर्माण सभा के लिए चुनाव में विजयी हुए। सांघी गांव के हुड्डा परिवार के लिए यह गौरव की बात है कि आज संविधान निर्मात्री सभा का एक मात्र जिन्दा सदस्य इसी परिवार से है और उनके पुत्र चौ. भूपेन्द्र सिंह हुड्डा हरियाणा के मुख्यमंत्री हैं।

1946 के पंजाब विधान सभा के चुनाव में जमींदार लीग रोहतक जिले की तीन सीटें झज्जर, रोहतक और सोनीपत हार गई, यहां से कांग्रेस के उम्मीदवार प्रोफेसर शेर सिंह, चौ. बदलूराम और चौ. लहरी सिंह क्रमश: विजयी हुए। संयोग से चौ. बदलूराम भी सांघी गांव से संबंध रखते थे, जिसे हुड्डा परिवार ने ख्याति दिलाई थी। ध्यान देने की बात है कि क्षेत्रीय पार्टीयां अपने संस्थापक अध्यक्ष के साथ ही राजनीतिक पटल से गायब होती रही हैं, यदि उसका परिवार उनके बाद उस राजनीति को आगे बढाने की स्थिति में न हो । चौ. छोटूराम की मृत्यु के बाद जमींदार लीग का खात्मा भी स्वाभाविक ही था।

इस चुनाव में जमींदार लीग ने पुन: देहाती मोलड़पन का प्रदर्शन किया, झज्जर हल्के में चुनाव सभा को पं. जवाहर लाल नेहरू और नेता जी सुभाष चन्द्र बोस के बड़े भाई ने संबोधित किया था। जमींदार लीग का मोलड़पन उनकी हताशा को ही दर्शा रहा था। जमींदार लीग चुनाव हार चुकी थी, और कांग्रेस पार्टी क्षेत्रीय दलों के साथ मिलकर सरकार बनाने में कामयाब हुई। दिलचस्प बात यह है कि इस सरकार में जमींदार लीग भी शामिल थी। गौर करने की बात यह है कि कांग्रेस पार्टी के पास सर्वाधिक सीट होने के बावजूद भी जमींदार पार्टी के नेता श्री खिजर हयात खान मुख्यमंत्री बने। श्री खान की सरकार में कुल छः मंत्री थे, जिसमें तीन हिन्दू और तीन मुसलमान थे। अंग्रेज पंजाब में साम्प्रदायिक आधार पर निर्णायक तौर पर विभाजन करने में कामयाब हुए थे। कांग्रेस पार्टी, जमींदार लीग और अकाली दल की गठबन्धन सरकार में कांग्रेस के श्री भीम सेन सच्चर को नेता चुना गया।

कांग्रेस की ओर से श्री सच्चर के अलावा चौ. लहरी सिंह भी मंत्री बने। चौ. लहरी सिंह ने हरियाणा क्षेत्र का प्रतिनिधित्व किया।

चूंकि चौ. छोटूराम के कोई पुत्र नहीं था, इसलिए उनके भतीजे चौ. श्रीचन्द रोहतक में उनके उत्तराधिकारी हुए। चौ. छोटूराम के दामाद चौ. नेकीराम ने जीन्द के इलाके में प्रतिष्ठा पाई। यद्यपि इन दोनों के पास चौ.छोटूराम के निकट संबंधी होने की विरासत थी, लेकिन इनमें से कोई भी चौ. छोटूराम की प्रसिद्धि के आस-पास भी नहीं जा सका। चौ. श्रीचन्द और चौ. नेकीराम दोनों एक या दो बार विधान सभा के सदस्य भी बने, लेकिन उनका राजनीतिक जीवन थोड़ा ही था। 1967 में, कुछ महीनों के लिए चौ. श्रीचन्द हरियाणा विधान सभा के स्पीकर भी बने, लेकिन इसके बाद वे राजनीतिक परिदृश्य से ही गायब हो गए। चौ. नेकीराम के पुत्र चौ. बिरेन्द्र सिंह सन् 1977 से कांग्रेस में अग्रणी नेता के रूप में सक्रिय राजनीति कर रहे हैं।

सन् 1945 से 1966 तक, हरियाणा बनने तक हरियाणा क्षेत्र के विधायकों का एक मात्र कार्य अलग पंजाबी सूबे की मांग उठाने वाले अकाली दल के दबाव का मुकाबला करना था। सन् 1947 के विभाजन के बाद से ही अकाली दल पंजाबी को राज्य के कामकाज की एक मात्र भाषा बनाने के लिए जोर दे रहा था। सत्ता की कुर्सी (मुख्यमंत्री पद) भीम सेन सच्चर और डॉ. गोपीचन्द भार्गव के बीच झूलती रही। इन दो नेताओं ने केन्द्र के नेताओं के संरक्षण में दो गुट बना लिए थे। कांग्रेस को न तो सन् 1946 के चुनावों में स्पष्ट बहुमत मिला और न ही सन् 1952 के चुनावों में, इसलिए वह मुस्लिम लीग और अकाली दल पर निर्भर थी -- अधिक अकाली दल पर।

अकाली दल उसी को समर्थन देता जो पंजाबी को राज्य की राजकाज की भाषा बनाने पर सहमत होता। पंजाब की हिन्दू-महासभा और हरियाणा क्षेत्र का आर्य समाज हिन्दी भाषी लोगों के हितों की रक्षा चाहते थे। इस तरह विधान सभा के सदस्यों और पार्टी में साम्प्रदायिक आधार पर विभाजन हो गया। सन् 1947 से पहले हिन्दू और सिक्ख मुसलमानों के (यूनियनिस्ट पार्टी के समर्थकों को छोड़कर) विरूद्ध इकट्ठे हुए थे, अब उन्होंनें अपने अलग राजनीतिक और धार्मिक कैंप बनाने शुरू कर दिए।

अकाली दल द्वारा मुख्यमंत्री के लिए कभी इसको तो कभी उसको समर्थन देने के कारण मुख्यमंत्री पद के लिए श्री सच्चर और डा. भार्गव के बीच मारा मारी रहने के कारण मुख्यमंत्री की कुर्सी 'म्युजिकल चेयर' बनकर रह गई। पंजाबी भाषी लोगों ने अलग-अलग क्षेत्रों में भिन्न भूमिका अदा की, इन्होंनें पंजाब में हिन्दी का समर्थन किया तो हरियाणा क्षेत्र में पंजाबी का समर्थन किया। पंजाब के हिन्दुओं को आशंका थी कि भाषा के आधार पर प्रान्त का विभजन होगा, जैसा कि पूरे देश में हो रहा था। इस अवस्था में दोनों ओर पंजाबी-भाषी हिन्दुओं का राजनीतिक वर्चस्व नहीं रहेगा और 'नए' राज्य में जाटों का वर्चस्व होगा। उनकी यह आशंका निर्मूल नहीं थी। अकाली (सिक्ख जाट)और हरियाणा क्षेत्र के जाट विधायकों ने ग्रामीण और किसानों के साझे हितों पर इकट्ठे होना शुरू किया। पंजाबी भाषी हिन्दू भलिभांति जानते थे कि यदि भाषा के आधार पर राज्य का बंटवारा हुआ तो निश्चित रूप से जाटों का वर्चस्व होगा। इसलिए एक ही राज्य के दो भागों में उनका विरोधाभासी रुख था।

अपने हितों की रक्षा के लिए पंजाबी भाषी हिन्दुओं ने महापंजाब का नारा दिया, जिसका मतलब था कि राजस्थान और उत्तरप्रदेश के कुछ भाग को शामिल करना। इस का मुकाबला करने के लिए जाटों और उनके सहयोगियों ने विशाल हरियाणा या महादिल्ली का नारा दिया, जिसका अर्थ था कि पंजाब के अम्बाला मंडल (हरियाणा क्षेत्र) के साथ दिल्ली, पश्चिमी उत्तरप्रदेश और राजस्थान के कुछ भागों को शामिल करना।

संघीय सरकार ने इन दोनों प्रस्तावों को नहीं माना, क्योंकि ये दोनों ही इसकी भाषावार राज्य नीति के अनुकूल नहीं थी, जिसके लिए राष्ट्रीय स्तर पर आयोग का गठन किया था। आयोग के सामने प्रस्तुत दोनों प्रस्ताव भाषा व संस्कृति के अलावा अन्य हितों से प्रेरित थे। दोनों ओर विशुद्ध राजनीतिक स्वार्थ थे। भाषायी और सांस्कृतिक एकता की अपेक्षा राजनीतिक वर्चस्व का सवाल था।

अकाली, हरियाणा के जाट और पंजाबी-भाषी-हिन्दू अपनी अपनी पसन्द का राज्य चाहते थे, इस कारण राजनीति इन गुटों के प्रभुत्व साबित करने का

मैदान बन गई। अन्ततः वही हुआ जिसकी कि संभावना थी, अकाली बाजी मार ले गए। उन्हें और हरियाणा के जाटों को अपने प्रभुत्व वाला राज्य के रूप में मुंह मांगी मुराद मिल गई। इसमें कोई आश्चर्य की बात नहीं है कि वर्तमान हरियाणा और पंजाब के अस्तित्व में आने के बाद कोई भी पंजाबी-भाषी मुख्यमंत्री नहीं बन सका।

चौ. छोटूराम के निधन व स्वतंत्रता-प्राप्ति के बाद हरियाणा क्षेत्र की राजनीति में प्रोफेसर शेर सिंह, और चौ. देवीलाल का वर्चस्व रहा, इनके अलावा चौ. लहरी सिंह, पं. श्रीराम शर्मा, चौ. सूरजमल राजनीतिक परिदृश्य पर सक्रिय थे। सन् 1946-1966 के बीच हरियाणा क्षेत्र की राजनीति प्रोफेसर शेर सिंह और चौ. देवीलाल के इर्द गिर्द रही, क्षेत्रीय हितों के लिए जब जरूरत पड़ी इन्होंनें व्यक्तिगत स्वार्थों को तिलांजलि दी।

प्रोफेसर शेरसिंह ने सन् 1946 में पंजाब विधान सभा का चुनाव लड़ने से पहले दिल्ली विश्वविद्यालय, दिल्ली से गणित में एम. ए. करने के बाद कुछ वर्ष तक आल इण्डिया हीरोज मेमोरियल कालेज, रोहतक में अध्यापन किया था। चौ. देवीलाल ने अपनी स्कूली शिक्षा के तुरन्त बाद ही राजनीति में कदम रखा। उन्होंने पंजाब के किसानों के लिए संघर्ष किया और स्वतन्त्रता-संग्राम में सक्रिय हिस्सा लिया। दोनों ने मिलकर हरियाणा निर्माण के लक्ष्य को हाथ में लिया और उसके लिए लगातार कार्य करते रहे।

सन् 1946 के चुनाव में, इन दो नेताओं के साथी गांव सांघी के चौ. बदलूराम पंजाब विधान सभा के लिए चुने गए। यह तिकड़ी हरियाणा क्षेत्र की जाट-आर्य समाज गुट के रूप में उभरी। प्रोफेसर शेर सिंह आर्य समाज के प्रति प्रतिबद्ध थे और चौ. देवीलाल की प्रतिबद्धता कृषक वर्ग से थी, इनकी राजनीति चौ. छोटूराम के समान ही थी। चौ. बदलूराम प्रोफेसर शेर सिंह के प्रति व्यक्तिगत तौर पर वफादार रहते हुए आर्य समाज के प्रति भी प्रतिबद्ध थे और हरियाणा क्षेत्र के अपने जाट समुदाय के प्रति भी उतने ही प्रतिबद्ध थे।

चौ. रणबीर सिंह हुड्डा भी आर्य समाज और स्वतंत्र पार्टी के प्रति प्रतिबद्ध थे। प्रो. शेर सिंह व चौ. देवीलाल और इनसे पहले चौ. छोटूराम की

तरह इन्होंनें किसी क्षेत्रीय या जातिगत हितों के लिए पार्टी का त्याग नहीं किया। ये कांग्रेस पार्टी के सच्चे सेवक रहे, जैसा कि जॉन मिल्टन ने वर्णन किया कि "जो खड़े रहकर इन्तजार करते हैं, वे भी सेवा करते हैं।" सांघी गांव के इस हुड्डा परिवार के लोग तीन पीढियों से कांग्रेस पार्टी व आर्य समाज में है, इसका कोई भी सदस्य कांग्रेस के प्रति अपने दृढ़ प्रतिबद्धता से विचलित नहीं हुआ। जब भी पार्टी के प्रति वफादारी दर्शाने का अवसर आया तो इस परिवार ने अपनी व्यक्तिगत महत्त्वाकांक्षाएं एक तरफ रख दी। इस मायने में यह किसानों (मुख्यत: जाट) के लिए संघर्ष या व्यक्तिगत महत्त्वाकांक्षा के लिए पार्टी छोड़ने वाले अन्य जाट नेताओं के राजनीतिक परिवारों से अलग है। सत्य है कि बीमारों कमजोरों की सेवा करने वाला व्यक्ति सत्ता के विरूद्ध विद्रोह करने वाले जितनी प्रसिद्धि नहीं पाता, लेकिन अन्तत: उनको पुरस्कार अवश्य मिलता है। अन्तत: हुड्डा परिवार को कांग्रेस पार्टी के प्रति वफादारी का पुरस्कार मिला है। चौ. रणबीर सिंह लगभग चार दशकों से राजनीति में हैं, इस दौरान वे एक बार राज्य में मंत्री व केन्द्र में सांसद रह चुके हैं। उनका बेटा चौ. भूपेन्द्र सिंह हुड्डा अब हरियाणा का मुख्यमंत्री है और उनकी चौथी पीढ़ी के श्री दीपेन्द्र हुड्डा रोहतक संसदीय क्षेत्र से लोकसभा सांसद हैं।

प्रो. शेर सिंह और चौ. देवीलाल अपने लक्ष्यों को प्राप्त करने के लिए अपने पूरे राजनीतिक जीवन में विद्रोही रहे, अपनी पारिवारिक परम्पराओं का पालन करते हुए चौ. रणबीर सिंह पार्टी के प्रति वफादार कार्यकर्ता रहे। अपने लम्बे राजनीतिक जीवन में उन्होंनें सस्ती लोकप्रियता हासिल करने के लिए स्वांग नहीं रचे और राजनीति के सच्चे खिलाड़ी रहे। एक समय यदि दो विद्रोहियों का नायकों सा स्वागत हुआ तो दूसरे समय में वे अलग इससे वंचित भी रहे।

चौ.छोटूराम के समय के प्रतिष्ठित नेता चौ. लालचन्द और चौ. छज्जूराम के परिवार जाट और आर्य समाज की राजनीति में भाग लेकर व्यापार में लगे और प्रमुख व्यापारिक घराने बने। जलियांवाला बाग, अमृतसर में सामूहिक हत्याकांड के दोषी जनरल डायर के पक्ष में गवाही देने पर चौ. लालचन्द बदनाम हुए। डी एल एफ व्यापारिक घराना उनकी विरासत है, जिसका

हरियाणा की राजनीति से कोई लेना देना नहीं है। चौ. छज्जूराम शुरू से ही राजनीति में आने के इच्छुक नहीं थे। सन् 1926 में पंजाब परिषद के लिए स्वतंत्र उम्मीदवार के रूप में केवल एक बार उन्होंनें चुनाव लड़ा और सिसाय गांव के राय साहब श्री लाजपत राय को हराकर विजयी हुए। वे जाट समुदाय को नेतृत्व प्रदान करने में सक्रिय रहे, उन्होंनें चौ. छोटूराम की आर्थिक सहायता इस हद तक की कि रोहतक में छोटूराम कोठी का निर्माण करवाया। चौ. छोटूराम के प्रतिद्वन्द्वी पं. श्रीराम शर्मा स्वतंत्रता-प्राप्ति के बाद राजनीति से गायब हो गए। सन् 1960 के दशक में चौ. बंसीलाल के साथ पं. भगवत दयाल शर्मा उनकी जातिगत राजनीति के उतराधिकारी के रूप में प्रतिष्ठित हुए।

हिसार जिले में चौ. देवीलाल और उनके बड़े भाई चौ.साहब राम के अलावा सन् 1940 में कैप्टन रणजीत सिंह और चौ. सूरजमल जैसे नेता उभरे। सन् 1947 में रोहतक से चौ. लहरी सिंह और हिसार से कैप्टन रणजीत सिंह श्री गोपीचन्द भार्गव के नेतृत्व वाली केबिनेट में मंत्री बने। मंत्रीमंडल में वर्चस्व के लिए पहलकदमी और पंजाब क्षेत्र के वर्चस्व के मुकाबले हरियाणा क्षेत्र की सत्ता के लिए संघर्ष की राजनीति जाटों से जुड़ी रही। चौ. छोटूराम के समय तक हरियाणा क्षेत्र की सत्ता की राजनीति का केन्द्र रोहतक था, लेकिन चौ. छोटूराम के बाद सत्ता हिसार और रोहतक में बंट गई, लेकिन दोनों क्षेत्रों में जाटों का वर्चस्व था। ये दोनों जिले अब सात छोटे जिलों में विभाजित हैं। पं. श्रीराम शर्मा और चौ. चांद राम (एस.सी.) जैसे कुछ व्यक्तियों ने मंत्री के रूप में और अपनी जाति के नेता के रूप में प्रतिष्ठा प्राप्त की, लेकिन वे अपने क्षेत्र का प्रतिनिधित्व करने वाली ऐसी शक्ति नहीं खड़ी कर सके कि वह पंजाब क्षेत्र को चुनौती दे सकें।

आजादी के तुरन्त बाद रोहतक जिले को शराब-बंदी के लिए चुना गया। दृढ़ आर्य समाजी होने के कारण प्रोफेसर शेर सिंह के लिए यह मनपसन्द मुद्दा था। उन्होंनें इस कार्य में बढ़-चढ़ कर भाग लिया और कानून की सख्ती का सहारा लिए बिना लोगों को स्वेच्छा से शराब छोड़ने को प्रेरित करने के लिए अभियान चलाया। इस कार्य से प्रोफेसर शेर सिंह महात्मा

गांधी के निकट आ गए, हरियाणा के किसी दूसरे नेता को यह सौभाग्य प्राप्त नहीं हुआ। गौर करने की बात यह है कि चौ. छोटूराम से लेकर प्रोफेसर शेर सिंह तक हरियाणा के अधिकांश नेता आर्य समाजी थे।

इसी दौरान, 1948 में रोहतक जिले के भापोड़ा गांव के जाटों ने अनुसूचित जातियों का बहिष्कार कर दिया। इस सामाजिक बहिष्कार का कारण अलग-अलग जातियों के दो परिवारों के बीच मामूली सी घटना थी। प्रोफेसर शेरसिंह ने अपने संकटमोचक चौ. बदलूराम के साथ मिलकर इस विवाद को सुलझा दिया। उन्होंनें विभिन्न जातियों के लोगों से यह वचन लिया कि यदि वे गांव में शांति स्थापित रखें तो इस गांव में सार्वजनिक सभा का आयोजन किया जाएगा, जिसे महात्मा गांधी संबोधित करेंगें। गांव वालों ने अपने को सम्मानित महसूस किया और प्रोफेसर शेर सिंह के बीच-बचाव व सलाह को मान लिया और सम्मानजनक ढंग से विवाद का समाधान हो गया। (सिंह, 47)

1946 से 1955 के बीच पंजाब के मुख्यमंत्री पद के लिए श्री भीम सेन सच्चर और डा. गोपीचन्द भार्गव के बीच लुका-छिपी का खेल जारी रहा, दोनों ने एक-दूसरे को एक से अधिक बार अविश्वास प्रस्ताव के माध्यम से हटाया। पंजाब के मुख्यमंत्री की काल-तालिका निम्न है:

1946 : श्री भीम सेन सच्चर

1947 : डा. गोपीचन्द भार्गव

1949 : श्री भीम सेन सच्चर

1949 : डा. गोपीचन्द भार्गव

1952 : श्री भीम सेन सच्चर

जनवरी 1956 में सरदार प्रताप सिंह कैरों द्वारा श्री भीम सेन सच्चर से सत्ता प्राप्त करने के बाद ही पंजाब में स्थिर सरकार आई। इस समय तक अकालियों ने पंजाबी सूबा निर्माण के लिए दबाव बनाना शुरू कर दिया था। अकाली और अम्बाला मंडल (वर्तमान हरियाणा) के विधायकों (जिनमें अधिकांश जाट थे)के बीच पर्दे के पीछे समझौता था कि श्री भीम सेन

सच्चर के बाद सरदार प्रताप सिंह कैरों मुख्यमंत्री और हरियाणा क्षेत्र से कोई उप-मुख्यमंत्री बने। इस फार्मूले के लिए दबाव-गुट में चौ. देवीलाल, प्रो. शेर सिंह, करनाल से बाबू मूलचन्द जैन, चौ. बदलू राम के साथ पांच लोग और थे। ये प्रो. शेर सिंह को उप-मुख्यमंत्री बनवाने में कामयाब हुए।

यद्यपि ये दो गुट अलग अलग क्षेत्रीय हितों से बंधे थे, लेकिन इनमें दो बातें समान रूप से मौजूद थी। एक, दोनों गुट पंजाब सरकार में जाटों का वर्चस्व चाहते थे; दूसरे, दोनों गुट जाट समुदाय को लाभ पहुंचाने के लिए पंजाब का बंटवारा चाहते थे। इसके लिए रणनीति बनाई गई और अन्ततः महा पंजाब और महा दिल्ली या विशाल हरियाणा के समानान्तर आन्दोलन असफल हुए। वास्तव में ये प्रस्ताव सफलता के लिए नहीं, बल्कि एक-दूसरे को हराने के लिए बनाए थे। वास्तविक मांगें थी - सिक्ख जाट वर्चस्व के लिए पंजाबी सूबा और हिन्दू जाट वर्चस्व के लिए हरियाणा प्रदेश। सच्चर भाषा फार्मूला से बाऊंडरी कमीशन तक विभिन्न स्तरों पर पन्द्रह वर्षों के लम्बे संघर्ष के बाद अन्ततः पंजाब व हरियाणा क्षेत्र के जाट गुट की मन की मुराद पूरी हुई।

हरियाणा का निर्माण केवल अकालियों के पंजाबी सूबा की मांग का ही अतिरिक्त उत्पाद नहीं है। हिन्दी भाषी क्षेत्र में प्रो. शेर सिंह और चौ. देवीलाल के नेतृत्व में इसके लिए समानान्तर अभियान हमेशा जारी रहा, यद्यपि यह अकाली आन्दोलन जितना मजबूत नहीं था। सन् 1957 में प्रो. शेर सिंह ने पंजाब की हिन्दी-भाषी (वर्तमान हरियाणा)जनता के हितों की रक्षा के लिए 'हिन्दी सत्याग्रह' चलाया। उन्होंनें उप-मुख्यमंत्री पद त्याग दिया, कांग्रेस पार्टी छोड़ दी और सत्याग्रह को सशक्त जन-आन्दोलन बनाया, जिसमें हजारों लोग जेल में गए।

किसानों को उनकी जमीन से बेदखल करने के खिलाफ आन्दोलन छेड़ देने पर चौ. देवीलाल को फिरोजपुर जेल में डाल दिया था, वे जेल से अभी रिहा हुए थे। सन् 1957 के विधान सभा के चुनावों के बाद कांग्रेस के मुख्यमंत्री के तौर पर सरदार प्रताप सिंह कैरों के बागडोर संभालने पर चौ. छोटूराम की जमींदार लीग का एक तरह से खात्मा ही हो गया क्योंकि चौ.

श्रीचन्द, चौ. माडूराम समेत सभी नेता कांग्रेस पार्टी के भीतर जाटों का प्रभावी दबाव-गुट बनाने के लिए उसमें शामिल हो गए। हिसार जिले से चौ. देवीलाल ही एकमात्र संघर्षशील नेता थे, दूसरे नेता अपने स्वार्थों में उलझे हुए थे। रोहतक जिले में प्रो. शेर सिंह में अपने इर्द-गिर्द प्रतिष्ठित जाट नेताओं को एकत्रित करने की क्षमता थी। प्रो. शेर सिंह की प्रथमतः प्रतिबद्धता जाट समुदाय की अपेक्षा आर्य समाज के प्रति होने के कारण अन्य जातियों के लोग भी उनके अनुयायी थे। चौ. देवीलाल की जाट समुदाय में भारी पैठ थी।

भारतीय कम्युनिस्ट पार्टी के लिए चमत्कार ही था कि सन् 1957 में इसके उम्मीदवार चौ.प्रताप सिंह दौलता रोहतक संसदीय हल्के से सांसद चुने गए। भारतीय कम्युनिस्ट पार्टी के चौ. हुक्म सिंह दहिया, सांपला हल्के से तथा श्री फूल सिंह कटारिया झज्जर हल्के से विधानसभा के लिए चुने गए। इन दोनों ने इस क्षेत्र के दो महत्वपूर्ण नेता क्रमशः चौ. लहरी सिंह और चौ. चांद राम को हराया। प्रो. शेर सिंह और चौ. देवीलाल का जाट मतदाताओं पर प्रभाव ही था कि ये कद्दावर नेता चुनाव हारे। चौ. चांद राम मंत्रीमंडल में महत्वपूर्ण दर्जा हासिल करने की अपनी हसरत पूरी करने के लिए प्रो. शेर सिंह को हराना चाहते थे, लेकिन वे जाट मतदाताओं पर प्रो. शेर सिंह के गहरे प्रभाव से अनभिज्ञ थे, जो हिसार और रोहतक जिले में निर्णायक कारक था।

यहां यह गौर करने की यह बात है कि हरियाणा की सत्ता की दौड़ में शामिल नेताओं के लिए अपनी पार्टी को बहुमत दिलाने की अपेक्षा अपनी ही पार्टी में अपने प्रतिद्वन्द्वी को हराना भी आवश्यक है। राजनीतिक महत्वाकांक्षी प्रत्येक नेता अपने जिले में अपने प्रतिद्वन्द्वी की हार सुनिश्चित करने के लिए भी काम करता है। यदि दाव पर उच्च सत्ता लगी हो तो बाहुबल, धन बल और जातिगत-सामुदायिक भावनाओं का उसी अनुपात में इस्तेमाल होता है। जब अपने समय के सबसे सुसंस्कृत माने जाने वाले नेता प्रो. शेर सिंह ने भी पार्टी में अपने प्रतिद्वन्द्वियों को पटकनी देने के लिए इन तरीकों का इस्तेमाल किया तो यही सिद्ध होता है, कि अपने राजनीतिक अस्तित्व के लिए यह

आवश्यक है। डार्विन का 'अस्तित्व के लिए संघर्ष' और 'सरवाईवल ऑफ दी फिटेस्ट' का सिद्धांत पशु-जगत में जितना वैध है, उतना ही राजनीति में भी वैध है।

ध्यान देने की बात है कि धार्मिक, क्षेत्रीय, प्रान्तीय, पेशागत या अन्य सीमाओं को लांघकर जातिगत जुड़ाव अधिक जोर पकड़ता है। हमने देखा कि पंजाब के अकाली और हरियाणा के आर्य समाजियों में जाति का तत्त्व किस तरह काम करता था। हमने यह भी देखा कि किस तरह अलग अलग राजनीतिक दलों में होते हुए भी लोग एकत्रित हो जाते हैं, जब उनके जाति या समुदाय का मामला आता है। भारत में जाति के आधार पर बन्धन सदियों से बहुत मजबूत रहा है। यही कारण है कि नैतिक रूप से कमजोर होने के बावजूद भी जाति के नेताओं के आज भी बहुत अनुयायी हैं, जो यही दर्शाता है कि मनुवादी व्यवस्था भारतीय समाज और संरचनाओं में जडें जमाए बैठी है।

3

हरियाणा निर्माण की ओर (1957 - 1967)

पूरे पंजाब में पंजाबी को अनिवार्य भाषा के तौर पर लागू करने पर उत्तर और दक्षिण पंजाब के हिन्दुओं के हिन्दी-आन्दोलन के बाद सन् 1958 में गुड़गांव संसदीय हल्के का उपचुनाव दक्षिण पंजाब के लोगों की पहचान की महत्त्वपूर्ण घटना बन गई। सन् 1957 में, मौलाना अब्दुल कलाम आजाद इस हल्के से सांसद थे, उनके निधन के बाद कांग्रेस ने उपचुनाव में जनसंघ छोड़कर आए श्री मौलीराम शर्मा को अपना उम्मीदवार घोषित किया। प्रोफेसर शेरसिंह और उनके आर्य समाजी साथियों और हिन्दी-गुट वालों ने पक्के आर्यसमाजी श्री प्रकाशवीर शास्त्री को आजाद उम्मीदवार के रूप में चुनाव में उतारा। कांग्रेस पार्टी के उम्मीदवार की हार आर्य समाज और जाट किसानों की बढ़ती राजनीतिक शक्ति के संकेत थे।

दक्षिण पंजाब (वर्तमान हरियाणा) क्षेत्र की अलग पहचान के आन्दोलन की अगली कड़ी सन् 1958 के आस-पास विशाल हरियाणा के लिए संघर्ष था। इस आन्दोलन के नेता भी प्रोफेसर शेर सिंह थे। चौ. छोटूराम के निधन से (1945) लेकर हरियाणा राज्य का गठन होने (1966) तक प्रोफेसर शेर सिंह हरियाणा की जनता की आवाज उठाने वाले एकछत्र नेता रहे। उन्होंने दक्षिणी पंजाब के हितों को परिभाषित किया और नेतृत्व प्रदान किया। दक्षिण पंजाब के लोगों ने उनके द्वारा उठाए गए कदमों का साथ दिया। प्रो. शेरसिंह ने न केवल अपना नेतृत्व स्थापित किया, बल्कि पूरे देश में इस क्षेत्र को स्वतंत्र भाषायी और सांस्कृतिक ईकाई के तौर पर वैधता दिलाने में भी कामयाब हुए।

विशाल हरियाणा के लिए संघर्ष को खास सफलता नहीं मिली थी, लेकिन प्रो. शेरसिंह के लगभग 15 वर्ष के प्रयासों से दक्षिणी पंजाब क्षेत्र के

लिए अलग राज्य की मांग उन लोगों के जेहन का हिस्सा बन गई, जिन्होंने इन आन्दोलनों में हिस्सा लिया। किसी नेता के लिए यह बहुत बड़ी उपलब्धि थी। विनम्र लेकिन दृढ़ निश्चयी नेता का विभिन्न आन्दोलनों में चौ. देवीलाल, बाबू मूलचन्द जैन और पं. श्रीराम शर्मा जैसे नेताओं ने सहयोग दिया। सन् 1947 में देश-विभाजन से लेकर सन् 1957 में पंजाब के उप-मुख्यमंत्री बनने तक प्रो. शेरसिंह कद्दावर नेता बन चुके थे और गैर जाटों में भी उनके बहुत से समर्थक थे। न केवल हरियाणा में, बल्कि वे पंजाब के हिन्दुओं और हरियाणा से सटे राजस्थान व उत्तरप्रदेश के जिलों में भी ख्याति पा चुके थे। चौ. छोटूराम के बाद वे एकमात्र जाट नेता थे, जिन्होंने इतने बड़े क्षेत्र में ख्याति पाई। बाद में चौ. देवीलाल और चौ. चरणसिंह हरियाणा, उत्तरप्रदेश और राजस्थान में इतने प्रसिद्ध हुए थे।

इसी दौरान पंजाब में अकालियों ने अलग पंजाबी सूबा बनाने के प्रयास तेज कर दिए। अकाली आन्दोलन को न तो दरकिनार करना संभव था और न ही दबाना, इसलिए पं.जवाहर लाल नेहरू के नेतृत्व वाली केन्द्र सरकार ने सन् 1961 में सरकारी विभागों और निकायों में नौकरियों की नियुक्तियों को लेकर हुए कथित क्षेत्रीय असंतुलन देखने के लिए सर्वोच्च न्यायालय के न्यायाधीश श्री ए.आर. दास को नियुक्त किया। उत्तरी पंजाब और दक्षिणी पंजाब के भाषायी विभाजन को लेकर हरियाणा लोक समिति और अकालियों के बढ़ते प्रभाव के मद्देनजर ही 'दास आयोग' की नियुक्ति हुई। अकाली दल का नेतृत्व मा. तारा सिंह कर रहे थे और हरियाणा लोक समिति की कमान प्रो. शेरसिंह के हाथ में थी।

जहां अकालियों के समर्थक बहुत अधिक थे तो वहीं हरियाणा लोक समिति को गणित के ज्ञाता, पक्के आर्य समाजी और अपने क्षेत्र के विकास के प्रति गम्भीर प्रो. शेरसिंह का कुशल नेतृत्व प्राप्त था। उनके अनुयायी उनके हर आन्दोलन में बढ़चढ़ कर भाग लेते थे। उनकी कड़ी मेहनत रंग लाई और दास कमीशन ने माना कि यद्यपि अकालियों का संघर्ष ज्यादा प्रभावी था, लेकिन वास्तव में अन्याय हरियाणा क्षेत्र के हिन्दी-भाषी लोगों के साथ हो रहा था। प्रो. शेरसिंह ने जनता का दिल जीत लिया था और

इसी दौरान सन् 1962 में विधानसभा चुनाव घोषित हुए जिससे इस नेता को करने के लिए एक नया काम मिल गया।

अपनी मनमर्जी से प्रान्त पर शासन करने के लिए सरदार प्रताप सिंह कैरों ने अकाली दल और हरियाणा लोक समिति दोनों के नेतृत्व को समाप्त करने की ठान ली थी। अपने इस मकसद में कामयाबी के लिए उन्होंने झज्जर हल्के से प्रो. शेर सिंह के खिलाफ कांग्रेस पार्टी के मजदूर प्रकोष्ठ से जुड़े पं. भगवद्दयाल शर्मा को चुनाव में उतारा। जमींदार लीग के चौ. छोटूराम और कांग्रेस पार्टी के पं. श्रीराम शर्मा के बीच का विरोध पुनः प्रकट हुआ।

जातिगत राजनीति के पुराने खोल में कांग्रेस पार्टी ने चुनावी रंगत को बदलने की हर संभव कोशिश की। गांवों का माहौल पुनः बिगड़ गया। जाट बनाम अन्य जातियों का ध्रुवीकरण हो गया। प्रो. शेरसिंह की हार सुनिश्चित करने के लिए सरदार प्रताप सिंह कैरों ने सरकारी–गैर–सरकारी मशीनरी का, धन व बल आदि हर हथकण्डे का इस्तेमाल किया।

कांग्रेस का उम्मीदवार विजयी घोषित हुआ, लेकिन मतों में गिनती के आरोप भी लगे। प्रो. शेरसिंह एक हजार वोटों के मामूली अंतर से हार गए। लोग इस निर्णय को स्वीकार करने को तैयार नहीं थे। इस निर्णय से असंतुष्ट लोग भारी संख्या में झज्जर में वोट–गिनती के स्थान पर एकत्रित हो गए, लेकिन अपने उच्च चरित्र व उच्च आदर्श युक्त नेता ने शान्ति का रास्ता अख्तियार करते हुए बिगड़ती स्थिति को काबू किया। समिति के नेता बेशक हार गए, लेकिन समिति रोहतक जिले की महत्वपूर्ण संसदीय सीट तथा विधान सभा की छः सीटें जीतने में कामयाब हुई।

यहां एक घटना याद आ रही है। 1962 के विधानसभा चुनाव में प्रो. शेरसिंह के साथ कांग्रेस पार्टी के चौ. प्रतापसिंह दौलता भी रोहतक हल्के से चुनाव हार गए थे। चौ. दौलता के मित्रों ने उन्हें कहा कि वे अपनी (गाली–गलौच) भद्दी और बेहूदी भाषा के कारण चुनाव में हारे हैं। जब चौ. दौलता ने सुना तो उनका तुरन्त जबाव था कि 'प्रो. शेरसिंह तो इतने विनम्र हैं कि बिजली के खंभे को भी नमस्ते करके निकलते हैं, फिर वे क्यों हार

गए?' उनकी इस बात का कोई जवाब नहीं था। उनकी बात सही थी चुनावी हार या जीत भाषा की विनम्रता और कठोरता पर निर्भर नहीं करती। चुनावी हार या जीत के कारण सांस्कृतिक नहीं, बल्कि राजनीतिक होते हैं।

हरियाणा क्षेत्र के नेता प्रो. शेरसिंह के लिए यह हार अप्रत्यक्ष रूप से वरदान ही साबित हुई, उनके पास पूरा समय हिन्दी भाषी क्षेत्र को अलग राज्य बनाने के लिए था। उन्होंने अकालियों जैसा उग्र रुख अपनाया, विधान सभा के सदस्य के तौर पर शायद वे वैसा रुख न अख्तियार कर पाते। उनकी हार ने उन्हें अपने मकसद में कामयाब होने के लिए प्रेरित किया, वे दिन-रात कामयाबी के लिए लगे रहे। प्रो. शेरसिंह के हिन्दी भाषा और हरियाणा क्षेत्र के लिए आन्दोलन का राजनीतिक लाभ हरियाणा लोक समिति तक सीमित नहीं रहा, बल्कि 1950 के अन्तिम वर्षों में शुरू हुए हिन्दी-आन्दोलन में भाग लेने वालों को धरती के बहादुर पुत्र और मातृ-भाषा के रक्षक के रूप में जनता में प्रतिष्ठा मिली।

हरियाणा क्षेत्र में उस समय जनसंघ कोई बड़ी राजनीतिक शक्ति नहीं थी, लेकिन हिन्दी-आन्दोलन को अपना समर्थन देने के कारण सन् 1962 के चुनावों में उसने विधानसभा की कई सीटों के साथ, लोकसभा की तीन सीट जीत ली। जाट-बहुल क्षेत्र रोहतक, हिसार और करनाल से क्रमश: चौ. लहरी सिंह, चौ. युद्धवीर सिंह और स्वामी रामेश्वरानन्द ने अपने कांग्रेसी प्रतिद्वन्द्वियों को हराकर जीत हासिल की। हरियाणा बनने के बाद से यह पार्टी (भाजपा) कभी इतना अच्छा प्रदर्शन नहीं कर पाई।

सन् 1962 के संयुक्त चुनाव गैर-कांग्रेसी शक्तियों की एकजुटता के लिए महत्वपूर्ण सिद्ध हुए। हरियाणा लोक समिति और जनसंघ के अलावा कांग्रेस के टिकट न देने पर हिसार से चौ. देवीलाल आजाद प्रत्याशी के तौर पर चुनाव जीत गए। स. प्रताप सिंह कैरों के प्रभाव के कारण चौ. देवीलाल को कांग्रेस पार्टी का टिकट नहीं दिया गया। यद्यपि सरदार प्रतापसिंह कैरों के मुख्यमंत्री बनने में चौ. देवीलाल और प्रो. शेरसिंह व उनके साथियों ने मदद की थी, लेकिन सरदार प्रताप सिंह कैरों का अपने निर्माताओं के प्रति रुख बदल गया था। हरियाणा क्षेत्र की कुल 54 सीटों में से 23 सीटों पर

गैर-कांग्रेसी उम्मीदवारों की जीत विपक्षी गुटों के एकजुट होने का प्रमाण है। आजादी के बाद पहली बार 'अन्य' राजनीतिक दलों की ओर से इतने बड़े पैमाने पर कांग्रेस पार्टी ऐसी चुनौती महसूस कर रही थी।

चौ. देवीलाल एक सच्चे साथी की तरह प्रो. शेरसिंह की हार के प्रति संवेदनशील थे। हरियाणा के लोगों के हितों की रक्षा के लिए दोनों ने विभिन्न आन्दोलनों में साथ साथ कार्य किया था। उन्होंनें गैर-कांग्रसी विधायकों की सहायता से प्रो. शेरसिंह को विधान परिषद का सदस्य चुने जाने में मदद की। इससे अलग पंजाबी सूबा की मांग करने वाले अकालियों के उग्र रूख से अपने क्षेत्र के लोगों के हितों की रक्षा करने के लिए इकट्ठे होकर काम करने का मौका मिला।

सन् 1965 में, पाकिस्तान से युद्ध समाप्ति के बाद तत्कालीन प्रधानमंत्री श्रीमती इन्दिरा गांधी ने पंजाब समस्या का समाधन ढूंढने के लिए, संसदीय समिति का गठन किया, जिसमें स्पीकर सरदार हुक्म सिंह, हरियाणा क्षेत्र के प्रतिनिधि के तौर पर चौ. लहरी सिंह और चौ. बंसीलाल (1962 में राज्य सभा के सदस्य चुने गए थे) शामिल थे। चौ. बंसीलाल का राज्य सभा के लिए चुना जाना भी एक रोचक प्रसंग है, जिसे यहां प्रस्तुत करना अप्रासंगिक नहीं होगा।

कांग्रेस पार्टी के तत्कालीन अध्यक्ष श्री धेबर भाई ने संकेत कर दिया था कि विधान सभा और लोकसभा दोनों में पहले से ही जाटों का वर्चस्व होने के कारण राज्य सभा के लिए किसी जाट को नामजद न किया जाए। स्थानीय नेता होने के कारण चौ. देवीलाल एक के बाद एक नाम लेकर जिनके लिए कोशिश कर रहे थे, वे सभी जाट थे, लेकिन श्री धेबर भाई ने यह कर सभी नाम रद्द कर दिये कि उन्हें कोई भी जाट स्वीकार्य नहीं है। अपनी हाजिर जबाबी का प्रयोग करते हुए चौ. देवीलाल ने कहा कि तब तो श्री बंसीलाल जी पार्टी के उम्मीदवार हो सकते हैं। नाम के पीछे 'सिंह' न देखकर श्री धेबर भाई ने सोचा कि यह व्यक्ति गैर जाट है, शायद बनिया। चौ. देवीलाल ने एक बार स्वयं मुझे यह बताया था कि कैसे चौ. बंसीलाल को राज्य सभा में घुसाया था।

पंजाब की बढ़ती समस्या का समाधान ढूंढने के लिए संसद द्वारा गठित हुकम सिंह समिति में चौ. बंसीलाल ने हरियाणा जैसे छोटे राज्य के गठन के विरूद्ध अपनी राय दी और चौ. लहरी सिंह ने इसके पक्ष में अपनी पूरी ताकत लगा दी। चौ. लहरी सिंह की पार्टी जनसंघ ने उनके मत को पसन्द नहीं किया। जनसंघ पंजाब में मुख्यतः पाकिस्तान से आए पंजाबी हिन्दुओं की पार्टी थी, जो महापंजाब की मांग कर रहे थे, ताकि राज्य में सिक्ख अल्पसंख्या में रह जाएं। जब पार्टी ने चौ. लहरी सिंह के पास अपनी नाराजगी व्यक्त की तो उन्होंने कहा कि 'मैंने तुम्हारे दीवे के चुनाव चिन्ह पर चुनाव जरूर लड़ा है, लेकिन इस दीवे में तेल मेरा अपना था।' उनके कहने का भाव था कि वे अपने व्यक्तिगत प्रभाव के कारण चुनाव जीते हैं, न कि पार्टी के चुनाव चिन्ह से। इसलिए उन्होंने हरियाणा के मुद्दे पर यहां की जनता के हितों की बलि देने से इन्कार करते हुए अपनी पार्टी से त्याग पत्र दे दिया।

कांग्रेस पार्टी के अनुशासन में रहते हुए भी जहां चौ. रणबीर सिंह जैसे नेताओं ने हरियाणा क्षेत्र के लोगों के हितों के लिए आवाज उठाई, वहीं चौ. सुल्तान सिंह, चौ. रणधीर सिंह, चौ. हरद्वारी लाल और राव बिरेन्द्र सिंह सरदार प्रताप सिंह कैरों की कठपुतली बनकर इसका विरोध करते रहे। प्रो. शेरसिंह और चौ. देवीलाल से व्यक्तिगत मतभेद और नापसन्द के कारण भी ये नेता सरदार प्रताप सिंह कैरों की राजनीति के मोहरे बने। चौ. देवीलाल हरियाणा लोक समिति में शामिल हो गए और इसको दिशा देने वाले बन गए। हरियाणा क्षेत्र के अलग राज्य की मांग को लेकर इसके पक्ष और विपक्ष के आपसी रिश्तों ने गम्भीर मोड़ ले लिया। सन् 1965 के आखिर में वफादारी की परीक्षा की घड़ी आ गई जब हरियाणा लोक समिति ने रोहतक में रैली करके शक्ति प्रदर्शन करने का निर्णय लिया।

हरियाणा लोक समिति के झण्डे तले प्रो. शेरसिंह और चौ. देवीलाल ने रैली में श्री आचार्य कृपलानी को मुख्य अतिथि के तौर पर आंमत्रित किया, वहीं पं. भगवद्दयाल शर्मा, चौ. सुल्तान सिंह, चौ. हरद्वारी लाल, राव बिरेन्द्र सिंह आदि कांग्रेसी नेताओं ने इस रैली को ठुस्स करने के लिए इसी शहर

में अलग से रैली बुलाई, जिसमें तत्कालीन उप-राष्ट्रपति डा. जाकिर हुसैन को मुख्य अतिथि के रूप में आमंत्रित किया। हरियाणा लोक समिति जहां अलग राज्य की मांग के लिए लोगों को न्योता दे रही थी तो कांग्रेसी नेता इस अभियान को मात देने के प्रयास कर रहे थे।

समिति की ओर बड़ी संख्या में लोग थे, इस लोकप्रिय अभियान को समाप्त करने वाले बहुत ही थोड़ी संख्या में लोगों को जुटा पाए। चौ. हरद्वारी लाल ने अपने गांव में एक अन्य रैली आयोजित की, जिसमें सरदार दरबारा सिंह मुख्य अतिथि के तौर पर शामिल हुए, रोहतक रैली में शामिल कांग्रेसी नेता भी इसमें शामिल थे, लेकिन इसकी भी हरियाणा समर्थकों की रैली से कोई तुलना नहीं थी।

अकाली केवल पंजाबी सूबे की ही मांग नहीं कर रहे थे, बल्कि वे हरियाणा बनने के भी खिलाफ थे। उनका चालाकीपूर्ण आन्दोलन रोहतक, गुड़गांव और महेन्द्रगढ़ जैसे सिक्ख रहित जिलों को उत्तरप्रदेश या राजस्थान से जोड़कर शेष को पंजाबी भाषी राज्य में बदलने का था। प्रो. शेरसिंह, चौ. देवीलाल और हरियाणा क्षेत्र के अन्य नेताओं के प्रयासों के कारण अकालियों के अध्यक्ष संत फतेह सिंह इस बात पर राजी हुए कि समस्या के समाधान के लिए दोनों क्षेत्रों के प्रतिनिधियों को इकट्ठे बैठना चाहिए। हरियाणा क्षेत्र की ओर से चौ. रणबीर सिंह, चौ. देवीलाल, बाबू आनन्द स्वरूप, लाला रामशरण चन्द मितल और सर्वदलीय एक्शन समिति के अध्यक्ष प्रो. शेर सिंह ने इस महत्त्वपूर्ण बैठक में भाग लिया। संयुक्त तौर पर निर्णय लिया कि सन् 1956 के क्षेत्रीय फार्मूले के आधार पर पंजाब राज्य को पंजाब और हरियाणा नामक दो राज्यों में विभाजित कर दिया जाए। (सिंह, 101; इस अध्याय में अधिकतर घटनाएं डा. रणजीत सिंह की पुस्तक पर आधारित हैं)

मान्य समझौते को अमली जामा पहनाने के लिए शाह कमीशन बनाया गया। लेकिन जल्द ही अकालियों की ओर से मांग आई कि वे चण्डीगढ़ को किसी भी सूरत में नहीं देंगें और दोनों ओर से इस पर अपना दावा जताने के लिए 'आमरण अनशन' शुरू हो गए। चण्डीगढ़-विवाद की लम्बी कहानी छोड़कर, इतना कहना काफी है कि अन्ततः 1 नवम्बर 1966 को पंजाब दो

भागों में बंट गया और पंजाब में अकालियों तथा हरियाणा में लोक समिति के नेताओं को इसका राजनीतिक फायदा हुआ तथा दोनों क्षेत्रों में जिन्होंने इसका विरोध किया, उन्हें भारी झटका लगा।

चुनाव होने से पहले अन्तरिम सरकार बनानी थी। हरियाणा क्षेत्र के 62 विधायकों में से आधे से कुछ ही अधिक कांग्रेस पार्टी के होने के कारण पं. भगवद्दयाल शर्मा को मुख्यमंत्री बनाया गया, यद्यपि पार्टी में उनसे वरिष्ठ नेता भी थे। चूंकि प्रो. शेरसिंह, चौ. देवीलाल और चौ. लहरीसिंह विपक्ष में थे, इसलिए ये मुख्यमंत्री पद की दौड़ में शामिल नहीं थे। लेकिन चौ. रणबीर सिंह, राव बिरेन्द्र सिंह, चौ. हरद्वारी लाल, चौ. सूरजमल आदि कांग्रेस पार्टी में पं. भगवद्दयाल से वरिष्ठ थे। पं.भगवद्दयाल शर्मा को मुख्यमंत्री बनाने पर एक बार फिर जाटों ने ठगा सा महसूस किया और यह विश्वास पक्का हो गया कि कांग्रेस पार्टी गैर-किसानों के हितों के लिए है। यह चुनाव अन्य कृषक समुदायों को भी हजम नहीं हुआ। पंजाब सरकार में मंत्री रहे राव बिरेन्द्र सिंह को इस निर्णय से सदमा पहुंचा। नए राज्य के मुख्यमंत्री के रूप में इस दुर्भाग्यपूर्ण निर्णय (1962 में कैरों द्वारा हर कीमत पर प्रो. शेरसिंह को हराने के लिए चुनने से पहले पं. भगवद्दयाल शर्मा की पहचान नहीं थी) ने जाट और ब्राह्मणों के बीच विरोध को उभारा जो चौ. छोटूराम और पं.श्रीराम शर्मा में व्यक्त हआ था।

सन् 1966 के प्रकरण ने जाटों के पुराने संदेह को तीखा किया था कि कांग्रेस जाट-विरोधी व ब्राह्मण-बनियों की पार्टी है। इस अन्तर्विरोध के सांस्कृतिक और आर्थिक आधार थे। सांस्कृतिक दृष्टि से जाटों को निम्न माना जाता था और आर्थिक दृष्टि से मेहनतकश वर्ग, जो महाजनों पर निर्भर थे। महाजनों के कर्ज से(चौ. छोटूराम के उपहार) मुक्त होने पर जाट बढ़ते ही गए, विशेषतौर पर राजनीतिक दृष्टि से।

आजाद भारत की सरकार ने कृषि के आधुनिकीकरण पर जोर दिया, जिससे जाट व अन्य कृषक समुदाय आर्थिक तौर पर समृद्ध होते गए, विशेषकर वे जिनके पास अधिक जमीनें थी। आर्य समाज में शामिल होने के बाद जाटों में न केवल उच्च जातियों के प्रति बराबरी की भावना पैदा

हुई, बल्कि गांव की भूमिहीन व अल्पसंख्या में दूसरी जातियों से ऊंचा होने की भावना पैदा हुई, क्योंकि बनिये और अधिकांश ब्राह्मण भूमिहीन थे। इन सब कारकों ने जाटों को अधिकाधिक उभारा। पंजाब में जट्ट-सिक्खों की स्थिति ने उनमें यह भावना का पैदा की कि यह राज्य उनके शासन करने के लिए है।

नवम्बर 1966 में चोट खाए जाट आहत शेर की तरह दुश्मन को पछाड़ने के लिए घात लगाए बैठे थे। जल्दी ही यह मौका आ गया, पं. भगवद्दयाल शर्मा के नेतृत्व में सरकार बनने के कुछ सप्ताह बाद ही सन् 1967 में राज्य विधान सभा के चुनाव घोषित हो गए। जाट बहुल क्षेत्रों के जाटों ने गैर-कांग्रेसी जाट उम्मीदवार को वोट देकर बहुमत हासिल करने की कोशिश की। जातिगत गणित की दृष्टि से जाट बहुमत में थे, कांग्रेस-पार्टी में भी वे बहुमत में थे। लेकिन कांग्रेस हाई कमान ने पं. भगवद्दयाल शर्मा को राज्य का मुख्यमंत्री बनाकर सत्ता प्राप्त करने की उनकी इच्छा पर पुनः पानी फेर दिया। उन्होंनें इसे गम्भीरता से लिया और परिणामस्वरूप जाटों ने अहीर, गुज्जर, रोड आदि भू-स्वामी जातियों के विधायकों की मदद से कुछ महीने बाद ही पं. भगवद्दयाल के नेतृत्व में बनी हरियाणा सरकार को गिरा दिया।

जब बागी विधायकों में से नेता चुनने का सवाल आया, यद्यपि जाट संख्या में सबसे अधिक थे, लेकिन वे किसी पर भी सहमति नहीं बना सके। परम्परागत तौर पर माना जाता' है कि जाट अपनी जाति में से किसी को अपने से बड़ा स्वीकार नहीं कर सकता, सभी अपने को दूसरे से अव्वल समझते हैं। उस समय उनमें कोई इतना अमीर भी नहीं था कि वह औरों पर अपनी धाक जमा लेता। परिणामस्वरूप राजशाही और धन की उच्चता के कारण रेवाड़ी के राव तुलाराम के पोते राव बिरेन्द्र सिंह हरियाणा के मुख्यमंत्री का पद पाने में सफल हुए। चौ. छोटूराम के भतीजे चौ. श्रीचन्द को विधान सभा अध्यक्ष बनाया गया। चौ. हरद्वारी लाल, चौ. प्रताप सिंह दौलता, खुर्शीद अहमद आदि दिग्गजों को खुश करने के लिए मंत्रीमंडल में शामिल किया। वास्तव में, बागी विधायकों को या तो मंत्री पद दिया गया या फिर उसके बराबर का मलाईदार पद। यह हरियाणा का आज तक का सबसे बड़ा मंत्रीमंडल था।

इसके बावजूद राव बिरेन्द्र सिंह की सरकार एक वर्ष भी पूरा नहीं कर पाई और कुछ महीनों में ही गिर गई। इतिहास इस सच्चाई का गवाह है कि सत्ता की भूख में इकट्ठे हुए बामी या षड़यन्त्रकारी तभी तक इकट्ठे रह पाते हैं, जब तक कि उनका साझा शत्रु समाप्त न हो जाए और उसके समाप्त होने पर वे तितर-बितर हो जाते हैं। जिन्होंनें जुलियस सीजर को मारा वे लम्बे समय तक इकट्ठे नहीं रह सके। यहां तक कि सीजर के हत्यारों को हराने और मारने वाले अंटोनी और आक्टोवियस भी इकट्ठे नहीं रह पाए।

यह कहना गलत नहीं होगा कि व्यक्ति सत्ता के लिए उसी तरह गिर जाता है जैसे कि स्त्री के लिए और स्त्री व राजगद्दी पर कोई अपना प्रतिद्वन्द्वी नहीं देखना चाहता। इतिहास अपने को दोहराता है, लेकिन सत्ता के भूखों ने इससे कब सबक सीखा है? वे सूर्य की तरह उदय और अस्त होते रहे हैं और होते रहेंगें। जैसा कि शेक्सपीयर के ओथेलो नाटक का खलनायक इयागो कहता है कि 'हम इसी तरह के बने हुए हैं'। (हैरीसन, 1067)

गैर-कांग्रेसी सरकारों का बनना और गिरना केवल हरियाणा में ही नहीं हुआ। सन् 1967 में पंजाब, उतरप्रदेश, बिहार, प. बंगाल समेत कई राज्यों में कांग्रेस पार्टी से अलग हुए गुटों ने विपक्षी दलों के साथ मिलकर सरकार बनाई। इन सरकारों को 'संयुक्त विधायक दल' की सरकार कहा गया। इस गठजोड़ में अलग अलग किस्म के लोग थे, जो लम्बे समय तक इकट्ठे नहीं रह सके। प. बंगाल में मार्क्सवादी विचारधारा के लोग थे। जहां अन्य जगहों पर गैर-कांग्रेसी सरकारें कुछ ही महीनों में गिर गई वहां पिछले 40 वर्ष से बिना किसी बाधा के साम्यवादी सरकार चल रही है।

यह संयोग मात्र है कि सात की संख्या हर दशक में राज्य व केन्द्र में गैर-कांग्रेसी सरकारों के लिए सौभाग्यशाली रही है। सन् 1967 में कई राज्यों में गैर-कांग्रेसी सरकारें बनीं। आजादी के बाद केन्द्र में पहली बार सन् 1977 में ही जनता पार्टी की गैर-कांग्रेसी सरकार बनी। सन् 1987 में श्री विश्वनाथ प्रताप सिंह के नेतृत्व में सत्ता गैर-कांग्रेसी हाथों में आई। पंजाब और हरियाणा समेत कई राज्यों में गैर कांग्रेसी सरकार बनी। सन् 1967 की तरह सन् 1977 एवं सन् 1987 में केन्द्र और राज्यों में बनी गैर-कांग्रेसी

सरकारें अपना कार्यकाल पूरा नहीं कर पाई। 1991 में केन्द्र और हरियाणा में पुनः कांग्रेस की सरकार बनीं। 1990 के दशक में केन्द्र में और हरियाणा में गैर-कांग्रेसी सरकार 1996 में एक वर्ष पहले आई, इसलिए आई कि 1991 में एक वर्ष पहले चुनाव हुए थे, वरन् तो गैर-कांग्रेसी सरकारों के लिए इस बार भी सात की संख्या अपना काम करती।

हरियाणा की बात करते हुए, सन् 1967 के चुनावों के बाद एक वर्ष बाद सन् 1968 में ही चुनाव हो गए। चूंकि गैर-कांग्रेसी गठबन्धन ज्यादा समय तक नहीं चल सका, इसलिए लोगों ने एक पार्टी कांग्रेस की सरकार को पुनः चुना। पं. भगवद्दयाल शर्मा की सरकार गिरने से सबक लेते हुए कांग्रेस ने बहुमत जाट जाति का मुख्यमंत्री बनाया। पार्टी बहुमत जाति के व्यक्ति को मुख्यमंत्री न बनाकर दो बार असफल हुए प्रयोग को फिर से दोहराना नहीं चाहती थी। सिद्धांत के तौर पर बहुमतवाद लोकतंत्र के लिए अच्छा नहीं है, लेकिन व्यावहारिक तौर पर सफलता प्राप्त करने के लिए इसका कोई विकल्प नहीं है। कांग्रेस पार्टी बहुमत जाति को सत्ता सौंपने का प्रयोग पंजाब में कर चुकी थी। यह सर्वविदित है कि श्री भीमसेन सच्चर, श्री गोपीचन्द भार्गव और श्री कामरेड़ रामकिशन गैर-सिक्खों की सरकारें पांच वर्ष तक नहीं चल सकी थी। हरियाणा में सरकार का नेतृत्व जाट को सौंप दिया। हरियाणा के जाट भी पंजाब के जाट-सिक्खों की तरह ही किसी अन्य जाति या समुदाय की अपेक्षा अधिक राजनीति व सत्ता केन्द्रित थे।

कांग्रेस पार्टी ने नेता चुनने के काम को हमेशा चालाकी से किया है। एक तो कांग्रेस की यह नीति रही है कि उसने चुनाव से पहले या चुनाव के दौरान किसी को भावी मुख्यमंत्री के रूप में घोषित नहीं किया, बल्कि सभी दावेदारों में उसकी मजबूत दावेदारी का भ्रम पैदा करके रखा, इससे उसको एक से अधिक जातियों-समुदायों के वोट मिले। सन् 1968 में हरियाणा के प्रभारी होने के नाते कांग्रेस के महासचिव श्री हेमवती नन्दन बहुगुणा को गैर-जाट दिग्गज नेता पं. भगवद्दयाल शर्मा को चालाकीपूर्ण ढंग से हटाने और सभी दावेदारों को मैदान में बनाए रखने का नाजुक काम दिया गया। श्री हेमवती नन्दन बहुगुणा की चालाकी उनके खुद के लिए भारी पड़ी, लेकिन कांग्रेस पार्टी के लिए यह पूंजी थी। उनकी चालाकी को

कांग्रेस हाई कमान ने सत्ता के भूख के तौर पर समझा और इतने लम्बे समय तक पार्टी की सेवा करने के बाद भी उनको निकाल दिया।

सन् 1982 से सन् 1987 के दौरान मैं विधानसभा का सदस्य था। उन दिनों हेमवती नन्दन बहुगुणा और मैं दोनों एक ही पार्टी लोक दल में थे। एक बार सन् 1968 के चुनावों के बारे में बात करते हुए उन्होंनें मुझे बताया कि उस समय वे पं. भगवद्दयाल को सत्ता की कुर्सी से दूर रखने में कैसे कामयाब रहे। लम्बे अनुभव से प्राप्त राजनीतिक कौशल का इस्तेमाल करते हुए वे पं. भगवद्दयाल शर्मा को यह समझाने में कामयाब रहे कि हरियाणा के सबसे कद्दावर नेता होने के कारण उन्हें सभी चुनाव हल्कों में प्रचार के लिए जाना होगा, इसलिए उन्हें चुनाव नहीं लड़ना चाहिए। अपनी बड़ाई सुनना सत्तासीन लोगों की कमजोरी है। अपनी तारीफ सुनकर पण्डित जी जल्दी ही छवि-मोह में पड़ गए। वे पूरे प्रदेश के कोने-कोने में जाकर भीड़ को संबोधित करने और अपना संदेश पंहुचाकर उनसे गद्दी छीनने वालों को पटकनी देकर फिर से अपनी ताजपोशी के सपने लेने लगे।

गैर-कांग्रेसी पार्टियों से लोग इतने दुखी थे कि पं. भगवद्दयाल शर्मा और जाट नेताओं में एक दूसरे के प्रति सहानुभूति न होने के बावजूद भी कांग्रेस ने आरामदायक बहुमत प्राप्त कर लिया। जाट को राज्य का मुख्यमंत्री बनाने का काम सौंपें गए व्यक्ति के लिए यह परीक्षा की घड़ी थी। श्री बहुगुणा ने इस बार दूसरी चाल चली। वे हाई कमान का आदेश लेकर आए कि विधानसभा में पार्टी का नेता विधायकों से ही चुना जाए। पं. भगवद्दयाल ने अपने को ठगा महसूस किया, लेकिन उनके पास इतनी शक्ति नहीं थी कि वे तख्ता पलट सकने में कामयाब हो पाते। उन्हें एक अन्य मृग-मरीचिका दिखा दी गई कि बड़ा नेता होने के नाते राष्ट्रीय स्तर पर उनकी सेवाओं की जरूरत है। राजनीति में मृग-मरीचिकाएं बड़े बड़े चमत्कार करती हैं।

हाई कमान के मध्यस्थ श्री बहुगुणा के लिए परीक्षा की अगली घड़ी राज्य की बागडोर ऐसे व्यक्ति को देना था, जो कि केन्द्रीय सत्ता के अनुकूल हो। राज्य का सत्ता अध्यक्ष किस जाति का हो यह निश्चित हो जाने

पर अब सवाल था कि मुख्यमंत्री की कुर्सी पर कौन बैठेगा। कांग्रेस के प्रति लम्बे समय की निष्ठा और ईमानदारी को देखते हुए श्री बहुगुणा ने चौ. रणबीर सिंह को इस पद के लिए सर्वाधिक उपयुक्त उम्मीदवार समझा। लेकिन श्री बहुगुणा के आश्चर्य का कोई ठिकाना न था जब चौ. रणबीर सिंह ने मुख्यमंत्री बनने से यह कह कर इन्कार कर दिया कि हरियाणा के चालू विधायकों को संभाल कर रखना उनके वश की बात नहीं है। ऐसे पद को ठुकराने का उदाहरण कम से कम हरियाणा में तो नहीं है। चौ. रणबीर सिंह की परेशानी सच्ची थी, वे सन् 1967 में अपने साथी विधायकों का एक ही दिन में अपनी निष्ठा बदलने का नाटक देख चुके थे, जिसकी वजह से नए राज्य हरियाणा के तत्कालीन राज्यपाल श्री बी. एन. चक्रवर्ती ने हरियाणा के विधायकों को 'आया राम गया राम' की बदनाम उपाधि दी। चौ. रणबीर सिंह अपनी भलमनसाहत के कारण इस खेल में नहीं पड़ना चाहते थे।

विधानसभा के नेता के चुनाव के लिए पं. भगवद्दयाल शर्मा और केन्द्र में हरियाणा के वरिष्ठतम नेता श्री गुलजारी लाल नन्दा की सहमति जरूरी थी, मौजूदा लोगों में चौ. बंसीलाल को सर्वाधिक विनम्र मानते हुए दोनों ने चौ. बंसीलाल को विधानसभा का नेता चुने जाने की सहमति दी। यह बात अलग है कि इस सर्वाधिक 'विनम्र' जाट ने जल्दी ही इन दोनों की टांग खिंचाई की, जिसकी इन्होंने कभी कल्पना नहीं की थी। मुझे डा. सरूप सिंह की एक टिप्पणी याद है, जो कुरूक्षेत्र विश्वविद्यालय के बहुत विनम्र और शरीफ़ समझे जाने वाले एक प्रोफेसर के बारे में है, उन्होंने कहा था कि एक बार इसे विभाग का अध्यक्ष बनाकर सत्ता सौंपकर देखो तो रातो रात में इसका कायान्तरण हो जाएगा। चौ. बंसीलाल के नजदीकी दोस्त रहे डा. सरूप सिंह ने कहा था कि जाट नहीं लगने वाले 'जाट' का चुनाव करने में श्री बहुगुणा से जाटों को समझने और इस जटिल जाति से सौदा करने में चूक हुई।

श्री बहुगुणा द्वारा चुने और श्री गुलजारी लाल नन्दा व पं. भगवद्दयाल शर्मा द्वारा समर्थित चौ. बंसीलाल को हाई कमान की ओर से हरी झण्डी मिल गई। यद्यपि चौ. बंसीलाल उस समय हरियाणा की राजनीति में मुख्य व्यक्ति नहीं थे, लेकिन वे इतने नए भी नहीं थे। मुख्यमंत्री बनने से पहले वे

सन् 1967 और सन् 1968 में विधायक चुने गए और सन् 1962 से सन् 1967 तक राज्य सभा के सदस्य रहे। अपने छोटे से राजनीतिक जीवन में उन्होंनें उत्तर प्रदेश के उमाशंकर दीक्षित, श्री गुलजारी लाल नन्दा और पं. भगवद्दयाल शर्मा समेत कांग्रेस के कई महत्त्वपूर्ण नेताओं से सम्पर्क स्थापित कर लिया था। हरियाणा का मुख्यमंत्री बनने में इन संबंधों ने उनकी बहुत मदद की। आजकल दिल्ली की मुख्यमंत्री शीला दीक्षित श्रीमती इन्दिरा गांधी के विश्वासपात्र श्री उमाशंकर दीक्षित की पुत्रवधू है।

चौ. बंसीलाल के पं. भगवद्दयाल से सम्बन्ध इतने गहरे व प्रसिद्ध थे कि सन् 1967 में उनकी सरकार बनने के बाद जब जाटों ने इसे गिराने की योजना बनाई तो गिराने वालों का शक था कि बंसीलाल उनका साथ नहीं देंगें। इस मामले में वे कोई खतरा नहीं उठाना चाहते थे, इसलिए उन्होंने उनको विधानसभा में न पहुंचने देने की योजना बनाई। मुख्य वन संरक्षक चौ. धर्मपाल राठी ने उनको विधानसभा में न पहुंचने देने की जिम्मेवारी ली। उन्होंने इसे कैसे अंजाम दिया, इसके बारे में उन्होंनें मुझे बताया कि उन्होंनें किसी संदर्भ में चौ. बंसीलाल को अपने घर पर बुलाया और जब वे पेशाब करने गए तो उनका बाहर से दरवाजा बंद कर दिया और तब तक नहीं खोला, जब तक कि पं. भगवद्दयाल शर्मा के नेतृत्व वाली सरकार नहीं गिरा दी गई। जब चौ. बंसीलाल ने सत्ता संभाली, तो सबसे पहले इस व्यक्ति को निलम्बित किया और बाद में सरकारी नौकरी से निकाल दिया। यह आदमी अभी जिन्दा है और मनाली में स्कूल चला रहा है।

4

चौ. बंसीलाल शासन की लम्बी पारी (1968 - 1977)

चौ. बंसीलाल दृढ़ इच्छा शक्ति वाले पुरूष और अपने लक्ष्य को पाने के लिए किसी भी हद तक जाने वाले के रूप में उभरे। उन्होंने सड़कें निर्माण, बिजली, उद्योग, स्कूल आदि बनाने का काम किया। प्रत्येक गांवों को राज्य और राष्ट्रीय हाईवे से जोड़ने, हर घर व झोंपड़ी में रोशनी करने, राज्य के विभिन्न क्षेत्रों में विशेषकर राष्ट्रीय राजधानी के आस-पास औद्योगिक परिसर विकसित करने, प्रत्येक जिले में विशेषकर आगरा, जयपुर, शिमला और काश्मीर के रास्ते पर पर्यटन केन्द्र बनाने और हर सात किलोमीटर के क्षेत्र में स्कूल स्थापित करने का काम किया।

चौ. बंसीलाल के विकासशील व्यक्तित्व ने इतने जल्दी परिणाम दर्शाये जिनकी कोई उम्मीद नहीं कर रहा था। इस कार्य से उनमें विश्वास जगा और हरियाणा की राजनीति में उनका नाम स्थायी हो गया। अपना स्थान सुरक्षित करने के बाद उन्होंनें श्री गुलजारी लाल नन्दा, पं. भगवद्‌दयाल शर्मा और चौ. देवीलाल समेत अपने निर्माताओं के कद को कम करके अपने कंधे पर राजनीतिक जिम्मेवारी लेनी शुरू कर दी।

चौ. देवीलाल का मामला बहुत दिलचस्प है। अपने वरिष्ठ राजनीतिज्ञ का ऋणी दर्शाने के लिए मुख्यमंत्री बनने के कुछ समय बाद ही उन्होंने चौ. देवीलाल को खादी बोर्ड का चेयरमैन बनाया। एक बार दोनों चण्डीगढ़ से दिल्ली जा रहे थे, नए मुख्यमंत्री के स्वभाव के प्रतिकूल चौ. देवीलाल अपना सुझाव थोंपने की कोशिश कर रहे थे। जब चौ. देवीलाल बार-बार जोर देते रहे तो उन्होंनें ड्राईवर से गाड़ी रूकवाई और चौ. देवीलाल को सड़क पर ही उतार दिया।

हरियाणा में यह चर्चा का विषय बन गई और आखिरकार चौ. बंसीलाल के शक्तिशाली व्यक्तित्व की दंत कथाएं लोक मानस का हिस्सा हो गई। हरियाणा प्रदेश कांग्रेस कमेटी के अध्यक्ष चौ. सुल्तान सिंह ने इस घटना को मजाकिया लहजे में सुनाकर अपने मालिक के अहं को तुष्ट किया। दूसरी घटना और ज्यादा महत्वपूर्ण है।

एक बार चौ. सुल्तान सिंह मुख्यमंत्री चौ. बंसीलाल के साथ चण्डीगढ से दिल्ली जा रहे थे, मुख्यमंत्री ने उनसे किसी मामले पर राय मांगी। अपने मसखरे अंदाज में चौ. सुल्तान सिंह ने कहा कि वे अपने विचार तब व्यक्त करेंगे जब गाड़ी पेड़ के पास आ जाएगी। जब मुख्यमंत्री ने राय व्यक्त करने में पेड़ के महत्त्व के बारे में जानना चाहा, तो चौ. सुल्तान सिंह ने कहा कि यदि आपने गाड़ी से नीचे उतार दिया तो पेड़ की छाया में धूप से तो बचूंगा। इस मजाक ने अपना प्रभाव दिखाया। चौ. बंसीलाल की ग्रंथी को सहलाने से वे अपने मनोरंजन करने वाले की संगति से बड़े संतुष्ट हुए। इसी कारण सफर की बोरियत दूर करने, दबाव से छुटकारा पाने और अपने मनोरंजन के लिए चण्डीगढ़ से दिल्ली जाते हुए चौ. बंसीलाल अक्सर चौ. सुल्तान की संगति पसन्द करते थे।

एक बार सत्ता की कुर्सी पाकर और उसके बाद धीरे-धीरे अधीर प्रशासक के तौर पर विकसित हुए चौ. बंसीलाल ने न केवल श्री गुलजारी लाल नन्दा, पं. भगवद्दयाल शर्मा जैसे अपने भाग्य-विधाताओं को दरकिनार कर दिया, बल्कि सार्वजनिक भाषणों में उन पर कीचड़ भी उछालना शुरू कर दिया। मुझे कुरूक्षेत्र में श्री गुलजारी लाल नन्दा के बारे में उनकी दुर्भावनापूर्ण टिप्पणी याद है। कुरूक्षेत्र के विकास विशेषकर महाभारत युद्ध और गीता के उपदेश से जुड़े स्थानों का उद्धार करने के प्रयासों के मद्देनजर श्री गुलजारी लाल नन्दा के प्रशंसकों ने पवित्र सरोवर पर उनकी प्रतिमा स्थापित करने की जिद्द की। उन दिनों चौ. बंसीलाल की टिप्पणी इस बारे में आमतौर पर प्रचलित थी कि हम नन्दा जी के जीते जी उनकी प्रतिमा इसलिए स्थापित कर रहे हैं, क्योंकि वे लगभग मृत जैसे ही हैं।

उन दिनों पं. भगवद्दयाल शर्मा के लिए भी चौ. बंसीलाल कभी कभी टिप्पणी किया करते थे। उनकी एक टिप्पणी अक्सर प्रसिद्ध थी कि

पं. भगवद्दयाल शर्मा के लिए राजनीति में कोई जगह नहीं बची है, अपनी दाल-रोटी कमाने के लिए उनको 'पुजारी' बन जाना चाहिए। चौ. बंसीलाल ने अपने मित्रों और भाग्य-निर्माताओं को न केवल दरकिनार किया, बल्कि उनको या तो कांग्रेस-पार्टी से बाहर निकाल दिया या फिर संगठन में उनको खुड्डे लगा दिया।

चौ. देवीलाल और पं. भगवद्दयाल शर्मा के लिए कांग्रेस में सक्रिय राजनीतिक जीवन की कोई गुंजाइश नहीं बची थी, सन् 1970 में वे विपक्ष में शामिल हो गए। श्री गुलजारी लाल नन्दा कांग्रेस पार्टी से गहरे में जुड़े थे, वे किसी विकल्प की सोच नहीं सकते थे। दूसरे वे केन्द्र की राजनीति के खिलाड़ी थे, राज्य स्तर की राजनीति में नहीं थे। वे मातृ-समान कांग्रेस पार्टी में तो रहे, लेकिन बंसीलाल के मुख्यमंत्री काल में हरियाणा उनके लिए वर्जित क्षेत्र था। एक समय में उनका शिष्य रहा व्यक्ति उनके लिए असहनीय शासक बन गया था।

चौ. बंसीलाल अपने विधाताओं और मित्रों के साथ जो धूर्तता कर रहे थे वह गैर-राजनीतिक लोगों की दृष्टि में असहनीय और अनैतिक था। सुरक्षा और विश्वास बढ़ने के साथ साथ चौ. बंसीलाल निरंकुश और घमंडी भी होते गए। मुख्यमंत्रीत्व काल के बढ़ने के साथ-साथ उन्होंने कोलोसस की तरह सोचना शुरू कर दिया कि दूसरे 'उनकी विशालता के सामने बौने पड़ जायेंगें'। चौ. बंसीलाल ने अपने व्यवहार से पुनः सत्तासीन लोगों के उस व्यवहार को साबित किया जिसके बारे में शेक्सपीयर ने अपने नाटक 'जुलियस सीजर' में कहा है कि 'ऊपर चढ़ने वाला आदमी जिसके सहारे ऊपर जाता है उसी से अपना मुंह मोड़ लेता है और उनसे नफरत करने लगता है, ऐसा ही सीजर ने किया।' हरियाणा के सीजर ने भी बिल्कुल यही किया। उस सीढ़ी यानी अपने सहयोगियों को लात मारी। अपने अहंकार के बावजूद चौ. बंसीलाल ने हरियाणा को आधुनिक राज्य बनाने और बड़े भाई पंजाब के बराबर लाने का ठोस कार्य किया। जैसा कि कहावत है कि बिना कीमत चुकाये कुछ हासिल नहीं होता, इसी तरह हरियाणा के विकास की कीमत लोकतंत्र को चुकानी पड़ी।

चौ. बंसीलाल की आर्थिक उपलब्धियों के लिए राज्य की लोकतांत्रिक संस्थाओं को खामियाजा भुगतना पड़ा। लोकतंत्र मात्र एक खोल बन कर रह गया, जिसमें शक्ति का वास्तविक नियंत्रण एक व्यक्ति के हाथ में हो गया। सभी 'शक्तिशाली' व्यक्तियों को लोकतंत्र से घृणा होती है, वे केवल कारगर औजारों पर भरोसा करते हैं। चौ. बंसीलाल के पास भी श्रीमती इन्दिरा गांधी के नजदीकी कांग्रेसी नेता श्री उमाशंकर दीक्षित के दामाद श्री एस. के. मिश्रा के नेतृत्व में अधिकारियों की एक टीम थी। श्री आर.पी. मेहतानी मुख्यमंत्री के मुख्य सहायक थे।

चौ. बंसीलाल की एकाधिकारी कार्यप्रणाली और साम्राज्यवादी प्रभामंडल से ग्रसित अफसरों की फौज ने उनको आम जनता से अलग-थलग कर दिया। बोर्ड और आयोग, पंचायत और नगरपालिका, यहां तक कि सरकार के मंत्री की भी कोई पहचान नहीं थी, सब शक्तियां उच्च अधिकारियों के पास थी। इस तरह से राज्य पर शासन करना हरियाणा के लिए बिल्कुल ही नया नहीं था। असल में संयुक्त पंजाब में सरदार प्रताप सिंह कैरों ने इसकी नींव रखी थी, जो ताकतवर और सफल मुख्यमंत्री के उदाहरण बने। हरियाणा और पंजाब के मुख्यमंत्री को उत्तराधिकार में यही प्रवृति मिली।

चौ.बंसीलाल की बतौर मुख्यमंत्री पहली पारी (1968-1972) में उनके बेटे और बेटी ने सरकार चलाने में कोई भाग नहीं लिया। उन्होंने अपने अफसरों की जुंडली के माध्यम से सत्ता चलाई। उनके दूसरी पारी में (1972- 75) उनके छोटे बेटे चौ. सुरेन्द्र सिंह सरकार के कामों में कनिष्ठ सहयोगी के रूप में प्रशासन और संगठन को अपनी मर्जी से चलाने के लिए सक्रिय हो गए थे। कुछ समय बाद उनकी बिचली बेटी श्रीमती सरोज सिवाच ने छोटे से राज्य की सरकार चलाने के बोझ में 'हाथ बंटाना' शुरू किया।

चौ. बंसीलाल ने सरदार प्रताप सिंह कैरों को अपना राजनीतिक आदर्श बनाया और आज यह माडल दोनों राज्यों में प्रभावी है, जो भी इस स्तर तक पहुंचा उसने अपने साथियों की शक्ति गैर-कानूनी तरीके से बेटों-नातियों को प्रयोग करने की छूट दी। आजकल यह भारत की राजनीति का अंग बन

चुका है। सत्ता की दौड़ का इच्छुक शायद ही कोई ऐसा नेता हो जो अपने बेटा-बेटी को पार्टी की राजनीति और सरकारी प्रशासन से दूर रखता हो।

यद्यपि चौ. बंसीलाल को जाट होने की वजह से ही मुख्यमंत्री चुना गया था, लेकिन विधानसभा में समर्थन लेने के लिए और सरकारी प्रशासन में मदद के लिए वे गैर-जाट विधायकों व अफसरों और गैर-जाट जनता की ओर मुड़े। शायद यह उनकी विवशता थी, क्योंकि ज़ाट नेताओं में उन्हें कुर्सी के दावेदार नजर आते थे और उनको अपनी तटस्थता भी दर्शानी थी, जातिवाद के ठप्पे से कांग्रेस पार्टी के वोट कम हो सकते थे। वे जमींदार लीग की तरह के जातिवादी भी नहीं थे, उनकी अपनी सोच भी सेकुलर थी। कांग्रेस की संस्कृति और जातिगत समीकरणों के चलते और जाट नेताओं की महत्त्वाकांक्षाओं के मद्देनजर गैर-जाटों को राजी रखना बंसीलाल की मजबूरी थी। जाटों के छुटभैये चौ. बंसीलाल से चिपक गए, जो कुर्सी पर बैठे किसी से भी चिपक सकते थे। इसमें कोई आश्चर्य नहीं है कि वे चौ. देवीलाल के समर्थकों को लठ-दल कहते थे, इससे गैर-जाट बहुत खुश होते थे।

इस पारी में चौ. बंसीलाल को कर्मठ, सख्त प्रशासक, हरियाणा निर्माता, बिजली और पानी, सड़क और परिवहन, स्कूल और कॉलेज, अस्पताल और स्वास्थ्य केन्द्र, पर्यटन स्थल और विश्राम गृह, योजनाबद्ध शहरी विकास और स्वच्छ गांव के साथ राज्य को पिछड़े से आधुनिक बनाने वाली उपाधि से नवाज़ा गया। उनकी इस पारी को श्रीमती इन्दिरा गांधी ने 1972 में संसदीय चुनावों की घोषणा करके कम कर दिया, संसदीय चुनावों के साथ ही हरियाणा विधानसभा के चुनाव कराना उन्हें अपने अनुकूल जान पड़ा।

सन् 1971 के अन्त में, पाकिस्तान के विरूद्ध युद्ध जीतने की हवा बह रही थी, पूर्वी पाकिस्तान का अपना क्षेत्र हारने पर लगभग एक हजार सैनिकों ने आत्म समर्पण कर दिया था। श्रीमती गांधी जानती थीं कि यदि युद्ध के तुरन्त बाद चुनाव हों तो वे भारी मतों से जीतेंगी। चौ. बंसीलाल ने भी इस प्रभाव का लाभ लेने के लिए तुरन्त चुनाव कराने का निर्णय लिया, यद्यपि चुनावों में अभी एक साल का समय बाकी था। राजनीति के अजीब खेल में स्थितियां और नारे महत्त्वपूर्ण काम करते हैं।

हरियाणा की राजनीति के ये चार साल (1968- 72) 'जेठ की गर्मी' की तरह बीते, जैसा कि एक अमेरिकन ने व्यक्त किया। जब जाट और ब्राह्मणों में पुराना विरोध, पंजाबी और स्थानीय लोगों में पनपी नई दूरी, स्थानीय व्यापारी और नए पंजाबी व्यापारियों में प्रतिद्वन्द्विता शान्त रही। जनसंघ के हल्के विरोध के अलावा राज्य में कोई विपक्षी पार्टी नहीं थी। इस राजनीतिक परिदृश्य में चौ. बंसीलाल जैसे व्यक्ति का राज्य में केन्द्रीय व्यक्तित्व के तौर पर उभरना स्वाभाविक था। चौ. बंसीलाल की अपने आगे न झुकने वाले लोगों के अलावा उनकी जाति या समुदाय के आधार पर कोई पसन्द-नापसन्द नहीं थी।

ऐसा नहीं है कि चौ. बंसीलाल के सामने कोई चुनौती ही नहीं थी। कुछ व्यक्ति थे, जो उन्हें किसी भी सूरत में स्वीकार करने को तैयार नहीं थे, लेकिन उनके पास पार्टी और सरकार में चौ. बंसीलाल के सामने कोई संकट खड़ा करने की ताकत नहीं थी। उसके प्रशासन की प्रकृति को जानने के लिए कुछ घटनाओं का जिक्र जरूरी है। सामाजिक स्तर पर बेशक 'भारतीय गर्मी' हो, लेकिन राजनीतिक रूप से यह वास्तविकता नहीं थी, केवल बाहरी आवरण था।

केवल कुछ का ही जिक्र कर रहा हूं। एक बार चौ. बंसीलाल, बतौर मुख्यमंत्री-हरियाणा, थानेसर में सार्वजनिक सभा में भाषण दे रहे थे, तो एक नौजवान कुछ कहने के लिए खड़ा हुआ। इससे पहले कि वह कुछ बोलता, आधा दर्जन पुलिस कर्मियों ने उसे दबोच लिया और लाठियों से पीटकर उसे पुलिस थाने में ले आए। आतंकित करने के लिए उसके साथ पुलिस ने कैसा क्रूर बर्ताव किया होगा इसका हर काई आसानी से अनुमान लगा सकता है। उनके तानाशाही रवैये को सहन न करने वालों के लिए यह उनका संदेश था, इस तरह के बर्ताव करके वे संदेश देने में कामयाब हुए, क्योंकि किसी ने सामने या उनके पीछे उनकी ज्यादतियों के विरूद्ध आवाज उठाने की हिम्मत नहीं जुटाई।

चौ. बंसीलाल के मुख्यमंत्री काल के बाद के चरण में एक बार विधायक रह चुके चौ. धर्मसिंह राठी, जो अन्धे थे, सार्वजनिक सभा में सत्ता

के स्थानीय एजेंट विशेषकर पुलिस अधीक्षक की ज्यादतियों के खिलाफ बोल रहे थे। इस अन्धे बुजुर्ग ने पुलिस अधीक्षक की पत्नी के व्यक्तिगत जीवन के बारे में टिप्पणी कर दी। उस पुलिस अधीक्षक ने उस टिप्पणी का जिस ढंग से बदला लिया वह रोंगटे खड़े कर देने वाला है। पुलिस अधीक्षक ने उसे गिरफ्तार करके उसकी डण्डों से पिटाई की, उसे नंगा करके मुंह पर कालिख पोतकर उसे शहर की मुख्य सड़कों पर घुमाया। यह मानव कायरता की असाधरण घटना थी, हजारों लोगों ने चुपचाप देखा, किसी ने चूं तक नहीं की।

उतना ही रोमांचक है कि मानव जाति में हमेशा ऐसे साहसी व्यक्ति रहे हैं जो निडरता से उठ खड़े होते हैं और मानवता की रक्षा करते हैं। इस विशेष घटना में वह व्यक्ति कोई दूसरा नहीं बल्कि चौ. देवीलाल थे, जो बहुत दूर से, आजकल के सिरसा जिले से स्थानीय लोगों की इन्सानियत को जगाने आए थे। यद्यपि वे मुख्यमंत्री नहीं बने थे, लेकिन उनके लम्बे राजनीतिक जीवन के कारण जो लोग समाचार सुनते-पढ़ते थे वे उनके नाम से वाकिफ थे। इतना घना आतंक था कि अन्धे बुजुर्ग पर हुए अत्याचार के विरोध में प्रदर्शन की मुनादी करने के लिए चौ. देवीलाल को किसी ने लाऊड स्पीकर तक किराये पर नहीं दिया। लेकिन चौ. देवीलाल किसी सत्ता से नहीं डरते थे, वे खाली कनस्तर लेकर और लकड़ी की छड़ी लेकर अपनी विरोध सभा की योजना बताने के लिए कस्बे की गली-गली में घूमे। उनकी निडरता ने स्थानीय और राष्ट्रीय स्तर पर प्रशासन की काली करतूतों की पोल खोलने के लिए अच्छे-खासे लोगों को अगले दिन रैली में आने के लिए प्रेरित किया, जुलूस की शक्ल में कस्बे के मुख्य बाजार से निकलने पर ही रैली की समाप्ति हुई।

लम्बी चुप्पी के बाद इस राजनीतिक परिदृश्य में कांग्रेस पार्टी ने पार्टी और राज्य के मामले चौ. बंसीलाल के सुपुर्द कर दिए। चौ. सुल्तान सिंह कांग्रेस के औपचारिक या नाम मात्र के प्रदेशाध्यक्ष थे, लेकिन वे किसी भी मुख्यमंत्री के लिए सुविधाजनक अध्यक्ष होते। उनका न तो जनता में समर्थन था, न वे पार्टी के किसी प्रकोष्ठ का नेतृत्व करते थे, न कोई आभिजात्य

या सामंती पृष्ठभूमि से थे, वे अपने गुजारे के लिए और अपनी स्थिति को बचाए रखने के लिए पूरी तरह से मुख्यमंत्री पर निर्भर करते थे।

चौ. सुल्तान सिंह के पास न तो जमीन थी और न ही वे शिक्षित थे। वे चौ. रणबीर सिंह के सेवक थे,जो, राज्य में मंत्री तथा दिल्ली में सांसद जैसे उच्च पद प्राप्त कर चुके थे। चौ. सुल्तान सिंह कई मायने में 'कलाकार' थे, वे धीरे-धीरे चौ. रणबीर सिंह के परिवार के सदस्य बन गए, लोगों की नजरों में दोनों एक ही थे। चौ. सुल्तान सिंह ने कुर्सी पर बैठे व्यक्ति की सेवा करना चुना, इसलिए जब सन् 1999 में चौ. ओमप्रकाश चौटाला ने सत्ता प्राप्त की तो नई सरकार के हरे चरागाह को चरने के लिए कांग्रेस को एक झटके में छोड़ दिया।

राजनीति एक विचित्र खेल है। जीतने पर यह घमंडी बना देती है और हारने पर अपनी स्थिति बनाए रखने के लिए अनाप-शनाप तरीके इस्तेमाल करवाती है। मामला कैसा ही हो बुर्जआ राजनीति में दूसरों के प्रति प्रवृति अन्यायपूर्ण होती है। सत्ता हासिल करने पर वह दूसरों को कीड़े-मकोड़े के समान समझता है और हार जाने पर दूसरों को खात्मे के लायक शत्रु समझता है। बुर्जुआ राजनीति की चाल ही ऐसी है कि अच्छे व्यक्ति भी पक्षपाती और घमंडी हो जाते हैं, जो अच्छे नहीं हैं वे तो बर्बर हो जाते हैं।

किसी समय के शरीफ और विनम्र चौ. बंसीलाल सत्ता में आने पर कठोर साबित हुए। ऐसे व्यक्ति के लिए कुर्सी किसी भी मोती से ज्यादा कीमती और प्रेमिका से भी प्रिय है। वे सार्वजनिक तौर पर कहते थे कि वे बागड़ क्षेत्र से हैं, जहां एक बार लोग ऊंट की पीठ पर बैठ जाएं तो फिर उतरते नहीं, यदि ऊंट इसको गिराने की कोशिश करे तो भी पूंछ-पकड़कर उस पर काबू पा लेते हैं। चाहे कुछ भी हो सत्ता की कुर्सी को किसी और के लिए छोड़ने का तो कोई प्रश्न ही नहीं उठता। दूसरे शब्दों में सत्ता प्राप्त करने के लिए कुछ भी किया जा सकता है।

चौ. बंसीलाल की टिप्पणी कुछ भद्दी लग सकती है, लेकिन जो राजनीतिक आदर्शों व नैतिकता को एक तरफ रखकर सत्ता की दौड़ में शामिल होते हैं उनके लिए यह सच्चाई है। इस टिप्पणी का सर्वश्रेष्ठ

उदाहरण जल्दी ही मिला। सन् 1972 के चुनाव में राय बरेली से श्रीमती इन्दिरा गांधी के विरूद्ध श्री राम मनोहर लोहिया के अनुयायी श्री राज नारायण भी चुनाव लड़ रहे थे। लोगों की नजरों में श्री लोहिया की तरह श्री राजनारायण भी सिद्धांती थे। चुनाव हारने पर श्री राजनारायण ने उत्तर प्रदेश के इलाहाबाद उच्च न्यायालय में याचिका दायर कर दी। तकनीकी आधार यह था कि श्रीमती गांधी के चुनाव में सरकारी नौकरी में रहते हुए किसी ने उनकी सभा के लिए शामियाना लगाया। कानून की नजरों में चुनाव खारिज करने के लिए इतना ही काफी था, चाहे कोई कितना ही बड़ा नेता क्यों न हो, और सन् 1974 में श्रीमती गांधी का चुनाव रद्द घोषित कर दिया गया था।

हरियाणा एक छोटा-सा राज्य है, इसने किसी क्षेत्र में शायद ही कोई राष्ट्रीय स्तर का नेता पैदा किया हो, लेकिन यहां इतने अच्छे इन्सान पैदा हुए हैं, जो अपनी आत्मा की आवाज पर चलते हुए राजनीतिक जीवन की 40-50 वर्षों की लम्बी पारी में साफ सुथरे रहे हैं। चौ. रणबीर सिंह हुड्डा, पं. श्रीराम शर्मा, चौ. देवीलाल समेत स्वतन्त्रता संग्राम में भाग लेने वाली पूरी पीढ़ी है।

श्रीमती इन्दिरा गांधी का चुनाव रद्द होने पर नैतिक आधार पर त्याग पत्र न देने पर उनका जोरदार विरोध करने वाले मंत्रियों में प्रो. शेरसिंह के साथ श्री चन्द्रशेखर, श्री कृष्णकांत, श्री मोहन धारिया, श्री रामधन भी थे। प्रो. शेरसिंह के मोती लाल नेहरू मार्ग स्थित सरकारी आवास पर एक बैठक हुई, जिसमें 43 सांसदों ने भाग लिया। इन सांसदों में श्री प्रकाशवीर शास्त्री नाम की एक काली भेड़ भी थी, जिसने इस बैठक के निर्णय को श्रीमती गांधी को बता दिया कि वे उनसे इस्तीफे की मांग करेंगे और प्रधानमंत्री पद से इस्तीफे को लेकर वे कोई समझौता नहीं करेंगे।

श्रीमती गांधी ने तुरन्त आन्तरिक आपात काल घोषित कर दिया। सबसे पहले उस बैठक में शामिल आठ सांसदों को जेल में डाला। शेष 35 ने इन्दिरा गांधी के प्रति अपनी निष्ठा दिखाते हुए माफी मांग ली। विभिन्न पार्टियों के नेता और कार्यकर्त्ताओं को जेल में ठूंस दिया। हरियाणा से प्रो. शेरसिंह, चौ. देवीलाल, जनसंघ के डा. मंगलसेन, मार्क्सवादी कम्युनिस्ट

पार्टी के कामरेड रघबीर सिंह हुड्डा, समाजवादी श्री मनीराम बागड़ी, संत हरद्वारी लाल, कांग्रेस (व) के श्री बलवंतराय तायल, बाबू मूलचन्द जैन समेत बहुत से नेता थे।

छात्र नेताओं तक को नहीं छोड़ा गया, श्री पृथ्वी सिंह, श्री देवेन्द्र शर्मा, श्री रोशन लाल आर्य प्रमुख थे, जिनको जेल में डाला गया। आर्य समाजी नेता स्वामी अग्निवेश, स्वामी इन्द्रवेश, स्वामी शक्तिवेश के साथ भी यही हुआ। हरियाणा स्कूल शिक्षक संघ के नेता श्री सोहन लाल, श्रीमती शान्ति राठी, श्री रणसिंह मान, मा. भलेराम आदि को जेल भेज दिया। कालेज शिक्षक संघ के नेताओं - श्री समरजीत सिंह, श्री रतिराम, श्री तेजा सिंह समेत बहुत से शिक्षकों को जेल में डाल दिया। दी ट्रिब्यून के संवाददाता श्री श्याम खोसला समेत आर. एस. एस. के कार्यकत्ताओं को भी जेल में डाल दिया।

हरियाणा में प्रशासन का रुख इतना क्रूर, बर्बर और जाहिल था कि चौ. बंसीलाल के छोटे बेटे चौ. सुरेन्द्र सिंह ने कुरूक्षेत्र विश्वविद्यालय की परीक्षा के उड़न-दस्ते में गए शिक्षकों - डा. पी.सी. जैन (अर्थशास्त्र) व डा. सुरेन्द्र चोपड़ा (राजनीति-विज्ञान) को इसलिए गिरफ्तार करवा दिया कि उन्होंनें उनके समर्थकों को नकल नहीं करने दी। उत्पीड़न की असंख्य घटनाएं हैं।

श्रीमती इन्दिरा गांधी प्रधानमंत्री की कुर्सी छोड़ने को तैयार नहीं थी। वे उसकी पूंछ पकड़ कर भी शासन करना चाहती थी। चौ. बंसीलाल ही नहीं बल्कि दूसरे राजनीतिज्ञ भी सत्ता की आरामदायक कुर्सी को छोड़ना नहीं चाहते। श्रीमती गांधी ने सत्ता छोड़ने की बजाए अपने चहेतों की सलाह से आन्तरिक संकट की घोषणा करना अधिक पसन्द किया और सत्ता का सुख भोगने के लिए लोकतांत्रिक संस्थाओं को तबाह करके राष्ट्रीय और क्षेत्रीय, छोटी और बड़ी समस्त पार्टियों के नेताओं को जेल में डाल दिया।

भारत के लोगों के लिए यह नया अनुभव था, वे नहीं जानते थे कि सत्तासीन लोगों के इस व्यवहार से कैसे निपटा जाए। 25 वर्षों से लोकतंत्र में रहने के बाद लोगों के सामने यह नई परिस्थिति थी, बेशक लोकतंत्र सामंती

किस्म का था, लेकिन वे इस तानाशाही के आदी नहीं थे। उनके सामने एक भंयकर दैत्याकार सच्चाई थी, जिसे केवल इच्छा से ही हटाया नहीं जा सकता था। लोगों के बुनियादी अधिकारों को छीनकर उन पर प्रशासनिक शिकंजा कसने के लिए कठोर कार्रवाई की गई। मैं कानून मंत्री या अटार्नी जनरल के उस आधिकारिक वक्तव्य को नहीं भूल सकता, जब उन्होंनें कहा कि पुलिस किसी भी व्यक्ति को गोली मार सकती है (बिना किसी मुकदमे और डर के)। सहज ही अनुमान लगाया जा सकता है कि देश किस ओर जा रहा था।

चौ. बंसीलाल जैसे व्यक्ति के लिए आपातकाल की स्थितियां अनुकूल थी। इन स्थितियों में मासूम लोगों को रौंदकर क्रूर ढंग से शासन करने की उसकी इच्छा खूब फल-फूल सकती थी। राज्य में जो कुछ घटित हो रहा था, उसके बारे में कोई कुछ भी नहीं बोल सकता था। आलोचनात्मक दृष्टि से विचार प्रकट करने वाले के लिए भय का माहौल था। केन्द्रीय और राज्य सत्ता की तरह स्थानीय सत्ता भी समान रूप से दमनकारी थी। उस समय की घटनाएं तो बहुत हैं, लेकिन कुछ को स्मृति से मिटाना असंभव है।

सन् 1972 से सन् 1977 के बीच चौ. बंसीलाल के लिए कोई चुनौती नहीं थी, लेकिन चार नेता सत्ता की दौड़ में थे। प्रो. शेर सिंह और पं. भगवद्दयाल शर्मा राज्य से बाहर की राजनीति में मजे में थे, जनता के व्यक्ति होने के कारण उनको कोई हरियाणा के राजनीतिक परिदृश्य से दूर नहीं कर सकता था। प्रो. शेरसिंह सन् 1967 से ही आपातकाल घोषित होनें तक श्रीमती इन्दिरा गांधी के मंत्रीमंडल में रहे। उन्होंनें श्री चन्द्रशेखर के साथ बागी मोर्चे में भाग लिया और अन्ततः विपक्ष में चले गए। चौ. बंसीलाल की इच्छा पं. भगवद्दयाल शर्मा को कांग्रेस से बाहर करने की थी और वैसा ही हुआ। लेकिन अहंकारी मुख्यमंत्री जनता में उनके गर्मजोशी भरे स्वागत से बेचैन थे, विशेषकर प्रो. शेरसिंह से जिन्होंनें लोकतन्त्र की रक्षा के लिए मंत्री पद को छोड़ने में एक क्षण की देरी नहीं की।

चौ. देवीलाल और चौ. भजनलाल से भी चौ. बंसीलाल परेशानी महसूस कर रहे थे। चौ. देवीलाल अपने सीधे-स्पष्ट व्यक्तित्व के कारण सत्ता की

तानाशाही को चुनौती देकर बाहर से और चौ. भजनलाल अपने छुपे तरीकों से सरकार के अन्दर से चुनौती पेश कर रहे थे। मंत्रीमंडल में दूसरे नम्बर के मंत्री होने के बाबजूद उनके व्यापार पर छापा पड़ा और उन पर बलात्कार का आरोप लगाया। आपातकाल के शुरू में ही चौ. देवीलाल को जेल में डाल दिया गया और पूरे 19 महीने तक बंद रखा। चौ. भजनलाल को एक कोने में लगा दिया। आपातकाल के अन्तिम चरण में राष्ट्रीय स्तर के नेता बाबू जगजीवनराम ने आपात काल की व्यवस्था से अपमानित महसूस करते हुए लोकतंत्र की रक्षा के लिए अपनी अलग पार्टी बनाई, चौ. भजनलाल उसमें शामिल हुए।

जनसंघ के नेता डा. मंगलसेन ने भी चौ. बंसीलाल का विरोध भी किया, हरियाणा में इनके भी काफी समर्थक थे। पाकिस्तान से स्थानान्तरित हुए डा. मंगलसेन आर.एस.एस. के पक्के कार्यकर्त्ता थे और जनसंघ के वरिष्ठ नेता थे। सरदार प्रताप सिंह कैरों के पंजाब के मुख्यमंत्री बनने के बाद से ही डा. मंगलसेन कांग्रेस की विचारधरा के विरोधी थे और हिन्दी भाषा के संघर्ष में शामिल थे। सन् 1950 में स्कूलों में जब पंजाबी को अनिवार्य भाषा बना दिया, तो प्रो. शेरसिंह के साथ डा. मंगलसेन भी हिन्दी भाषा के लिए आन्दोलन के नेता थे। 1947 में विभाजन के बाद साम्प्रदायिक सोच के कारण हिन्दी को हिन्दुओं की और पंजाबी को सिक्खों की भाषा माना जाने लगा था। अकालियों के पंजाबी सूबा आन्दोलन को तितर-बितर करने के लिए सरदार प्रतापसिंह कैरों ने पंजाबी को अनिवार्य भाषा बना दिया। यह कदम अकालियों को तुष्ट नहीं कर सका, लेकिन हिन्दुओं को नाराज जरूर किया।

असल में प्रो. शेर सिंह और चौ. देवीलाल के साथ डा. मंगलसेन अकाली राजनीति के विरोध के दौरान एक दूसरे के निकट आए। पंजाब के विभाजन के बाद सन् 1972 से सन् 1977 के बीच कांग्रेस के विरोध का नेतृत्व चौ. देवीलाल और डा. मंगल सेन ने किया। डा. मंगलसेन हरियाणा के पंजाबी भाषियों के और जनसंघ के निर्विवाद नेता के तौर पर उभरे। आपातकाल की घोषणा होने पर जिन लोगों को गिरफ्तार किया गया डा. मंगल सेन उनमें से थे। डा. मंगल सेन के पास धर्म और समुदाय के नाम पर लोगों की

भावनाओं को उकसाने की प्रभावशाली भाषण कला थी। चौ. देवीलाल और प्रो. शेरसिंह समेत ऐसी भाषण कला हरियाणा के किसी भी नेता के पास नहीं थी। चौ. बंसीलाल के पास यह बिल्कुल भी नहीं थी। सन् 1990 में जब चौ. ओमप्रकाश चौटाला प्रतिष्ठित हुए तो उन्होंनें इस प्रतिभा को दिखाया।

आपात काल के शेर पर सवारी करना समस्यापूर्ण अधिक था। श्रीमती इन्दिरा गांधी के खुफिया तंत्र ने उनको चुनाव जीतने का पूरा भरोसा दिलाया तो उन्होंने चुनाव जीतकर फिर से सरकार बनाने के लिए सन् 1977 के आरम्भ में संसदीय चुनावों की घोषणा कर दी। चूंकि हरियाणा समेत कई राज्यों की विधानसभा के चुनाव भी होने थे, इसलिए हरियाणा व अन्य राज्यों में संसदीय चुनावों के साथ ही विधानसभा के चुनाव हुए। सभी क्षेत्रीय व राष्ट्रीय पार्टियों ने इकट्ठे होकर एक पार्टी बनाने का निर्णय लिया, क्योंकि कोई भी पार्टी अपने तौर पर चुनाव में जीतने की स्थिति में नहीं थी, विशेषकर तब जबकि प्रशासनिक तंत्र पर श्रीमती इन्दिरा गांधी का पूर्ण नियंत्रण था। लेकिन श्रीमती गांधी को अंदाजा नहीं था कि जनता की चुप्पी आक्रोश का विस्फोटक रूप धारण कर लेगी और हमेशा विजेता की ओर रहने वाले कमजोर तंत्र को नष्ट कर देगी।

राष्ट्रीय और क्षेत्रीय पार्टियों के एकत्रित होने से जल्दबाजी में जो राष्ट्रीय पार्टी बनी उसमें हरियाणा के चौ. देवीलाल, डा. मंगल सेन, प्रो. शेर सिंह, चौ. चांद राम, पं. भगवद्दयाल शर्मा और चौ. भजनलाल शामिल थे। जब राज्य विधान सभा के चुनाव घोषित हुए तो इनको महत्त्व दिया गया, यद्यपि समान नहीं। चूंकि हरियाणा को जाट बहुल प्रदेश माना जाता था। हरियाणा के नेता के बारे में चौ. चरण सिंह की स्वाभाविक पसन्द चौ. देवीलाल थे, दूसरे कांग्रेस से आए थे वे श्री मोरारजी भाई, बाबू जगजीवन राम आदि के निकट माने जाते थे, अत: चौ. चरण सिंह के विश्वसनीय नहीं हो सकते थे।

आपातकालीन शासन के दमन से काश्मीर से लेकर कलकत्ता तक नीचे ही नीचे ऐसे सूत्र जुड़े कि चुनाव घोषित होने पर तूफान का रूप धारण कर लिया। केवल दक्षिण में इसका प्रभाव कम रहा, सत्ता के केन्द्र दिल्ली से दूर होने के कारण यहां आपातकालीन दमन कुछ कम था। जनता पार्टी के भाग्य का सितारा चमका। कांग्रेस पार्टी उत्तर भारत में केवल एक या दो ही

सीटें जीत पाई। हरियाणा की 90 सीटों में से क्रूर शासक चौ. बंसीलाल की पार्टी को केवल तीन सीटें ही मिल पाई। दिलचस्प बात यह है कि तीनों युवा जाट नेता विजयी हुए थे। जिनमें चौ. छोटूराम के नाती चौ. बिरेन्द्र सिंह उचाना हल्के से, चौ. शमशेर सिंह सुरजेवाला नरवाना हल्के से तथा चौ. बंसीलाल के बेटे चौ. सुरेन्द्र सिंह तोशाम हल्के से विजयी हुए थे। वर्चस्वी जाति के उभरते हुए ये नेता अपने हल्के के लोगों के साथ व्यक्तिगत संबंधों के कारण ही जीत पाए।

इन तीनों में चौ. सुरेन्द्र सिंह का मामला कुछ जटिल है, श्री संजय गांधी के साथ उनकी सबसे बदमाश युवाकांग्रेस नेताओं में गिनती होती थी, आपातकालीन शासन के दौरान जिसका व्यवहार दुराग्रहपूर्ण और एकाधिकारवादी था। बाप से भी अधिक बेटे ने राज्य के लोगों का दमन करने में नाम कमाया। उनकी जीत का एक ठोस कारण उनका अपने हल्के के लोगों के लिए पक्षपातपूर्ण व्यवहार था, राज्य के अन्य क्षेत्र के लोग जहां उनके वैध अधिकारों से न केवल वंचित रहे, बल्कि उनको बदले में लाठियां खानी पड़ी। जहां उनके पिता राज्य और राष्ट्रीय स्तर की राजनीति में व्यस्त रहते थे तो इन्होंने अपने गृह जिले भिवानी के लोगों की सेवा करके साथ उनके मधुर संबंध कायम कर लिये थे। अन्य दोनों की जीत इसलिए हुई कि आपातकाल में जो घटित हुआ उसमें उनकी कोई भूमिका नहीं थी। बाप और बेटे ने ही सख्ती से शासन चलाया और किसी कांग्रेसी के लिए कोई जगह नहीं थी, चौ. बंसीलाल के विराधियों के लिए तो और भी कम थी।

चौ. देवीलाल को सन् 1977 में लगभग पचास वर्ष के लम्बे राजनीतिक जीवन के बाद राज्य के मुख्यमंत्री बनने का मौका मिला। उनका राजनीतिक जीवन संघर्षों और आन्दोलनों से परिपूर्ण रहा, अपने व्यक्तिगत हितों के लिए आसान रास्ता अपनाने की अपेक्षा उन्होंनें जनता का विशेषकर किसानों के हितों का कठिन रास्ता चुना। विधान सभा से बाहर वे विरोध करते रहे और जेल जाने से वे कभी नहीं डरे। विपक्ष में लम्बी राजनीतिक पारी के दौरान उनका रवैया चांदी के चन्द सिक्कों के लिए सत्ता के पलड़े में बैठ जाने वाले लोगों के प्रति कठोर हो गया था। एक तरह से चौ. देवीलाल ने चौ. छोटूराम जितनी प्रसिद्धि प्राप्त की, लेकिन दोनों के लक्ष्य समान होने पर भी दोनों के तरीके अलग-अलग थे।

5

चौ. देवीलाल का लोकप्रिय शासन
(1977 - 1979)

सन् 1977 में हरियाणा में जब दूसरी गैर-कांग्रेसी सरकार बनी तो लोगों में उसी तरह का उत्साह था, जैसा कि सन् 1947 में अंग्रेजों ये मुक्ति के समय था। भारतीय राजनीति के इतिहास में सात की संख्या के महत्त्व पर बात करते हुए अनुमान लगाया जा सकता है कि कैसे संयोग हो जाता है। सन् 1947, 1967, 1977, 1987 में भारत की राजनीति में महत्त्वपूर्ण मोड़ आए। हरियाणा के लोगों ने कानून व व्यवस्था की परवाह न करते हुए भारी संख्या में चण्डीगढ़ की ओर रुख किया, जहां नई सरकार ने शपथ ग्रहण करनी थी।

जिस दिन चौ. देवीलाल ने हरियाणा के मुख्यमंत्री के तौर पर शपथ लेनी थी, उस दिन हरियाणा के देहाती बस, ट्रेन, ट्रक या ट्रैक्टर उनको जो भी साधन मिला, उससे वे चण्डीगढ़ की ओर रवाना हुए। चारों ओर से जन सैलाब उमड़ने से चण्डीगढ़ बड़े मेले में तब्दील हो गया, चारों ओर हरियाणवी पहनावा और बोली सुनाई दे रही थी, टिड्डी दल की तरह लोग शहर में मंडरा रहे थे, मुख्य-सड़कों पर ट्रैफिक अस्त-व्यस्त हो गया, राज भवन की तमाम बाधाएं तोड़ दी, राज्यपाल का आधिकारिक घर रामलीला के मैदान में बदल गया था।

चौ. देवीलाल के मंत्रीमंडल में चौ. भजनलाल, डा. मंगलसेन, कर्नल रामसिंह, श्री बलवन्त राय तायल, श्री सुषमा स्वराज आदि ऐसे भी थे जो उनकी पसन्द नहीं थे। जनता पार्टी के विधायकों की संख्या बहुत अधिक थी मंत्रीमंडल में शामिल करके सबको खुश नहीं किया जा सकता था। शपथ-ग्रहण समारोह में कुछ असंतुष्ट थे। इनमें पहले मंत्री रह चुके संत हरद्वारी लाल भी थे, जिनको अपनी शिक्षा का घमण्ड भी था और यह मानते थे कि चौ. देवीलाल या किसी ओर में उन जितनी योग्यता नहीं है।

चौ. देवीलाल की केबिनेट बनने के बाद असंतुष्टों ने समस्याएं खड़ी करनी शुरू कर दी। संत हरद्वारी लाल ने मुख्यमंत्री के लिए संकट पैदा कर दिया। चौ. हरद्वारी लाल ने अपने मित्र व विधानसभा अध्यक्ष बिग्रेडियर रणसिंह मान तथा राज्यपाल सरदार हरचरण सिंह बराड़ को विश्वास में लेकर मुख्यमंत्री को सदन में नीचा दिखाने की कोशिश की। हरद्वारी लाल की योजना के अनुसार राज्यपाल ने चौ. देवीलाल को बुलाकर समझाया कि उसे 'मलाईदार पद' देकर उसका त्याग पत्र ले लिया जाए। चौ. हरद्वारी लाल के स्थान पर विधानसभा का सदस्य बनने के इच्छुक चौ. उदय सिंह दलाल ने भी चौ. हरद्वारी लाल को महर्षि दयानन्द विश्वविद्यालय का कुलपति बनाने के लिए चौ. देवीलाल को राजी करने में भूमिका अदा की। अन्ततः चौ. हरद्वारी लाल को कुलपति के रूप में मुंह मांगा फल मिल गया।

चौ. हरद्वारी लाल के सदन की सदस्यता छोड़ने से चौ. देवीलाल को राहत की सांस मिली। असल में चौ. हरद्वारी लाल तभी से ही अपने को अपमानित महसूस कर रहे थे, जब उनको जनता पार्टी का टिकट देने से इन्कार कर दिया, जबकि आपात काल के दौरान पूरे 19 महीने वे जेल में रहे और उनको अपने साथ के अन्य राजनीतिक कैदियों से ज्यादा सताया गया था। रोहतक जिले के बादली हल्के से जनता पार्टी के उम्मीदवार चौ. उदयसिंह दलाल को हराकर वे आजाद उम्मीदवार के रूप में विधानसभा का चुनाव जीत गए। चौ. हरद्वारीलाल को सदन में महत्वपूर्ण पद न देना जले पर नमक छिड़कना था। अंहकारी व्यक्तित्व को देखते हुए यह स्वाभाविक हो था कि सत्ता में टुकड़ा प्राप्त करने के लिए वे सत्तासीन लोगों से झगड़ते। चूंकि सत्ताधारी पार्टी के विधायकों की संख्या बहुत अधिक थी, इसलिए आजाद विधायक को मंत्रीमंडल में शामिल करने का कोई तुक नहीं था। चौ. हरद्वारी लाल के लिए सदन का मात्र सदस्य होना ही काफी नहीं था। इसलिए उन्होंनें मनचाहे विश्वविद्यालय का कुलपति बनना बेहतर समझा।

सीधे सादे व स्पष्ट व्यक्ति चौ. देवीलाल के लिए हरियाणा के मुख्यमंत्री के रूप में अभी ओर भी संकट थे। उनको सरकार चलाने और विभिन्न

स्वार्थों से घिरी विधायकों की भीड़ को काबू करने का अनुभव नहीं था, इसलिए वे गलती कर देते थे। इसके अलावा सदन में और पार्टी में उनके अपने समर्थक ही पक्के दुश्मन थे, इनमें कुछ तो खासमखास थे। उनके कुकृत्यों ने चौ. देवीलाल को प्रशासन में अधिकारियों से, अपने सहयोगी मंत्रियों से और गैर-जाट मतदाताओं से अलग-थलग कर दिया। मुख्यमंत्री के नजदीकी लोगों ने जनसंघ, समाजवादी और कांग्रेस (ओ) से जनता पार्टी में आए लोगों को लोकदल के कार्यकत्ताओं ने किनारे करना व अपमानित करना शुरू कर दिया। इन ग्रामीण नेताओं के रवैये को रेखांकित करने के लिए एक घटना का जिक्र करना काफी है।

चौ. देवीलाल के मंत्रीमंडल के दो मंत्री डा. मंगलसेन और श्रीमती सुषमा स्वराज एक बार गोहाना विश्राम गृह में रूके। यह सन् 1978 के आस पास की घटना है, जब विभिन्न गुटों में कुछ हद तक अविश्वास पनप गया था। चौ. देवीलाल के समर्थकों की नजरों में ये दोनों मंत्री अपने कुछ साथियों के साथ बागी थे और वे इनको अपने सर्वोच्च नेता के लिए खतरा समझते थे। श्री बलवंत राय तायल और चौ. भजनलाल चौ. देवीलाल के राजनीतिक शत्रु माने जाते थे। लोकदल (जिसे चौ. बंसीलाल लठ दल कहते थे) के इन लोगों को अपने विरोधियों की चुनौती से निपटने का एक ही तरीका पता था - पिटाई। उन्होंने अपने एकमात्र हथियार को आजमाया, डा. मंगलसेन के साथ हाथापाई की और महिला मंत्री को भी नहीं बख्शा। अपने समर्थकों से ऐसे व्यवहार की अपेक्षा न रखने वाले इन दोनों शहरियों के साथ जो व्यवहार हुआ उसे कोई भी स्वाभिमानी व्यक्ति सहन नहीं करेगा।

चौ. देवीलाल की सरकार बनने के दो साल बाद ही विधायकों का भारी समर्थन अल्पसंख्यक गुट में तब्दील हो गया। विधायकों का बड़ा तबका खुले आम विरोध करने लगा या फिर दबे स्वर में। चौ.भजनलाल को बगावत की संभावना नजर आई। उन्होंनें सत्ताधरी पार्टी के विभिन्न गुटों को एकत्रित करना शुरू किया। मध्य प्रदेश के तत्कालीन राज्यपाल पं. भगवद्दयाल शर्मा, श्री मोरारजी देसाई के केन्द्रीय मंत्रीमंडल के मंत्री चौ. चांदराम और जनता पार्टी में जनसंघ गुट के नेता डा. मंगलसेन ये तीन सहयोगी उनकी

नजर में थे। चौ. चांदराम के पास 14 विधायकों का सबसे बड़ा धड़ा था, जिसमें 12 अनुसूचित जाति से संबंधित थे तथा दो जाट थे - मेहरसिंह राठी और श्रीमती संतोष राठी। डा. मंगलसेन के पास आर. एस. एस. की विचारधारा में आस्था रखने वाले 12 विधायक थे और पं. भगवद्दयाल शर्मा के पास आधा दर्जन के करीब विधायक थे। चौ. भजनलाल के पास भी सभी जातियों के विधायकों का विशेषतौर पर गैर-जाट विधायकों का समर्थन था। कुल मिलाकर यह संख्या चालीस तक जाती थी। चौ. देवीलाल के समर्थक स्पष्ट तौर पर अल्पसंख्या में थे।

प्रो. शेरसिंह पं. भगवद्दयाल शर्मा की तरह सक्रिय विरोधी तो नहीं थे, लेकिन इस समीकरण से सहमत थे। चौ. देवीलाल का गुट इसके लिए आंशिक तौर पर जिम्मेदार था। चौ. देवीलाल के समर्थक जातिवादी और स्थानीय हरियाणवी थे, जो गैर-जाट नेताओं और विधायकों को विशेष तौर पर पंजाबी-भाषियों को विश्वास के काबिल नहीं समझते थे और उन्हें बिल्कुल पसन्द नहीं करते थे। उनके अधिकांश समर्थक मोलड़ जाट थे। शिक्षित आर्यसमाजी और लम्बे समय से केन्द्रीय राजनीति में रहे प्रो. शेरसिंह जैसे व्यक्ति को भी चौ. देवीलाल के इर्द गिर्द इकट्ठे हुए ये लोग बिल्कुल स्वीकार नहीं थे। असल में, जाट नेता के इर्द गिर्द इकट्ठे हुए लोगों ने प्रो. शेरसिंह को भी नहीं बख्शा, जब उन्हें लगा कि वे विरोधी नेता की मदद कर रहे हैं या उससे सहानुभूति रखते हैं। जिसके परिणामस्वरूप प्रो. शेरसिंह ने भी चौ. देवीलाल विरोधी विधायकों, सांसदों और अन्यों का साथ दिया।

चौ. देवीलाल के मुख्यमंत्री बनने के दूसरे साल की आखिरी तिमाही सन् 1979 के आरम्भ में भारत दर्शन के नाटकीय खेल ने घटिया राजनीति में 'आया राम गया राम' के बाद एक बार फिर हरियाणा को प्रथम स्थान दिलाया। अधिकांश असंतुष्ट विधायक कथित भारतदर्शन यात्रा में शामिल हुए, जो अधिकतर उन राज्यों में गए जहां जनसंघ गुट के मुख्यमंत्री थे। असंतुष्टों की रणनीति को ध्वस्त करने के ढंग ने आग में घी का काम किया। रुठे हुए विधायकों को मनाने की बजाए चौ. देवीलाल के समर्थकों ने धमकी दी कि उनको अपने हल्कों में नहीं घुसने दिया जाएगा।

चौ. देवीलाल की सरकार को हटाने तथा उनका स्थान लेने के लिए कानूनी व राजनीतिक दांव-पेच के लिए असंतुष्टों के वरिष्ठ नेताओं का मुख्यालय पर रहना अनिवार्य था। विद्रोही आनन्द मनाकर या भ्रमण करने के बाद उसी दिन चण्डीगढ़ पहुंचे जिस दिन सदन में परीक्षा होनी थी, वे अपनी योजना में कामयाब हुए और चौ. देवीलाल की सरकार दो वर्ष का कार्यकाल पूरा करने के साथ ही गिर गई।

चौ. भजनलाल मुख्यमंत्री बने और नई सरकार को मजबूत करने के लिए लोकदल के अलावा अन्य सभी ने हाथ मिला लिए। पं. भगवद्दयाल शर्मा, लाला बलवंत राय तायल, डा. मंगल सेन, चौ. चांद राम के सहयोग से बनी चौ. भजनलाल की सरकार में गैर-जाट जातियों और समुदायों के लोगों का जोड़ था। हारे हुए नेता ने लोगों को सरकार का सहयोग न करने और 'विश्वासघाती धोखेबाज' विधायकों को सबक सिखाने के लिए हरसंभव तरीका अपनाने के लिए उकसाया। केवल जाट समुदाय के लोगों ने ही उनके इस आह्वान पर कार्रवाई की और जाट-नेता होने के आरोप को सिद्ध कर दिया। उनके समर्थकों ने असभ्य तरीके अपनाए, जिसने दूसरी जाति व समुदाय के लोगों को बहुत नाराज किया।

दूसरी ओर चौ. भजनलाल ने जाटों को खुश करने के लिए एक से बढ़कर एक नुस्खे अपनाए। हरियाणा में लगभग नगण्य संख्या वाली जाति से संबंधित होने के कारण पहले मुख्यमंत्री के तौर पर चौ. भजनलाल अपनी स्थिति के प्रति बहुत आश्वस्त नहीं थे। इसके विपरीत बहुसंख्यक जाट जाति की उग्रता के कारण उनको आशंका थी कि उनके समर्थन के बिना राज्य प्रशासन को संभालना आसान नहीं होगा। उन्होंने जाटों को यह कहकर रिझाने की भी कोशिश की वे मूलतः एक जाट हैं, जिन्होंने बिश्नोई मत अपना लिया था।

यद्यपि अपने निरन्तर प्रयासों के बावजूद वे जाटों का दिल नहीं जीत पाए, बल्कि चौ. देवीलाल की सरकार को गिराने को जाटों ने अपना व्यक्तिगत अपमान समझा और वे चौ. भजनलाल के प्रति कठोर हो गए। जाट समुदाय के लोगों के मुंह से अक्सर सुनने को मिलता था कि एक बिश्नोई

ने उनका अपमान किया है। जाट अपनी हार को ऐसे महसूस कर रहे थे जैसे कि कोई नामी तगड़ा पहलवान किसी अदने से हारने के बाद महसूस करता है।

एक बार फिर चौ. छोटूराम के समय की जाट बनाम गैर जाट(ब्राह्मणों-बनियों के नेतृत्व में) की राजनीति आरम्भ हो गई थी। यद्यपि अपनी युवा अवस्था में चौ. देवीलाल चौ. छोटूराम के विरूद्ध थे, लेकिन अब वे जाति के नायक की ओर मुड़े और उनको अपना गुरू कहना शुरू किया और अपनी जाति के लोगों में पुराने जोश को बहाल करते हुए पुरानी शोषक जातियों के नए गठजोड़ को हराने के लिए आह्वान किया। हरियाणा की राजनीति के नए ध्रुवीकरण में पूर्वी पंजाब (पाकिस्तान) से आए पंजाबी भाषी भी ब्राह्मणों और बनियों के साथ मिल गए।

एक जाति के आधार पर सत्ता प्राप्त न कर पाने की सच्चाई के मद्देनजर चौ. देवीलाल ने किसान एकता का नारा दिया और अहीर, रोड़, गुज्जर, सैनी, राजपूत आदि कृषक जातियों के लिए साझा कार्यक्रम बनाया। अजगर का पुनः निर्माण भी चौ. छोटूराम की राजनीति का पुनरूत्थान था। कुछ हद तक चौ. देवीलाल इन जातियों का समर्थन हासिल करने में कामयाब हुए, लेकिन वे जाटों के नेता के तौर पर ही प्रतिष्ठित हुए। गैर-जाटों की आशंका थी कि सत्ता हासिल होने पर जाट-नेता उनको सत्ता में हिस्सेदारी नहीं देंगे। गैर-जाट कृषकों का विश्वास जीतने में चौ. देवीलाल को कई वर्ष लगे। उनका यह अभियान साझे आर्थिक हितों पर आधरित समुदायों को एक मंच पर लाने के चौ. छोटूराम और चौ.चरणसिंह के परीक्षित उदाहरण पर आधारित था। चौ. देवीलाल चौ. छोटूराम द्वारा निर्मित अजगर समीकरण के इतिहास को भलिभांति जानते थे, उन्होंनें इससे जरूरी सबक ग्रहण किया। परिणामस्वरूप ग्रामीण बनाम शहरी, किसान बनाम साहूकार, स्थानीय बनाम शरणार्थी का पुराना विरोध शुरू हो गया। असल में जातियों के इस गठबन्धन की जड़ें हरियाणा के समाज के आर्थिक ढांचे में वर्ग-हितों में स्थित थी।

चौ. भजनलाल को जब यह स्पष्ट हो गया कि जाट किसी भी कीमत पर उनको स्वीकार नहीं करेंगें, तो उन्होंने गैर-जाट विधायकों और समुदायों

के साथ संबंध प्रगाढ़ करने प्रारम्भ कर दिए, जो उनके पीछे इकट्ठी हो रही थी। सन् 1977 में चौ. देवीलाल के सत्ता ग्रहण करने से आरम्भ हुए ध्रुवीकरण अब स्पष्ट होने लगा था। प्रान्त की राजनीति जाट बनाम गैर-जाट पर ही अटक कर रह गई थी। इस राजनीति के नेता एक ओर तो जनता के बीच के आदमी चौ. देवीलाल थे और दूसरी ओर चौ. भजनलाल जो मौके का लाभ उठाना जानते थे। चौ. देवीलाल और चौ. भजनलाल किसानों और व्यापारियों के, ग्रामीण और शहरी आभिजात्य के हितों की टकराहट का प्रतिनिधित्व करते थे। समष्टिगत तौर पर विश्लेषण करके ही इन विरोधों की ओर संकेत किया गया है, यदि मामले की सूक्ष्मता से छानबीन करें तो हजारों विरोध उद्घाटित हो जायेंगें। सत्ता की राजनीति किसी व्यक्ति या समुदाय का सूक्ष्मतापूर्ण वर्णन का विषय न होकर सिर्फ इससे संबंधित है कि सत्ता किसके हाथ में थी। असल में सत्ता की राजनीति तथ्यों से अलग आम धारणा पर टिकी होती है।

हरियाणा में अधिकांश परिवार छोटी जोत के किसान और छोटे व्यापारी हैं, इसलिए वे सरकारी नौकरी प्राप्त करने का बेसब्री से इन्तजार करते हैं। अपने अशिक्षित और शिक्षित बेटे को कंडक्टर, क्लर्क, चौकीदार और चपड़ासी जैसी सरकारी नौकरी दिलाने के लिए किसान अपनी जमीन तक बेचने को तैयार होते हैं। छुटभैये नेता अपने नेताओं के पीछे दौड़ते रहते हैं और उनकी मांगों को पूरा करते हैं। आर्थिक जरूरत हरियाणा के लोगों को राजनीतिक सत्ता के किसी गुट में शामिल होने को विवश करती है। हरियाणा के लोगों में आम धारणा है कि यदि चौ. देवीलाल सरकार के मुखिया होंगे तो जाटों को सरकारी नौकरी में ज्यादा भाग मिलेगा और यदि चौ. भजनलाल मुखिया होंगे तो गैर जाटों को। हरियाणा के देहातियों के लिए सत्ता के अन्य हितों के अलावा सरकारी नौकरी भी आकर्षण है।

चौ. भजनलाल ने हरियाणा के समाज में अपनी गहरी पैठ बनाने के लिए गैर-जाटों को नौकरियों में स्थान दिया। विधायक और उन जैसे विशेषाधिकार प्राप्त लोगों ने अपने समर्थकों के लिए छोटी-मोटी नौकरियों की बजाए अन्य लाभकारी पद सुरक्षित कर लिये। चौ. भजनलाल अपने लोगों को लाभ बांटने में माहिर हैं। इसलिए जहां उन्होंने विधायकों को भारी लाभ के पद दिए वहीं

अपने हल्के के लोगों को भी लाभ पहुंचाया। यह आम प्रचलित धारणा है कि जब तक चौ. भजनलाल मुख्यमंत्री हैं, तब तक आदमपुर हल्के में कोई बेरोजगार नहीं होगा।

जाति और समुदाय के आधार पर विभाजन से चुनाव परिणाम प्रभावित होने के नतीजे के तौर बदनाम 'विनाशकारी व्यवस्था' पनपी, जिसमें विधानसभा के सदस्य अपने संसाधनों को बढ़ाने और अपनी जाति में प्रभाव जमाने के लिए काम करते हैं। इसने चौ. भजनलाल और उनके नक्शे कदमों पर चलने वालों के लिए काफी लाभ पहुंचाया, सत्ता में स्थायी तौर पर बने रहने के लिए 'विनाशकारी व्यवस्था' बनाना ही सर्वाधिक उपयुक्त है। धीरे-धीरे इसने एक व्यवस्था का रूप धारण कर लिया, जो कुछ सिद्धांतों पर कार्य करने लगी। राज्य कर्मचारी नियुक्ति की एजेंसी इस व्यवस्था की गुलाम बन गई, जो भारतीय लोकतंत्र को नए किस्म के सांमतवाद में तब्दील होने का ज्वलंत उदाहरण है।

इस व्यवस्था से नए मुख्यमंत्री को काफी सुविधा हुई, बल्कि इससे विधायकों और ब्लाक स्तर के छोटे से छोटे अधिकारी से लेकर सचिवालय के बड़े से बड़े अधिकारी को इससे कुछ न कुछ लाभ हुआ, जिससे वे इनमें काफी लोकप्रिय हो गए। यह अलग बात है कि जब सन् 1987 में मुख्यमंत्री का भाग्य बदला तो इन लाभार्थियों में से काफी उनके साथ नहीं थे, लेकिन यह मानव के लिए कोई नई बात नहीं थी। चाहे राजतंत्रीय प्रणाली हो, तानाशाही हो या फिर लोकतांत्रिक सभी रूपों में 'विनाशकारी व्यवस्था' और 'तोड़-फोड़ व्यवस्था' किसी न किसी रूप में सत्ता का अंग रही है। जब तक चौ. भजनलाल सत्ता की कुर्सी पर विराजमान रहे, तब तक सब ठीक रहा।

केन्द्र में विभिन्न रांजनीतिक दलों का जनता-पार्टी नामक गठबन्धन जल्दी ही धराशायी हो गया, यह गठबन्धन सन् 1977 से 1979 तक केवल दो साल ही चल पाया। सन् 1977 में बनी श्री मोरारजी भाई की सरकार को चौ. चरणसिंह और उनके समाजवादी मित्रों ने सन् 1979 में गिरा दिया। चौ. चरणसिंह व अन्यों ने सन् 1977 में जिस श्रीमती इन्दिरा गांधी को अपमानित

किया था उसी के समर्थन से चौ. चरणसिंह की अति अल्पसंख्यक सरकार केवल कुछ महीने ही चली। चौ. चरणसिंह की सरकार से श्रीमती गांधी ने समर्थन वापस ले लिया, सरकार के गिरने से सन् 1980 में चुनाव आ गए। केन्द्र में श्रीमती इन्दिरा गांधी की सरकार बनने से राज्यों में गैर-कांग्रेसी सरकारें सिकुड़ने लगी,लेकिन चौ. भजनलाल की सरकार का कुछ नहीं बिगड़ा। चौ. भजनलाल बाजीगर की तरह लचीले हैं, जो स्थिति के अनुसार दोहरा होने तक झुक व मुड़ सकते हैं।

चौ. भजनलाल ने जाति, परिवार और समुदाय के आधार पर परम्परागत तौर पर राजनीतिक वर्चस्व स्थापित किए पुराने खिलाड़ियों के सामने चुनौती पेश की। हार्डी के 'द मेजर आफ कास्टर ब्रिज' के फारफ्रक नामक पात्र की तरह चौ. भजनलाल ने हेन्चर्ड जैसे चौ. देवीलाल को हरा दिया। 'आधुनिक' होना और परम्परावादी न होना ही उसकी एक मात्र शक्ति थी। नए को जगह देने के लिए पुरानी व्यवस्था छिन्न भिन्न हो रही थी। चौ. भजनलाल का राजनीतिक विस्तार उनकी व्यक्तिगत प्रतिष्ठा से नहीं, बल्कि मूल्यों के कारण था।

चौ. भजनलाल का उभरना हरियाणा की राजनीति का मोड़ है, इसने जाट-नेता के वर्चस्व को समाप्त कर दिया। चौ. भजनलाल की यह कोई छोटी उपलब्धि नहीं है। पं. श्रीराम शर्मा और पं. भगवद्दयाल शर्मा अपने लम्बे संघर्षों के बाद भी जो नहीं कर पाए थे उसे चौ. भजनलाल ने 10 वर्षों में कर दिखाया। उसने बहुसंख्यक जाति के समक्ष भी चुनौती पेश की, जिससे वे इतने नाराज हुए कि उनके विरूद्ध वे कोई मौका चूकना नहीं चाहते थे। हरियाणा की सत्ता की राजनीति पिछले दो दशकों से चौ. भजनलाल की चालाकी और जाटों के आक्रोश के बीच मुकाबले की रही है।

6

चौ. भजनलाल की छोटी पारी
(1980 - 1982)

चौ. भजनलाल ने जल्दी ही विधानसभा में अपने समर्थकों के साथ पाला बदल लिया। चौ. भजनलाल की सरकार रातों-रात कांग्रेस पार्टी की सरकार में तब्दील हो गई। यह सब इतने सहज ढंग से हो गया जैसे कि अंग्रेजों ने बिना लड़े ही अवध को अपने अधीन कर लिया था। सिर्फ जनता की जगह कांग्रेस शब्द में ही परिवर्तन हुआ। हमारी लोकतांत्रिक पद्धति की विडम्बना ही है कि इक्का-दुक्का आवाजों और ग्रामीण क्षेत्र में एक दो घटनाओं को छोड़कर समाज के किसी भी कोने से इसके खिलाफ कोई आवाज नहीं उठी। इसके विरूद्ध जो आवाजें उठी भी वे एक तरह से अपवाद ही थी। अधिकांश ने बहते पानी में उठे बुलबुलों की ओर कोई ध्यान ही नहीं दिया। पानी का बहाव इतना तीव्र था कि इनकी धीमी आवाज किसी को सुनाई ही नहीं दी।

चौ. भजनलाल का मुख्यमंत्री के रूप में समय अपने उत्तराधिकारी की तरह छोटा नहीं हुआ, चौ. देवीलाल मौके की नजाकत के अनुसार बदलना नहीं जानते थे। बुर्जुआ पार्टियों के आम व्यवहार और हरियाणा की भारतीय राजनीति को देन 'गया राम, आया राम' या 'आया राम गया राम' की राजनीति चौ. भजनलाल के ज्यादा उपयुक्त थे। सन् 1977 तक केन्द्र में कांग्रेस पार्टी ने छोटी राजनीतिक पार्टियों को अपने में शामिल करते हुए एकछत्र शासन किया। पं. जवाहरलाल नेहरू के समय में ही अशोक मेहता की समाजवादी पार्टी का कांग्रेस में विलय हो गया था। बाद में भारतीय जनता पार्टी जैसी पार्टी ने भी कांग्रेस की इस परम्परा को जारी ही रखा। कुछ व्यक्तियों या गुटों को अतिरिक्त महत्त्व देकर, पार्टियों को तोड़कर सत्ता

परिवर्तन करना बुर्जुआ पार्टियों का अजमाया हुआ ढंग रहा है। बिहार और उत्तर प्रदेश में कांग्रेस को इसी स्थिति का सामना करना पड़ा।

चौ. भजनलाल को जब यह स्पष्ट हो गया कि जाट किसी भी कीमत पर उनको स्वीकार नहीं करेंगें, तो उन्होंने चुपचाप गैर-जाटों में और विशेषकर ब्राह्मणों और पंजाबियों में अपनी पैठ बनानी शुरू की। बड़े आकार में होने के कारण यही दोनों मिलकर ही विशालकाय जाट जाति का सामना कर सकती थी। इनसे संबंधित लोगों को सरकारी नौकरी व अन्य मलाईदार पद प्रदान किए और जाटों को उनके जायज हकों से भी वंचित किया, जिस कारण वे नए मुख्यमंत्री से नाराज हो गए। हरियाणा जैसे छोटे राज्य में ये तरीके जल्दी और कारगर होते हैं, इस कारण चौ. भजनलाल जल्दी ही अपने विरोधी पर भारी पड़े।

प्रो. शेरसिंह चौ. भजनलाल के साथ कांग्रेस पार्टी में आ गए और केन्द्र में मंत्री बने, जबकि पं. भगवद्दयाल शर्मा को जनता पार्टी ने राज्यपाल नियुक्त किया था वे वहीं बने रहे। सन् 1977 में अपमानजनक हार के बाद चौ. बंसीलाल ने लगभग चुप रहकर चलने की नीति अपनाई। चौ. भजनलाल अपनी पार्टी तथा विपक्षी-विरोधियों की ओर से निश्चिंत थे। आपसी कलह के कारण लोकदल की ओर से चौ. भजनलाल को चुनौती नहीं थी। राष्ट्रीय स्तर पर चौ. चरणसिंह इसके अध्यक्ष थे, जो हरियाणा के मामले में चौ. देवीलाल पर ही पूर्णरूपेण निर्भर थे, लेकिन वे उनके कार्यों को पसन्द नहीं करते थे।

चौ. भजनलाल के लिए एक मात्र खतरा जाट समुदाय से था।चौ. देवीलाल से सत्ता छीनने को जाट अपने सार्वजनिक अपमान के रूप में ले रहे थे। जाट बदला लेने के लिए मौके की प्रतीक्षा में थे, उनके राजनीतिक व्यवहार में माफी का कोई खाना नहीं था। आर.एस.एस. की विचारधारा में विश्वास रखने के बावजूद अधिकतर पंजाबियों ने कांग्रेस को वोट इसलिए दिए कि उनकी प्रिय पार्टी बी.जे.पी. की सत्ता में आने की स्थिति नहीं थी। भू-स्वामी मध्यम जातियों का झुकाव चौ. देवीलाल की ओर था, कथित निम्न जातियां परम्परागत तौर पर कांग्रेस को वोट देती थी। लेकिन वे अपनी

शक्ति का प्रर्दशन नहीं कर पाती थी। दबाव से, धन से या बल से इनके अधिकांश वोट जाटों के वर्चस्व के कारण विपक्ष को पड़ते थे।

संक्षेप में, चौ. भजनलाल सन् 1982 में संभावित चुनावों में जीत के प्रति आश्वस्त नहीं थे। लोकदल की आपसी कलह और अपने प्रशासनिक तंत्र से ही उनको आशा की किरण दिखाई दे रही थी। सन् 1982 के चुनावों में जीत व सरकार बनाने के प्रति चौ. देवीलाल और चौ. भजनलाल की बराबर संभावना थी। यद्यपि चौ.भजनलाल चौ. बिरेन्द्र सिंह, चौ. बंसीलाल, चौ. शमशेर सिंह सुरजेवाला जैसे वास्तविक कांग्रेसी जाट नेताओं से कोई गम्भीर चुनौती महसूस नहीं करते थे, लेकिन पूरी तरह निश्चिंत भी नहीं थे। ये सभी महत्वाकांक्षी थे और दल-बदल करके आए चौ. भजनलाल के मुकाबले में अपने को जायज दावेदार समझते थे।

यद्यपि चौ. भजनलाल कांग्रेस में आने को अपनी 'घर वापसी' कहते थे, लेकिन कांग्रेस के लोग इसे घोर अवसरवाद मानते थे और उन पर रत्ती भर भरोसा नहीं करते थे। कुल मिलाकर कहा जा सकता है कि दोनों ओर अनिश्चितता का आलम था, लेकिन लोकदल के नेता चौ. देवीलाल से अपमानजनक ढंग से सत्ता छीनने को लेकर लोगों में उनके प्रति सहानुभूति थी। हरियाणा के लोग अनिश्चित चुनाव नतीजों को लेकर असमंजस में थे।

सन् 1982 में चौ. बंसीलाल भी दबी राजनीति छोड़कर मुख्यमंत्री बनने के सपने देखने लगे थे। उनके बेटे चौ. सुरेन्द्र सिंह राजनीतिक शक्ति के तौर पर उभर रहे थे। युवा कांग्रेस के प्रधान के तौर पर उनके पास अनुयायियों की फौज थी। उसके उग्र अनुयायी अपने नेता के हल्के से संकेत पर कुछ भी कर गुजरने को तैयार थे। इसी तरह चौ. शमशेर सिंह सुरजेवाला ने अपनी स्थिति मजबूत कर ली थी। चौ. छोटूराम के नाती चौ. बिरेन्द्र सिंह भी नेता के रूप में स्वीकार्य हो चुके थे। जहां चौ. देवीलाल के लिए अपनी ही पार्टी में समस्याएं थी, तो चौ. भजनलाल भी पूरी तरह निश्चिंत तो नहीं ही थे। सन् 1982 के चुनावों के नतीजों के बारे अनुमान लगाना किसी के लिए आसान नहीं था। आदतन भविष्यवाणी करने वाले राजनीतिक पण्डित भी पशोपेश में थे।

सन् 1982 में जब चुनाव घोषित हुए तो चौ. देवीलाल को जाटों का खुला समर्थन था, लेकिन फिर भी बहुसंख्यक मतदाता हमेशा चुप्पी साधे रखते हैं। चुनाव जीतने की स्थिति में कांग्रेस हाईकमान की ओर से चौ. भजनलाल को मुख्यमंत्री बनने के लिए हरी झण्डी थी। असल में जब उन्होंने अपने गुट के साथ कांग्रेस में छलांग लगाई थी, उसी समय यह समझौता हुआ था। प्रतिद्वन्द्वियों के लिए सहानुभूति और समर्थन से राजनीतिज्ञों की राजनीतिक महत्वकांक्षाओं को दबाया नहीं जा सकता।

चुनाव प्रक्रिया आरम्भ होने पर अपने पक्ष में अधिक से अधिक से लाभ उठाने के लिए तथा अपने विरोधी के लिए परेशानी पैदा करने के लिए सत्ता के दावेदारों में घात-प्रतिघात होने लगे। सन् 1982 के चुनाव में अपने नजदीकी लोगों को नुक्सान पहुंचाने का खेल खेला गया। कांग्रेस पार्टी में चौ. भजनलाल, चौ. बिरेन्द्र सिंह, चौ. शमशेर सिंह सुरजेवाला और चौ. बंसीलाल मुख्यमंत्री के दावेदार थे, तो लोकदल में चौ. देवीलाल और डा. सरूपसिंह एक-दूसरे के प्रतिद्वन्द्वी थे।

लड़ाई के पहले चरण में टिकटों के बंटवारे में कांग्रेस की ओर से चौ. भजनलाल ने और लोकदल में चौ. देवीलाल ने अपने समर्थकों को अधिक टिकट दिलवाकर बाजी मार ली। मुख्यमंत्री के दावेदार चौ. देवीलाल और चौ. भजनलाल में लड़ाई की रेखा खिंच गई थी, दोनों अपने-अपने ढंग से चुनाव के मैदान में उतरे थे। चौ. देवीलाल ग्रामीणों विशेषकर जाटों के आक्रामक समर्थन से और चौ. भजनलाल जीतने की संभावना वाले आजाद व अपनी पार्टी के उम्मीदवारों को जीतने के लिए आवश्यक सामग्री की मदद करके। उन्होंने विरोधी गुट के उन उम्मीदवारों की अप्रत्यक्ष तौर पर मदद की जो वक्त आने पर उनको मदद कर सकते थे।

बुर्जुआ राजनीति में केवल अपनों को जिताना ही काफी नहीं है, बल्कि अपनी ही पार्टी के अपने प्रतिद्वन्द्वियों को हराना भी उतना ही महत्वपूर्ण है। चौ.देवीलाल और चौ. भजनलाल दोनों ही इस बात को भलीभांति जानते थे। इस चुनाव में अपने प्रतिद्वन्द्वी को हराने के लिए प्रभावी आजाद उम्मीदवारों की मदद की। ऐसे उम्मीदवार चुनाव मैदान में थे, जिनको कि अपनी पार्टी

की टिकट नहीं मिली थी। कुछ ऐसे धनवान भी थे, जिनके पास अकूत धन था, लेकिन उनकी कोई राजनीतिक शह नहीं थी और ऐसे भी थे, जो लोकप्रिय तो थे, लेकिन उनके पास चुनाव लड़ने के लिए पर्याप्त धन नहीं था। सत्ता की कुर्सी हथियाने की दौड़ में शामिल व्यक्तियों ने अपनी पार्टी में अपने प्रतिद्वन्द्वियों को हराने के लिए इनकी मदद की।

सन् 1982 के चुनावों में धन के मामले में बड़े जमींदार, दो साल मुख्यमंत्री रहे चौ. देवीलाल के लम्बे राजनीतिक जीवन के बावजूद चौ. भजनलाल का पलड़ा चौ. देवीलाल के मुकाबले में भारी था। केवल दो साल के मुख्यमंत्री रहने के दौरान ही चौ. भजनलाल ने काफी संसाधन एकत्रित कर लिए थे। व्यापारियों व अधिकारियों ने चुनाव जीतने की संभावना वालों को बिन मांगी मदद भेजी। ये वर्ग उन व्यक्तियों और पार्टियों की मदद करके निवेश करते हैं, जिनकी राजनीति में कुछ पैठ है। चूंकि चौ. भजनलाल सत्ता की कुर्सी के लिए लड़ रहे थे और अभी मुख्यमंत्री थे, इसलिए चौ. देवीलाल के मुकाबले में उनको अधिक संसाधन उपलब्ध थे।

चुनावों में किसी भी पार्टी को स्पष्ट बहुमत नहीं मिला। कांग्रेस पार्टी 34 सदस्यों के साथ सबसे बड़ी पार्टी थी और लोकदल के 31 सदस्य थे। चौ. भजनलाल सबसे बड़ी पार्टी होने का महत्व जानते थे। कार्य इतना आसान तो नहीं था, लेकिन उनको भरोसा था कि वे बहुमत प्राप्त करने के लिए आवश्यक समर्थन जैसे-तैसे जुटा ही लेंगें। लोकदल और भा. ज. पा. ने गठबन्धन में चुनाव लड़ा था, इसलिए दोनों ने सरकार बनाने का दावा ठोक दिया। सारे गुट आजाद विधायकों को अपनी ओर करने के 'काम' में जुट गए। कुछ को पकड़ना आसान था, लेकिन कुछ को बहुत ही टेढ़ा। इसी तरह के एक टेढ़े से मेरा वास्ता पड़ा।

मैं चौ. भजनलाल की सरकार में शिक्षा मंत्री रही श्रीमती शान्ति राठी को हराकर सोनीपत जिले के रोहट हल्के से चुनाव जीता था। सोनीपत जिले से चौ. राजेन्द्रसिंह मलिक एक मात्र आजाद विधायक चुने गए थे। चौ. देवीलाल ने उनका समर्थन जुटाने की जिम्मेवारी मुझे सौंपी। ये राजनीति के पुराने खिलाड़ी थे, जो आजाद उम्मीदवार के तौर पर चुने जाना अधिक

पसन्द करते थे। उनका मानना था कि मंत्री बनकर वे अपने हल्के के लोगों की बेहतर सेवा कर सकते हैं। बुर्जुआ पार्टियों में मंत्री बनने की कोई गारंटी नहीं है। किसी को स्पष्ट बहुमत न मिलने की स्थिति में आजाद उम्मीदवार अपने महत्व को भलिभांति जानते हैं और सत्ता की कुर्सी का स्वामी भी आजाद उम्मीदवारों के महत्व को पहचानता है। इसी के चलते चौ. राजेन्द्रसिंह मलिक कई बार मंत्री रह चुके थे।

चौ. राजेन्द्रसिंह के चुनाव जीतने का रहस्य यही था कि वे अपने हल्के के अपने समर्थकों के सही–गलत सभी कामों में पूरा सहयोग करते थे। जिस कारण उनके समर्थकों की संख्या काफी थी। अपने समर्थकों के पड़ौसी के साथ विवाद में भी उनका साथ देते थे। इस कारण जहां वे अपने दोस्त बनाते थे, वहीं अपना विरोधी भी साथ ही बनाते थे।

अपनी पार्टी के लिए समर्थन जुटाने के लिए मेरा वास्ता इस तरह के खुर्रांट राजनीतिज्ञ से पड़ा। इस काम का न तो मुझे कोई अनुभव ही था और न यह मेरे स्वभाव के अनुकूल ही था। हरियाणा की राजनीति के बारे में कुछ जानता था, लेकिन इस तरह के खेल के बारे में नहीं।

हरियाणा के राजनीतिज्ञ संगठन में रहकर सांगठनिक कार्यप्रणाली से काम करने की बजाए अपनी मर्जी चलाकर ज्यादा संतुष्टि महसूस करते हैं। मेरे उनसे शिष्टाचारपूर्ण औपचारिक संबंध थे, कोई टकराहट नहीं थी। मैं उनका समर्थन लेने के लिए उनके घर गया तो उन्होंने स्पष्ट कहा कि यदि 45 विधायकों का समर्थन हमारे पास है तो वे समर्थन देने में एक पल की देरी नहीं करेंगे। वे कोई खतरा उठाना नहीं चाहते थे, इसलिए वे 45वें या 44वें व्यक्ति नहीं बनना चाहते थे। जब मैं उनसे हुई बात चौ. देवीलाल को बताने के लिए गया तो वहां पता चला कि चौ. राजेन्द्र सिंह चौ. भजनलाल के खेमे में शामिल हो चुके हैं। मेरी समझ से बाहर था कि उन्होंनें इतनी भारी गलती कैसे की?

चौ. देवीलाल और डा. मंगलसेन 46 विधायकों का समर्थन हासिल करके, उनके साथ हरियाणा राजभवन, चण्डीगढ़ में राज्यपाल श्री जी.डी. तपासे के पास पहुंचे और सरकार बनाने का दावा पेश कर दिया। राज्यपाल

ने उनके दावे से संतुष्ट होकर दो दिन बाद सोमवार को शपथ समारोह करने का समय निर्धरित किया। जब हम उल्लसित होकर राजभवन से बाहर निकले तो हरियाणा के लोगों की भीड़ इन्तजार कर रही थी। चण्डीगढ़ में हरियाणा वासी ही नजर आ रहे थे, इतनी भीड़ थी कि ट्रैफिक गुजरने में परेशानी आ रही थी।

ये 46 विधायक चण्डीगढ के निकट हरियाणा के कालका से सटे परवाणु (हिमाचल प्रदेश) के होटल में ठहरे। लोग मिठाई खाकर, बीयर या शराब पीकर जीत का जश्न मना रहे थे। चौ. देवीलाल आगे के काम को नहीं भूले थे। उन्होंनें मुझे चौ. विरेन्द्र सिंह के साथ मिलकर मंत्री के रूप में शपथ लेने वालों की सूची तैयार करने को कहा। डा. मंगलसेन गठबन्धन में सहयोगी थे उनसे मशविरा करना भी जरूरी था। हम यह कर ही रहे थे कि रेडियो पर समाचार आया कि चौ. भजनलाल को हरियाणा के मुख्यमंत्री के रूप में शपथ दिला दी गई है।

इस समाचार ने हमें जबरदस्त झटका दिया, लेकिन पचास साल से राजनीति में संघर्षरत चौ. देवीलाल को हरियाणा पर शासन करने के उनके अधिकार से वंचित किया जा रहा था। वे आग बबूला हो रहे थे, उनकी आंखें क्रोध की ज्वाला से जल रही थी। हमे आंशका थी कि वे किसी को शारीरिक नुक्सान न पहुंचा दें, शायद राज्यपाल को, जिसने कि घोर अन्याय किया था। किसी साधारण और ईमानदार व्यक्ति की नैतिकता पर हमला होता है तो उसकी स्वाभाविक प्रतिक्रिया यही होती है। चौ. देवीलाल ऐसा कर सकते थे, क्योंकि वे सन् 1965 में पंजाब जब विभाजन के समय आयोग गठित हुआ तो वे ऐसा कर चुके थे। चौ. बंसीलाल ने आयोग के समक्ष अपने विचार प्रस्तुत करते हुए कहा कि नए राज्य की सरकार अपने कर्मचारियों को वेतन भी नहीं दे पाएगी, इसलिए हरियाणा को अलग राज्य बनाना उपयुक्त नहीं होगा। चौ.देवीलाल को जब इस बात का पता चला तो वे उनके घर गए और अपने विश्वासघाती को मारने (उनके अनुसार)के लिए जूती निकाल ली और उनकी मुद्रा को देखकर चौ. बंसीलाल भागे।

हमने चौ. देवीलाल को शान्त करने की कोशिश की। चौ. विरेन्द्र सिंह, डा. मंगलसेन और मैने सभी विधायकों को एकत्रित किया और गवर्नर के

इस अनैतिक और असंवैधानिक कदम से बनी स्थिति से निपटने के लिए विचार-विमर्श करने लगे। यह निर्णय लिया कि अगली सुबह ही राजभवन जाकर सार्वजनिक तौर पर बहुमत दिखाकर राज्यपाल के असंवैधानिक कृत्य का भंडाफोड़ किया जाए। हमने 46 विधायकों को राज्यपाल के समक्ष प्रस्तुत किया, लेकिन हमारे समय की वाचाल राजनीति पर इसका कुछ विशेष फर्क नहीं पड़ा। चौ. देवीलाल ने अपने स्वभाव के अनुसार काम किया, उन्होंने राज्यपाल की ठुड्डी को हाथ लगाया। मैं और चौ. विरेन्द्र सिंह उनके दोनों ओर इसलिए बैठे थे कि वे कोई ऐसी कार्रवाई न कर बैंठे। उनके हाथों में इतनी जान थी कि राज्यपाल की ठुड्डी घूम गई। प्रैस के एक वर्ग ने इस घटना को इतना बढ़ा चढ़ा कर उछाला और प्रचारित किया कि चौ. देवीलाल ने राज्यपाल को 'चांटा मारा' या 'हाथापाई' की।

विरोध के इस तरह के तरीके जनता की सहानुभूति तो ग्रहण कर सकते हैं, लेकिन राजनीति की गाड़ी की दिशा को नहीं बदल सकते, क्योंकि राजनीति के कठोर निर्णयों को सहानुभूति जैसी विनम्र चीज से नहीं बदला जा सकता। कटु सत्य यही था कि चौ. भजनलाल हरियाणा के मुख्यमंत्री थे। हमारी आशा केवल सदन में बहुमत साबित करने पर टिकी थी। एक रास्ता यह था कि सभी को हरियाणा से बाहर ऐसे राज्यों में ले जाया जाए जहां कि गैर कांग्रेसी सरकारें हैं। उनको यह सुझाव भी दिया, लेकिन जैसे कि हर नायक की त्रासदी होती है वह चौ. देवीलाल के साथ भी थी, वे सत्ता को भूलकर जनता को संबोधित करने का लोभ संवरण नहीं कर पाए। चण्डीगढ़ में, केन्द्र सरकार के इशारे पर हरियाणा के राज्यपाल के असंवैधानिक कार्यों का पर्दाफाश करने वाली बड़ी भारी रैली की। चौ. देवीलाल अपने विधायकों को संभालकर रखने के लिए सुरक्षित स्थान पर रखने को भूलकर अपने सबसे प्रिय कार्य जनता से समर्थन मांगने में जुट गए।

चौ. देवीलाल का जनता के साथ रिश्ता हमें शेक्सपीयर के शब्दजाल के साथ बने रिश्ते की याद कराता है। डा. जानसन कहते हैं कि शेक्शपीयर को अपनी कमियों से बहुत प्यार था, यही बात चौ.देवीलाल पर भी लागू होती है। यदि हम जान्सन द्वारा रचित पैरे में शब्दजाल के स्थान पर जनता

शब्द डाल दें तो चौ. देवीलाल की राजनीतिक हार के पीछे कारण स्पष्ट हो जायेंगे। बदला हुआ वक्तव्य इस प्रकार होगा:

'चौ. देवीलाल के लिए जनता में लोकप्रियता ठीक उसी तरह थी जैसे रेगीस्तान में फंसे हुए यात्री के लिए मृग-मरीचिका। इसके लिए वे कोई भी कीमत चुकाने को तैयार रहते थे। यह तो निश्चित था कि ये भ्रम जाल उन्हें अपने रास्ते से भटकायेगा, लेकिन उनका दिमाग पूरी तरह से इसमें फंस चुका था। जनता में लोकप्रिय होने की ललक उनके लिए स्वर्ण-मृग के समान थी, जिसे पाने के लिए वो अपने पद की गरिमा और सत्ता की कुर्सी को भी दाव पर लगा देते थे। भीड़ को देखकर बल्लियों उछलते थे और सब कुछ भूल जाते थे। जमघट को देखने की लालसा उनके लिए स्वर्ण-मृग साबित हुई, जिसे निहारने और प्राप्त करने के चक्कर में उन्हें अपनी सत्ता की सीता गंवानी पड़ी।

चौ. देवीलाल का काफिला जब दिल्ली में राऊज एवेन्यू स्थित रंजीत होटल पहुंचा, तो कुछ अपनी संभावित जगह पर जा चुके थे। दो मामलों का जिक्र ही काफी है। जब हम सुबह उठे तो जीन्द कस्बे से चुने गए लाला बृजमोहन सिंगला के बारे में अखबार के पहले पन्ने की सुर्खी थी कि हरियाणा के विधायक बरसाती पाइप के सहारे उतर कर भागे। चौ. देवीलाल का काफिला तीन-चार रैली करने के बाद पूरे दिन की थकाने वाली यात्रा करके दिल्ली पहुंचा तो सारे विधायक लम्बी तानकर सोये पड़े थे। वे इस विशालकाय शहर में रात को घटित हो रही घटनाओं से अनभिज्ञ थे। दिल्ली के आभिजात्य क्षेत्र में स्थित रंजीत होटल में हरियाणा के ये देहाती ऐसे लग रहे थे, जैसे कि चिड़िया घर में कोई मरियल जानवर ला छोड़ा हो। देहाती चरित्र में एक विशेष बात होती है कि समस्या के साथ ही उसके दिमाग में मजाक भी आ जाता है। ये विधायक इस बात का अनुमान लगाकर हंस रहे थे कि सिंगला किस तरह भागा होगा, उनकी कल्पना उड़ान भरने लगी थी। इस संबंध में हरियाणा में सैंकड़ों कहानियां प्रचलित हैं। चण्डीगढ से दिल्ली के बीच में विधायकों के खो जाने से चौ. देवीलाल और उनका बेटा कुछ परेशान थे।

दूसरा मामला कर्नल रामसिंह का, जो रेवाड़ी कस्बे से चुनाव जीते थे। चौ. देवीलाल सोनीपत में रैली को संबोधित करने के लिए रूके तो कर्नल राम सिंह ने उनको विश्वास दिला दिया कि चौ. लालसिंह और चौ. अजमत खान दोनों भागना चाहते हैं। वे चौ. देवीलाल को यह समझाने में कामयाब हो गए कि ऐसा करने से रोकने के लिए उनको उनके साथ भेज दिया जाए। कर्नल रामसिंह दोनों विधायकों को लेकर हरियाणा राजभवन दिल्ली पहुंचे और उनको कमरे में बंद करके चौ. भजनलाल से सम्पर्क स्थापित किया। चौ. भजनलाल ने उनके 'कौशल' की कद्र करते हुए उनको खुले दिल से ईनाम दिया।

चौ. भजनलाल के खेमे में कुछ और लोगों के जाने से उनकी विवादास्पद सरकार बहुमत जीतने में सफल हुई। स्थितियों के मद्देनजर इस काम की योजना को बहुत ही लुक-छुपकर अंजाम दिया गया। राजनीतिक सफलता प्राप्त करने के बाद चौ. भजनलाल ने परीक्षा की घड़ी में उनका साथ देने वालों को पुरस्कार दिए। चौ. भजनलाल ने उनको मंत्री बनाकर उनको गाड़ी की चाबी सौंप दी और मकान दे दिए।

चौ. भजनलाल ने सन् 1979 में तख्ता-पलट के बाद छोटी सी पारी प्राप्त की थी, लेकिन इसने ही उनको अगले पांच साल के लिए शासन करने की बुनियाद रखी और चौ. देवीलाल को सत्ता से कुर्सी से दूर कर दिया। इससे चौ. भजनलाल के तरकश में अधिक तीर होने का आत्मविश्वास जगा, जिससे वे चौ. देवीलाल जैसे साधारण आदमी को आसानी से पटकनी दे सकते थे।

7
चौ. भजनलाल की पूरी पारी
(1982 - 1987)

चौ. भजनलाल के हाथों चौ. देवीलाल की दो बार हार से जाट चौ. भजनलाल से दो गुना दूर हो गए। परिणामस्वरूप चौ. भजनलाल ने भी अपने राजनीतिक अस्तित्व के लिए गैर-जाटों में आधार बढाना आरम्भ कर दिया। अफसरशाही, पुलिस, व निचले स्तर पर भर्तियों में ब्राह्मण-बनियों व अन्य गैर-जाटों को प्राथमिकता देनी शुरू की। इससे जाटों और गैर जाटों में राजनीतिक तौर पर स्पष्ट विभाजन हो गया। चौ. देवीलाल को भी यह विभाजन रास आता था, अपने समर्थकों के लिए बिना कुछ विशेष किए ही वे उनके नेता बने रहे। असल में जाट और गैर जाट के राजनीतिक विभाजन से पनपे परस्पर विरोध ने दोनों नेताओं के लिए संजीवनी बूटी का काम किया। धीरे-धीरे हरियाणा की राजनीति को साईकिल की सवारी की तरह बना दिया, जिसमें कभी एक पैडल मार रहा है तो दूसरा पीछे कैरियर पर बैठा है और जब दूसरा पैडल मार रहा है तो पहला पीछे कैरियर पर बैठा है।

सन् 1979 से सन् 1999 के बीच हरियाणा की राजनीति इस तरह से बनी, जैसे कि चौ. भजनलाल और चौ. देवीलाल ने एक दूसरे को सत्ता की चाबी सौंपी। चौ. भजनलाल के हल्के आदमपुर की रैली में वर्तमान मुख्यमंत्री चौ. भूपेन्द्र सिंह हुड्डा की टिप्पणी कि 'लम्बे समय से चली आ रही फिक्सिग अब नहीं चलेगी' दो लालों के बीच बारी-बारी से सत्ता हस्तांतरण के अघोषित समझौते की ओर ध्यान आकर्षित करती है। यह बात पूरी तरह सही हो या न हो, लेकिन यह बात सच है कि सत्ता की राजनीति में न तो कोई स्थायी शत्रु है और न ही मित्र। स्थिति ही राजनीतिक दोस्ती और शत्रुता

निश्चित करती है। सत्ता की राजनीति में सत्ता प्राप्त करना ही एकमात्र मकसद है, यहां यह महत्वपूर्ण नहीं है कि किस पर हमला बोला जा रहा है। सत्ता की बुजुर्आ राजनीति के खेल में यह चौ. भजनलाल और चौ. देवीलाल पर ही नहीं सभी पर लागू होता है।

सन् 1982 में चौ. भजनलाल ने चाहे कुछ भी तरीका अपनाया हो, लेकिन सच्चाई यही है कि वे दूसरी बार हरियाणा के मुख्यमंत्री बन ही गए। उनके सामने अपने विधायकों को संतुष्ट करने और अपने गैर-जाट आधार को मजबूत करना था और इसे उन्होंने सफलता पूर्वक किया। विधायकों को इतना खुश कर दिया कि उनको इससे अधिक मांगने के लिए कुछ बचा ही नहीं था और गैर-जाटों में यह भ्रम पैदा करने में कामयाब रहे कि यह गैर-जाटों की सरकार है। सत्ता की बुजुर्आ राजनीति लोगों में 'उनके अपने राज' का भ्रम करके ही अपनी वैधता बनाए रखती है। उनकी समस्याओं का कोई समाधान नहीं होता, लेकिन इस मनमोहक भ्रम में वे भूलकर चैन की नींद सोये रहते हैं, यह भ्रम उनकी पीड़ा के अहसास को कुछ कम करने के लिए नशे की तरह काम करता है। जब राजनीति, नौकरी या खेल में 'उनका अपना' आदमी महत्व प्राप्त करता है, तो जातिगत भाईचारे का भ्रम उभर आता है, उन्हें लगता है कि 'उनका' अपना आदमी वहां है, अब जो होगा सही होगा। (हरियाणा की चेतना में यह बात बैठी है कि 'अपना मारेगा जो छांव में गिरायेगा' उसे मारने का दुख नहीं है, बल्कि इससे संतुष्टि है कि अपने आदमी ने छांव में गिराया)

चौ. भजनलाल और सत्ता की राजनीति के चतुर खिलाड़ी भ्रम की ताकत को बखूबी पहचानते हैं और इसका भरपूर इस्तेमाल करके पूरा फायदा उठाते हैं। वे किसी जाति के किसी अपने 'भक्त', वफादार, और सेवक को कुछ लाभ पहुंचाकर अपनी ही सेवा करते हैं, लेकिन जातिगत भाईचारे के भ्रम का शिकार व्यक्ति सोचता है कि उसकी जाति की भलाई हो रही है। सभी जातियों में ऐसे अनेक चालाक लोग हैं, जो अपने स्वार्थ को जाति का हित बनाकर प्रस्तुत करते हैं। स्वार्थी लोग अपने हितों को साधने के लिए

जातिगत द्वेष को भी बढ़ावा देते हैं। सदियों से जाति कुछ लोगों के स्वार्थों को पूरा करती आ रही है। विज्ञान और तकनीक में, समाजशास्त्र और मनोविज्ञान में मनुष्य ने बहुत तरक्की की है, लेकिन जातिगत विभाजन अभी भी मौजूद है। जाति की कथित इज्जत और पहचान की रक्षा के लिए अपनी जान की भी परवाह नहीं करते। सत्ता की राजनीति के खिलाड़ी इसे कम करने की बजाए इसे बढ़ावा देकर इसका लाभ उठाते हैं।

अपनी जाति के भगवान और बादशाहों की तलाश करके उनकी मूर्ति-स्थापना व पूजा और अपनी जाति के किसी व्यक्ति के 'लाभ' को पूरी जाति के भले के रूप में देखे जाने के पीछे जातिगत संकीर्णता ही दिखाई देती है। यद्यपि हम वैश्विक स्तर की अपेक्षाएं पाले हुए हैं, लेकिन गर्व करते हैं कबीलाई मानसिकता पर।

चौ. भजनलाल ने जाति के प्रतिनिधित्व के ब्रह्मास्त्र का प्रभावी ढंग से प्रयोग किया। उन्होंनें अपनी समर्थक जातियों के व्यक्तियों को न केवल सरकारी नौकरियां दी, बल्कि विभिन्न जातियों के कथित भगवानों और शासकों के नाम पर अध्ययन पीठ की स्थापनाएं कीं। चौ. भजनलाल ने सर्वप्रिय और सर्वमित्र, सबकी मदद के लिए हमेशा तैयार, उदार व्यक्ति की छवि बनाने की कोशिश की। यदि कोई अधिकारी या मंत्री अपने लिए कुछ नहीं मांगता तो उसे बुलाकर पेट्रोल पम्प, गैस एजेन्सी या विशेष कोटे के प्लॉट के लिए कहते। इससे इन विशेषाधिकार प्राप्त लोगों में उनकी छवि 'ख्याल' रखने वाले महान मुख्यमंत्री की बनी। सत्ता की कुर्सी पर रहते हुए 'महान' कार्य किए और बाहर रहते हुए तो बुर्जुआ राजनीतिज्ञ आमतौर पर बहुत मीठा बोलते हैं और खूब आवभगत करते ही हैं।

हरियाणा में सत्ता में चाहे कोई भी हो, लेकिन दिल दहला देने वाली घटनाएं निरन्तर घटती रहती हैं। सन् 1980 में हिसार और यमुनानगर में दो महिलाओं की जघन्य हत्या को भुलाया नहीं जा सकता। हिसार में, सुशीला नामक स्कूल अध्यापिका ने एक छुटभैये नेता और कथित वी.आई.पी. के बेटे को परीक्षा में नकल करने से रोका, तो उसका अपहरण करके दो महीने

तक सामूहिक बलात्कार किया और अन्ततः उसकी हत्या कर दी। हिसार के लोगों को पता था कि ये किनके लड़के हैं और इनके नाम समाचार पत्रों में भी प्रकाशित हुए। लेकिन बुर्जुआ 'संसार की रीत' है कि अपराधी साफ बचकर निकल जाते हैं। हरियाणा में इस तरह की घटनाएं जितनी तेजी से अब घट रही हैं, इससे पहले हरियाणा में और शायद देश में पहले नहीं थी।

यमुनानगर में घटित रेणुका हत्याकाण्ड भी कम जघन्य नहीं थी। रेणुका नामक लड़की के घर के निकट एक दुकानदार के पास कथित वी.आई.पी. का बेटा अक्सर आता था। एक दिन वह स्कूल से वापस घर लौट रही थी, अपने कथित रिश्तेदार के कहने पर दुकानदार ने झूठ बोलकर कि उसके मां-बाप उसके घर की चाबी उसके पास छोड़ गए हैं, उसे बुला लिया। ज्यों ही लड़की ने अन्दर प्रवेश किया, तो उसे दबोच लिया, सामूहिक बलात्कार के बाद उसकी हत्या कर दी और उसके शव को बोरी में डालकर रेलवे लाईन पर फेंक दिया। यमुनानगर में अपराधियों को लोग जानते थे, लेकिन वे सजा से बच गए।

आज कल इस तरह के मामले आम हो गए हैं, और लोगों ने इनको सामान्य घटनाएं मान लिया है। वे अखबार में ऐसे बहुत से मामले पढ़ते हैं और अखबार पढ़कर एक तरफ रख देते हैं, इनका पाठकों पर कोई असर ही नहीं होता। पुलिस आम लोगों की सुरक्षा करने की बजाए विशेषाधिकार प्राप्त लोगों की सेवा में हाजिर रहती है। पुलिस और अदालत की फजीहत से घबराकर लोग गवाह के रूप में भी आगे नहीं आते। आम आदमी को न्याय नहीं मिलता और वह इन 'झमेलों' में न पड़कर अपनी रोजी-रोटी कमाने में मस्त रहना बेहतर समझता है।

हर मुख्यमंत्री विधायकों व सांसदों और उनके रिश्तेदारों को, अपने वित्त पोषकों, समर्थकों को इच्छा या अनिच्छा से, प्रत्यक्ष या परोक्ष रूप से सुरक्षा प्रदान करता है, जो उसकी सरकार चलाने में मदद करते हैं। आम लोगों का ख्याल तो सिर्फ चुनावों के दौरान ही किया जाता है। अपने भाई-भतीजों को बचाने के लिए वी.आई.पी. धन व सत्ता की पूरी शक्ति झोंक देते हैं। लोग उसको आजमाते हैं, जो दूसरों के मुकाबले में अच्छे हों और वे लहर में बह

जाते हैं। जाति के नेता जिसके शासन में वे सम्मान के साथ व आराम से रहने की सोचते हैं, उसके पक्ष में हवा बनाने की कोशिश करते हैं। सत्ता के स्थायी खिलाड़ियों के लिए यह कोई बड़ा सौदा नहीं है। ये छुटभैये नेता बड़े नेताओं की छत्रछाया में अपना कारोबार चलातें हैं। आम जनता के बीच जंगली जानवर की तरह छुट्टे घूमते हैं और किसी भी कमजोर को बेधड़क अपना शिकार बना लेते हैं और कानून के रक्षक मूकदर्शक बने रहते हैं।

चौ. भजनलाल के शासन काल में सिक्ख आतंकवाद की समस्या पैदा हो गई। सन् 1984 में श्रीमती इन्दिरा गांधी की हत्या खालिस्तान समर्थक मानसिकता का प्रकटीकरण था। प्रधानमंत्री होने के नाते श्रीमती इन्दिरा गांधी ने पाकिस्तान समर्थित उग्रवाद को रोकने की कोशिश की, यह त्रासद घटना उसी का परिणाम थी। संत जरनैल सिंह भिंडरावाला की राष्ट्रीय एकता को चुनौती को कोई भी प्रधानमंत्री सहन नहीं कर सकता था। पंजाब की आधी से अधिक जनता समेत समस्त भारत के लोगों को अलग सिक्ख राज्य मंजूर नहीं था, बेशक संयुक्त राष्ट्र संघ ने भी इसे मान्यता प्रदान कर दी होती।

सरदार गुरचरण सिंह टोहरा और सरदार प्रकाश सिंह बादल के नेतृत्व में शिरोमणि अकाली दल समेत सिक्ख संगठन दिल्ली में विरोध प्रकट करने की योजना बना रहे थे। दिल्ली और पंजाब के बीच स्थित होने के कारण हरियाणा की भूमिका महत्वपूर्ण थी। चौ. भजनलाल ने अपनी पार्टी के प्रति वफादारी दिखाने व अपना कर्तव्य पूरा करने के लिए सिक्खों के दिल्ली में प्रवेश को रोकने को गंभीरता से लेते हुए पंजाब और दिल्ली की सीमाओं पर अभूतपूर्व पुलिस तैनात कर दी।

पुलिस ने पंजाब से दिल्ली जाने वाले हर सिक्ख की तलाशी लेनी शुरू कर दी, इसके अलावा पुलिस के पास कोई चारा भी नहीं था। बिना तलाशी लिए उसे कैसे पता चलता कि किसे रोकना है और किसे नहीं। मुझे याद है कि स. प्रकाश सिंह बादल ट्रक डाईवर के वेश में दिल्ली पहुंचे थे, जहां उन्होंनें सार्वजनिक रूप से भारतीय संविधान को जलाया था। आम सिक्ख अपने को अपमानित महसूस कर रहा था और अपने प्रति भेदभावपूर्ण व्यवहार

की भावना उसके मन में घर कर गई, जो बहुसंख्यक समुदाय की अपेक्षा अल्पसंख्यक समुदाय में आसानी से पनप जाती है।

इन सब परिस्थितियों के परिणामस्वरूप चौ. भजनलाल सिक्खों की आंख की किरकिरी बन गए। उनको धमकी भरे पत्र मिलने लगे। कुरूक्षेत्र, पिहोवा, पानीपत और अम्बाला आदि जगहों पर हुए बम धमाकों में मासूम लोग मारे गए। केवल चौ. भजनलाल ही नहीं, कांग्रेस पार्टी भी सिक्खों के कोप का भाजन हुई। सिक्खों में कांग्रेस पार्टी और विशेषकर गांधी परिवार के प्रति इतनी कटुता बढ़ गई कि श्रीमती इन्दिरा गांधी की हत्या के बाद प्रधानमंत्री बने श्री राजीव गांधी के माफी मांगने के बावजूद भी बनी रही, लेकिन सन् 2004 में सरदार मनमोहन सिंह के प्रधानमंत्री बनने के बाद कुछ हद तक कम हुई है।

हरमंदर साहब, अमृतसर में छुपे आंतकवादियों को समाप्त करने के लिए हमला और उसके बाद श्रीमती इन्दिरा गांधी की हत्या के बाद दिल्ली और हरियाणा में हजारों सिक्खों को जलाना उस समय की सबसे अधिक पीड़ादायक घटनांए थीं। 'जब कोई बड़ा पेड़ गिरता है, तो कम्पन जरूर होती है' श्री राजीव गांधी की इस टिप्पणी ने जले पर नमक का काम किया।

हरियाणा की राजनीति पर इन घटनाओं का गहरा प्रभाव पड़ा। सिक्खों ने कांग्रेस से नाता तोड़ लिया। विपक्षी नेता चौ. देवीलाल के लिए यह अनुकूल था। सन् 1968 में जब चौ. देवीलाल को कांग्रेस का टिकट देने से इन्कार कर दिया था तभी से अकाली नेता सरदार प्रकाश सिंह बादल उनके राजनीतिक सहयोगी बने। इन दो परिवारों की राजनीतिक दोस्ती अभी भी कायम है और अगली पीढ़ी इसे राजनीति और व्यापार दोनों में बखूबी निभा रही है।

सन् 1980-90 में देश में राजनीतिक व्यापार शायद समय की मांग है, जिसके पास अथाह दौलत नहीं है वह चुनाव लड़ने और सरकार बनाने की सोच ही नहीं सकता। चौ. देवीलाल और स. प्रकाश सिंह बादल दोनों क्रमश: हरियाणा में लोकदल और पंजाब में शिरोमणि अकाली दल के सर्वेसर्वा रहे हैं, किसी बड़ी राष्ट्रीय पार्टी के अनुशासन में काम करने के वे आदी नहीं हैं। सन् 1979 में चौ. देवीलाल ने अपनी पार्टी को राष्ट्रीय पार्टी जनता दल

में विलय कर दिया था, लेकिन जल्दी ही वे उससे अलग हो गए। उन्होंनें राष्ट्रीय नेता या संगठन की परवाह न करते हुए हरियाणा की ईकाई को स्वतंत्र तौर पर चलाया। जिस वक्त किसी ने उनके मामलों में दखल देने की कोशिश की तो उन्होंनें अपनी स्वतंत्र पार्टी बना ली। चौ. देवीलाल चाहे कांग्रेस, लोकदल या जनता दल जिस भी पार्टी में रहे हों, लेकिन स. प्रकाश सिंह बादल से उनके संबंध कायम रहे।

1984 की घटनाओं के बाद चण्डीगढ़ और हरियाणा व पंजाब के बीच पानी के बंटवारे के मुद्दे ने हरियाणा की समस्याएं बढा दी। यह हरियाणा में लोकदल और पंजाब में अकाली दल दोनों को ही रास आता था। इस बात की पूरी संभावना है कि दोनों ने सलाह करके इसे उठाया हो। लेकिन सन् 1987 के चुनावों के मद्देनजर लोगों को इस मुद्दे पर संगठित करने की योजना इसलिए स्थगित करनी पड़ी कि संसदीय चुनावों की आकस्मिक घोषणा हो गई। कांग्रेस ने सोचा कि श्रीमती इन्दिरा गांधी की हत्या से पनपी सहानुभूति लहर को अपने हक में भुना लिया जाए। चौ. भजनलाल के लिए भी जीत का रास्ता आसान हो गया। किसी भी मुख्यमंत्री से यही अपेक्षा होती है कि वह अधिक से अधिक सीटों पर चुनाव जितवाये। चुनावी लहर उनके पक्ष में होने के कारण ये कोई कठिन कार्य नहीं था। पंजाब से लगते हल्कों में पंजाबी मतदाताओं की संख्या काफी है, इन्हीं की नाराजगी से थोड़ी दिक्कत थी।

कांग्रेस के पक्ष में सहानुभूति की लहर इतनी तीव्र थी कि कांग्रेस हरियाणा की दसों सीटों पर विजयी हुई, जो हरियाणा के इतिहास में कभी नहीं हुआ था। चौ. देवीलाल और डा. सरूपसिंह जैसे दिग्गज तक क्रमश: चौ. धर्मपाल मलिक और संत हरद्वारी लाल से हार गए। किसी मुख्यमंत्री के लिए अपने प्रतिद्वन्द्वियों से पीछा छुड़ाने के लिए चुनाव उपयुक्त मौका होता है। इस समय वह अपने प्रतिद्वन्द्वियों पर 'अच्छाई से मारने' का सिद्धांत लागू कर सकता है। किसी संसदीय हल्के से टिकट देना उन पर उपकार करना है और इस उपकार से अपने प्रतिद्वन्द्वियों से पीछा छुड़ाना उनको मारना है। यह रणनीति मुख्यमंत्री के दोनों हाथों में लड्डू थमा देती है। यदि तो

प्रतिद्वन्द्वी चुनाव जीत जाता है तो वह अपने सही चुनाव पर अपनी पीठ थपथपाते हुए अपने प्रतिद्वन्द्वी को राज्य की राजनीति से दूर करने में कामयाब हो जाता है और यदि वह चुनाव हार जाता है तो राज्य की राजनीति में उसके सितारे मन्द पड़ जाते हैं। सन् 1984 में चौ. बिरेन्द्र सिंह और चौ. शमशेर सिंह सुरजे़वाला को केन्द्र में भेजकर चौ. भजनलाल ने उनके साथ यह खेल खेला।

सभी बुर्जुआ पार्टियों में एक जैसी चालें चली जाती हैं। सन् 1982 में चौ. देवीलाल ने डा. सरूपसिंह के साथ यही किया था, विधानसभा में जीतकर आने से वे उनके नेतृत्व को चुनौती दे सकते थे, इसलिए उनको हराने के लिए जी तोड़ कोशिश की और वे उनको चौ. हरद्वारी लाल से हराने में कामयाब हुए। सोनीपत लोकसभा से चौ. देवीलाल भी अदने से नेता चौ. धर्मपाल मलिक के मुकाबले में चुनाव हार गए। इस करारी हार के कारण सन् 1987 के विधानसभा चुनावों में अपनी पार्टी को जिताने के लिए चौ. देवीलाल के लिए कोई लोकप्रिय मुद्दे उठाना जरूरी हो गया।

चौ. बिरेन्द्र सिंह को राज्य की राजनीति से बाहर भेजना अप्रत्यक्ष रूप से उनके लिए वरदान साबित हुआ। यद्यपि वे श्री राजीव गांधी के मंत्रीमंडल में तो शामिल नहीं हो पाए, लेकिन वे उनके इतने निकट आ गए थे कि उन्होंने सन् 1987 में विधानसभा के चुनावों में राज्य का नेतृत्व उनको सौंपने का पक्का मन बना लिया था। सन् 1987 में जो हुआ उस पर हम आगे विचार करेंगे। यह जरूरी नहीं कि किसी की इच्छाएं और अपेक्षाएं जीवन में अवश्य ही पूरी हों। आम तौर पर इसके विपरीत ही होता है। शेक्शपीयर ने सही ही लिखा है कि 'हमारी इच्छाएं और भाग्य एक दूसरे के विपरीत चलते हैं और हमारी सारी मेहनत पर पानी फिर जाता है।' किसी ने ठीक ही कहा है 'मुद्दई लाख बुरा चाहे भी तो क्या होता है, वही होता है जो मंजूरे खुदा होता है।'

सन् 1984 में लोकदल को लगे करारे झटके के बाद हरियाणा की राजनीति गर्मा गई। यह स्वाभाविक है कि हारे हुए नेता तूफान खड़ा करके ऊपर उठना चाहते हैं, छोटे-छोटे प्रयास करके वे इतनी ऊंचाई पर नहीं जा

सकते । चौ. देवीलाल के मित्र व पंजाब के दिग्गज नेता सरदार प्रकाश सिंह बादल भी चुनाव हार गए। इसलिए सत्ता प्राप्ति के साझे मकसद को पूरा करने के लिए दोनों ने माहौल बनाया। अनुमान लगाना मुश्किल नहीं है कि इन दोनों के इकट्ठे होने पर विरोधी को कितनी विकट चुनौती का सामना करना पड़ता है। चौ. भजनलाल दोनों ओर से पिस रहे थे। पंजाब की ओर स. प्रकाश सिंह बादल ने अलग पंजाबी सूबे की मांग के लिए आन्दोलन छेड़ दिया था।

हरियाणा में चौ. देवीलाल ने चण्डीगढ और अबोहर-फाजिल्का का मुद्दा छेड़ दिया था। यद्यपि दोनों परस्पर विरोधी कार्यों के लिए लड़ रहे थे, लेकिन दोनों में अंदर-खाते सहमति और तालमेल था। इस आन्दोलन को कुचलने की कोई सरकार हिम्मत नहीं जुटा सकती थी। विवादित क्षेत्र को प्राप्त करने के लिए पंजाब के लोगों को दिल्ली में केन्द्र सरकार के विरूद्ध प्रदर्शन करने के लिए हरियाणा से होकर गुजरना था और चौ. भजनलाल के सामने उनको वहां जाने से रोकने की चुनौती थी।

हरियाणा में लोकदल ने हरियाणा के लोगों के लिए 'देशभक्ति' का काम किया। लम्बे आन्दोलन की योजना बनाने के लिए पार्टी कार्यकर्ताओं की बैठक बुलाई गई। पार्टी का मुख्य सचेतक और राज्य महासचिव होने के नाते मैने भी इस बैठक में भाग लिया। शाह आयोग द्वारा पंजाब विभाजन के दौरान चण्डीगढ शहर को हरियाणा में शामिल करने के प्रावधान के बावजूद भी यह हरियाणा को नहीं दिया गया, इसके विरूद्ध हरियाणा के लोगों को न्याय दिलाने के लिए न्याय युद्ध के बैनर तले आन्दोलन चलाने की योजना बनाई गयी। इसके बाद इन्दिरा गांधी के समय में अन्य आयोग ने चण्डीगढ के बदले में अबोहर-फाजिल्का का क्षेत्र हरियाणा को देने की बात कही। पंजाब के लोगों के विरोध के कारण इस आयोग की संस्तुतियों को भी लागू नहीं किया। यद्यपि प्रो. शेरसिंह और चौ. देवीलाल ने हर मौके पर पंजाब की ओर से उठे दबाव को कम करने की कोशिश की, लेकिन उनके घोषित या अघोषित सहयोगी अकालियों की तरह की भयावह स्थिति वे कभी पैदा नहीं कर सके।

चाहे सही हो गलत, अच्छा हो या बुरा, लेकिन केन्द्र सरकार पंजाब से हमेशा डरती रही है और हरियाणा को हमेशा हल्के तौर पर लिया गया। हरियाणवी और पंजाबियों की छवि परस्पर विपरीत प्रस्तुत की जाती है, जहां पंजाबियों को उग्र समझा जाता है, वहीं हरियाणवियों को अपनी धार्मिक या क्षेत्रीय पहचान के प्रति अचेत व विनम्र समझा जाता है। हरियाणवी स्वभावत: अपनी स्थानीय स्थितियों में कानून का पालन करते हुए रहने वाले हैं। यद्यपि अब बेरोजगारी व भूमंडलीकरण के दबाव ने उनको हिंसक और विदेश जाने का इच्छुक बना दिया है। ये परम्परागत हरियाणवी के स्वभाव के विरूद्ध है। हरियाणवी चरित्र के दो उदाहरण मेरे सामने आ रहे हैं।

एक, प्रो. शेर सिंह ने पंजाबी भाषा की अनिवार्यता के खिलाफ आन्दोलन शुरू किया, उन्होंने न केवल प्रताप सिंह कैरों के मंत्रीमंडल से इस्तीफा दे दिया, बल्कि कांग्रेस पार्टी भी त्याग दी। उनके आन्दोलन से प्रेरित होकर लगभग तीस हजार लोगों को कई महीने जेल में रहना पड़ा। जब जेल से रिहा हुए तो एक हरियाणवी ने टिप्पणी की कि ' मैं आपके किसी आन्दोलन में जेल में नहीं जाने वाला, चाहे तेरी हिन्दगी भी सहायता के लिए चिल्ला चिल्लाकर क्यों न मर जाए।' यह टिप्पणी इस बात की ओर संकेत करती है कि वे आन्दोलनों के कष्टपूर्ण जीवन को स्वीकार नहीं करते थे। इसे हरियाणा के लोगों का प्रतिनिधि माना जा सकता है कि वे शहादत का कष्टपूर्ण रास्ता अख्तियार करने की बजाए आरामदायक जीवन जीना अधिक पसन्द करते हैं।

दूसरा, मेरे विधायक रहने के समय का है। सरकारी कर्मचारियों विशेषकर अध्यापकों के तबादले हरियाणा के विधायक का 'महत्वपूर्ण काम' है। अपने गांव में या उसके निकट अपना तबादला करवाने के लिए स्कूल अध्यापक हर साल कोशिश करते हैं। मुझे एक विशिष्ट अनुभव हुआ। विपक्ष का विधायक होने के कारण जब मैं किसी अध्यापक का तबादला नहीं करवा पाया, तो वह मुझे निलम्बित करवाने के लिए कहने लगा। मैने जिज्ञासावश कारण जानना चाहा, तो सुनकर हैरानी हुई। उसने कहा कि उसका निलम्बन तो देर-सबेर दूर हो ही जाएगा और उसे पूरा वेतन मिल जाएगा, लेकिन

अपने निलम्बन के कारण गांव में रहकर वह अपने मछली-पालन का व्यापार कर सकता है।

इसके विपरीत पंजाब के लोग अपनी रोजी-रोटी के लिए दुनिया के किसी भी कोने में जा सकते हैं। कोई आश्चर्य नहीं है कि वे दुनिया के हर कोने में मौजूद हैं। जिन देशों के समाज ने बाहर जाने के साहसी कदम उठाए हैं, उनका विकास उनसे अधिक हुआ है, जो समाज अपने ही खोल में घुसा रहता है।

पंजाबी अपने जीवन की समृद्धि के लिए व्यापार करने या ड्राईवरी के लिए बाहर निकलता है और हरियाणवी अपने ही खोल में घुसा रहता है। यदि पंजाब के अध्यापक को अपनी नौकरी के साथ व्यापार करना होता तो वह अपने निलम्बन की बजाए कोई दूसरा बेहतर रास्ता तलाश करता। केन्द्रीय शिक्षा मंत्रालय ने सन् 1980 में अपनी रिपोर्ट में स्वीकार किया कि पंजाब में अध्यापक थोड़ी सी मजदूरी देकर अपनी जगह बेरोजगारों को स्कूल में पढ़ाने के लिए भेज देते हैं और खुद व्यापार करते हैं। दो संस्कृतियों में अन्तर के लिए दो उदाहरण काफी हैं। पंजाब और हरियाणा के सांस्कृतिक भेद के बारे में समाजशास्त्री और इतिहासकार अपनी-अपनी व्याख्याएं प्रस्तुत करते हैं।

चौ. देवीलाल के नेतृत्व में लोकदल ने न्याय-युद्ध आन्दोलन को सफल बनाने के लिए रास्ता रोको अभियान और रैलियों के माध्यम से संघर्ष शुरू किया। इसके समापन के लिए विभिन्न स्थानों से जत्थों को दिल्ली पहुंचना था। शहरी दुकानदारों के लिए ये रैलियां आंतक पैदा करने लगी। रोहतक की एक रैली में भीड़ काबू से बाहर हो गई और दुकानों की लूटपाट और विरोध करने वालों से हाथापाई शुरू कर दी। कानून और व्यवस्था बहाल करने के लिए पुलिस ने बागडोर संभाली। संयोग से किसी की जान नहीं गई। इसके बाद की घटना रोचक है। एक नेता (नाम नहीं बताऊंगा) ने पूछा कि 'पुलिस कार्रवाई में कितने मरे?' जब उसे कहा कि 'कोई नहीं' तो उसका चेहरा उतर गया। 'एक भी नहीं मरा' कहकर कहा 'इससे हमारे कुर्सी पाने के आन्दोलन में जान आ जाती।'

लोकदल के उग्र न्याय युद्ध से लोगों को विश्वास हो गया था कि अगली सरकार लोकदल की बनेगी। कांग्रेस हाईकमान भी सत्ता प्राप्त करने के लिए व्याकुल थी। चौ. भजनलाल अपना बहादुरी का चेहरा दिखा रहे थे, लेकिन वे अन्दर से कांप रहे थे। उन्होंनें हाई कमान को भरोसा दिलाने की पूरी कोशिश की कि किसी भी तरह की चुनौती से घबराने की जरूरत नहीं है, लेकिन घबराहट सिर चढ कर बोल रही थी। इसका क्या परिणाम निकला, इस पर अगले अध्याय में विचार करेंगें।

8

चौ. बंसीलाल : रात के पहरेदार

(1986 - 1987)

चौ. भजनलाल की सरकार एक तरफ चौ. देवीलाल के आक्रामक तेवर से तो दूसरी तरफ सरदार प्रकाश सिंह बादल के उग्ररूप धारण करने से भयाक्रांत में थी। अपने अधिक से अधिक लोगों को हरियाणा से गुजारने पर ही पंजाब के नेताओं का दिल्ली में प्रदर्शन सफल हो सकता था। चौ. देवीलाल के अनुयायी समय से पहले चुनाव करवाने के लिए अत्यधिक आक्रामक हो रहे थे। जीन्द में न्याय-युद्ध संघर्ष की अन्तिम रैली की, यह रैली दिल्ली से भी बड़ी थी। दिल्ली शहर से बहुत छोटा कस्बा जीन्द रैली में आए लोगों तथा उनके वाहनों से अंट गया था। कांग्रेस हाई कमान ने इसे अपने लिए खतरे की घंटी समझा। इससे घबराकर पार्टी ने पहरेदार बदल दिया। चौ. भजनलाल के स्थान पर चौ.बंसीलाल को बैठाया गया। एक तरह से उनके स्थान बदल दिए गए : एक केन्द्रीय मंत्री पद को छोड़कर मुख्यमंत्री बना तो दूसरे ने मुख्यमंत्री का पद छोड़कर केन्द्रीय मंत्री का पद ग्रहण किया। चौ. बंसीलाल की भूमिका क्रीकेट में उस पहरेदार की तरह थी, जिसे दिन का खेल खत्म होने तक डटे रहना है। उनसे आम पहरेदार से अधिक भूमिका की अपेक्षा की जा रही थी। चौ. बंसीलाल को भी सन् 1987 का चुनाव जीतकर पांच साल की लम्बी पारी खेलने की उम्मीद थी।

सन् 1987 में होने जा रहे विधानसभा के चुनावों से केवल एक साल पहले सन् 1986 में पहरेदार के बदलाव ने कांग्रेस पार्टी की गैर-विचारधारात्मक और जाति आधारित राजनीति को उजागर किया। चौ. बंसीलाल को कमान देकर कांग्रेस पार्टी ने सोचा कि वे जाट समुदाय से चौ. देवीलाल का प्रभाव कम करने में कामयाब होंगे। अपने काम करने के ढंग से भी वे लोकदल के कार्यकर्ताओं की बढ़ती उग्रता को कम कर सकेंगे। चौ. बंसीलाल के

पक्ष में उनकी 'कर्मठता' की छवि भी एक कारक थी, माना जाता था कि वे राज्य में विकास कार्य करके दिखा सकते थे। लेकिन यदि जनता एक बार सरकार पलटने का मन बना ले तो फिर जाति-समीकरण या व्यक्तित्व कुछ करिश्मा नहीं कर पाते। लोक-भावना को समझने वाला हरेक व्यक्ति अनुमान लगा सकता था कि हरियाणा के लोगों ने सरकार बदलने का मन बना लिया था, उनके निर्णय को कोई नहीं पलट सकता था।

बहुसंख्यक जाति के व्यक्ति को मुख्यमंत्री का उच्च पद देना, कांग्रेस पार्टी का अति व्यावहारिक राजनीतिक-दर्शन है। बहुसंख्यक जाति होने के कारण शासन करने का स्वाभाविक अधिकार माना जाता है। जिस राज्य में इस पार्टी को सरकार बनाने को मौका मिला वहां इसी राजनीतिक दर्शन को व्यवहार में प्रयोग कर रही है, जम्मू-काश्मीर में मुस्लिम समुदाय; पंजाब में सिक्ख, अधिकांशतः जाट सिक्ख; हिमाचल में राजपूत; हरियाणा में जाट। जबकि इस राजनीतिक-दर्शन के विनाशकारी परिणाम निकले हैं। जम्मू-काश्मीर और पंजाब में आतंकवाद की जड़ें इस राजनीतिक दर्शन में खोजी जा सकती हैं।

लेकिन सत्ता की दौड़ में शामिल कांग्रेस या अन्य दूसरी पार्टियों के पास इस विचार को ग्रहण करने के अलावा कोई चारा नहीं हैं। जाति या समुदाय के आधार पर अल्पसंख्यक लोगों पर वर्चस्व स्थापित करना आसान है।

जाट-सिक्ख और जाटों ने पंजाब और हरियाणा के अलग राज्य की मांग की और इसके लिए संघर्ष किया। पंजाब में हिन्दुओं द्वारा इसका डटकर विरोध करना उचित ही था, वे जानते थे कि इसमें उनके लिए कुछ नहीं है। हरियाणा में गैर-जाट जातियों और समुदायों ने इसका विरोध नहीं किया, लेकिन वे इसके प्रति आशावान नहीं थे और इसके लिए जैसा भी आन्दोलन था, उसके प्रति उदासीन ही रहे। पंजाब क्षेत्र की ओर से अकालियों ने और हरियाणा क्षेत्र में चौ. देवीलाल और प्रो. शेरसिंह के नेतृत्व में जाटों ने संघर्ष किया, इनके प्रयासों के पीछे की प्रेरणाओं को जानने के लिए गहरे विश्लेषण की जरूरत नहीं है।

भारतीय राजनीति की कड़वी सच्चाई यह है कि वामपंथी पार्टियों को छोड़कर सभी राजनीतिक पार्टियां जातिवाद और साम्प्रदायिकता में धंसी हुए हैं। अन्य बुर्जुआ पार्टियों के मुकाबले कांग्रेस ज्यादा आधुनिक और धर्मनिरपेक्ष है। जाति और सांप्रदायिक विचारधारा पर आधारित पार्टियों की अपेक्षा कांग्रेस को अपनी विचारधारा से लोकसभा में अधिक लाभ होता है, लेकिन विधानसभा में ऐसा नहीं है। भाषायी आधार पर राज्यों का विभाजन, जो जाति और समुदायों से भी जुड़ा है, ने राष्ट्रीय और धर्मनिरपेक्ष पार्टियों को कई राज्यों में राजनीतिक नुकसान पहुंचाया है।इसी कारण कांग्रेस को कई राज्यों में क्षेत्रीय या साम्प्रदायिक दलों से हार का सामना करना पड़ा है। राजे-रजवाड़ों के समय से ही भारतीय समाज में जाति या समुदाय आधारित नेताओं का दबदबा रहा है। जाति और समुदाय की पहचान के प्रतीक के रूप में राजाओं की मूर्तियों को स्थापित करने की प्रवृति इसी ओर संकेत करती है। हरियाणा की राजनीति में जाति का ही बोलबाला है और विचारधारा से अछूती है।

चुनाव निकट आने पर अपना खोया हुआ आधार प्राप्त करने के लिए चौ. बंसीलाल ने अपनी पूरी ताकत लगाई। जब चौ. बंसीलाल हरियाणा के मुख्यमंत्री की कुर्सी पर बैठे, मैं उस समय पक्के खालों के लिए अनुचित धन उगाहने के खिलाफ किसानों के आन्दोलन का नेतृत्व कर रहा था। चूंकि मेरे हल्के रोहट (सोनीपत) से सबसे पहले किसानों की गिरफ्तारी हुई इसलिए मैने इस आन्दोलन का नेतृत्व किया। सरकार का तर्क था कि खालों को पक्के करने का कार्य विश्व बैंक के ऋण से हुआ है अतः इसे प्रयोग करने वाले किसानों को पैसा भरना चाहिए। हमारा कहना था कि उद्योगों के विकास के लिए सरकार ने काफी धन खर्च किया है। व्यापारियों के प्रति जिस तरह का उदार रवैया अपनाया गया है किसानों के प्रति भी वैसा रवैया क्यों नहीं अपनाया जा सकता। किसानों का विश्वास जीतने के लिए चौ. बंसीलाल ने इस मांग को मान लिया और सरकार के प्रति किसानों का रुख नरम करने में कामयाब हुए। सन् 1986 में चौ. बंसीलाल के लिए एक अच्छी बात यह हुई कि बिहार, उत्तर प्रदेश के साथ हरियाणा में लोकदल में विभाजन हो गया। श्री रामबिलास पासवान, डा. सरूप सिंह, ठाकुर रामेश्वर सिंह, चौ. राजेन्द्र सिंह और मुझे 'पार्टी विरोधी' गतिविधियों के कारण लोकदल से निकाल दिया था।

लोकदल के विभाजन के कारणों पर कुछ सवाल उठे : पहला, क्या यह हरियाणा में चौ. देवीलाल की, बिहार में कर्पूरी ठाकुर की और उत्तर प्रदेश में मुलायम सिंह की मनमानीपूर्ण कार्यप्रणाली के खिलाफ चुनौती थी, दूसरा, क्या यह तत्कालीन पार्टी अध्यक्ष चन्द्रशेखर जैसे लोगों की योजना थी, तीसरा, क्या यह चौ. बंसीलाल की मित्रमंडली का कुचक्र था, या फिर विरोधी पार्टी के कुछ असंतुष्ट लोगों को तोड़ने का सत्तासीन कांग्रेस पार्टी का स्वाभाविक कदम था।

ये सारे सवाल एक दूसरे से जुंड़े हुए हैं, इन कारकों को गहराई और विस्तार से देखने पर किसी को भी झुठलाया नहीं किया जा सकता। राज्य लोकदल के मुखिया चौ. देवीलाल को बहकाने वाले भी थे, चौ. बंसीलाल के मित्र थे, ऐसे भी थे जो चौ. देवीलाल के शत्रु और चौ. बंसीलाल के मित्र भी थे, ऐसी पार्टी भी थी, जो विरोधी गुट में फूट का स्वागत करती थी और वो भी थे जो दलबदलुओं का स्वागत करने को तैयार थे। विद्रोही गुट के हम सब को लोकदल के जहाज के टूटने का सही कारण मालूम नहीं था। हममें से कुछ ने बाद में महसूस किया कि राजनीति के इस खेल में कुछ चालाक नेताओं ने हमें इस्तेमाल किया है।

इन सभी कारकों ने लोकदल के टूटने में कम या ज्यादा भूमिका अदा की। व्यक्ति या व्यापारियों से ली जाने वाली आर्थिक मदद ने भी लोकदल को तोड़ने में भूमिका अदा की। चुनाव से केवल एक वर्ष पहले पार्टी के दिग्गज नेताओं का अलग हो जाना काफी महत्वपूर्ण था। शुरू में यह लोकदल के लिए एक बड़ा झटका लग रहा था, लेकिन बाद में इसका कम ही प्रभाव पड़ा और चुनावी नतीजों पर इसका कोई विशेष प्रभाव नहीं पड़ा।

चौ. देवीलाल और उनके समर्थकों ने कड़ी मेहनत से जो जबरदस्त तूफान ला दिया था, चौ. बंसीलाल के हथियार उसके सामने नकारा ही साबित हुए। जाटों और अधिकांश ग्रामीणों के मन में चौ. भजनलाल के प्रति रोष ने आग में घी का काम किया, क्योंकि उन्होंने चौ. देवीलाल के नीचे से दो बार सत्ता की कुर्सी खिसका ली थी। अभी यह घाव भरा नहीं था, लेकिन इससे भी अधिक चौ. देवीलाल की लुभावनी घोषणाओं ने निर्णायक

भूमिका निभाई। किसानों के कर्जे माफ करने का जो वादा उन्होंनें किया उससे खेतीहर ग्रामीण समुदाय भी उनके निकट आए जो आमतौर पर जाटों से दूर रहते थे।

दूसरा आकर्षक नारा उन्होंने साठ वर्ष से ऊपर के सभी लोगों को बुढ़ापा पेंशन का दिया। इन नारों ने कमाल कर दिया। सन् 1987 के चुनाव परिणाम में लोकदल-भाजपा गठबन्धन को राज्य की 90 सीटों में से 85 पर अभूतपूर्व जीत प्राप्त हुई।

ऐसे विस्मयकारी बहुमत के क्या कारण थे। चौ. भजनलाल के प्रति जाटों का गुस्सा और चौ. देवीलाल के प्रति सहानुभूति। चौ. भजनलाल के प्रति गुस्सा इसलिए कि वे चौ. देवीलाल के मुख्यमंत्री बनने में दो बार बाधक बन चुके थे और चौ. देवीलाल से सहानुभूति इसलिए कि वे कई बार राजनीतिक बाजी हार चुके थे। कोई विश्वास करे या न करे, हरियाणा का व्यक्ति विशेषकर जाट का गुस्सा और दया दोनों ही सशक्त होते हैं। गुस्से में वे क्रूर से क्रूर व्यवहार कर सकते हैं, समाचार पत्रों में पत्नी का गला रेतने या पिता को गोली मार देने की घटनाएं छपती ही रहती हैं।

जहां तक दया की बात है, मुझे एक घटना याद आ रही है। चौ. धर्मपाल मलिक गोहाना हल्के से सन् 1996 से 2004 के बीच कई बार चुनाव हारे, उनकी हार का कारण सन् 1984 से 1996 तक सत्ता में रहते हुए लोगों की अपेक्षाओं पर खरा न उतरना था। सन् 2005 का चुनाव की घोषणा होने पर यहां के लोगों ने उन्हें जिताने का मन बना लिया था। इसका कारण दया ही था कि उन्हें हार के रूप में काफी सजा मिल चुकी है। एक अन्य मामले में सहानुभूति के कारण हत्या के आरोप में जेल में पड़े व्यक्ति को विधानसभा का सदस्य बना दिया। हरियाणवी समाज में आधुनिक समाज की नैतिकता नहीं पनपी, लेकिन उसमें आदिम समाज की भावना मजबूती से विद्यमान है।

कहा जा सकता है कि चौ. देवीलाल ने जनता से जो वायदे किए, उनके कारण ही उन्हें जीत हासिल हुई। गुस्सा, दया और लालच तीनों ने अपना काम किया। हरियाणा-पंजाब के बीच क्षेत्र व पानी विवाद ने इसमें कम ही भूमिका निभाई। इससे स्पष्ट है कि हम सामूहिक की बजाए व्यक्तिगत और तात्कालिक सवालों में अधिक रूचि रखते हैं।

पंजाब और हरियाणा में सत्ता की दौड़ में शामिल पार्टियों में किसी ने भी चण्डीगढ या पानी के मुद्दे के प्रति प्रतिबद्धता नहीं दिखाई। यद्यपि इन मुद्दों से इनकी प्रतिष्ठा जुड़ी है, लेकिन राज्य अलग होने के बाद किसी ने भी गम्भीरता नहीं दिखाई। राजनीतिक पार्टियों के लिए बड़े मुद्दे केवल चुनावों में उठाने के लिए होते हैं, लेकिन चुनावों के बाद उन मुद्दों को भुला दिया जाता है।

अकाली दल और लोकदल ही नहीं, बल्कि कांग्रेस व अन्य पार्टियां भी मौके की जरूरत के अनुसार नारों का इस्तेमाल करती हैं। शायद दोनों ओर की जनता उतनी मूर्ख नहीं है, जितने नेता लोग उसे समझते हैं। उनके पैमाने भी इन मुद्दों के अलावा हैं। सन् 1966 में अलग राज्य होने के बाद चुनाव के मुद्दे चण्डीगढ और पानी के अलावा दूसरे ही रहे हैं।

राजनीति के इस आयाम का क्लासिक उदाहरण राम-जन्म भूमि विवाद है। भाजपा पिछले बीस वर्षों से इस मुद्दे को उतरप्रदेश और देश के अन्य भागों में चुनावी मुद्दा बना रही है। पार्टी ने सन् 1970 में इसे मुद्दा बनाया था। मुझे याद है कि सन् 1978 में आर एस एस में गहरी पैठ रखने वाले मेरे मित्र ने बताया था कि उनके समर्थक राम-मंदिर निर्माण के लिए प्रत्येक गांव और शहर से ईंटें लायेंगे। उनकी योजना सुनकर मैने कहा था कि इस तरह तो यह कई दशकों में तैयार हो पाएगा, तो उसने तपाक से कहा था हमें मन्दिर बनाने की कोई जल्दी नहीं है, राम-मन्दिर निर्माण हमारा मकसद नहीं, बल्कि अपनी पार्टी का निर्माण हमारा मकसद है। भाजपा ही क्यों सभी बुर्जुआ राजनीतिक दल लुभावने नारे देते हैं। लगता है कि भाजपा ने भी देख लिया है कि एक ही मुद्दा बार बार काम नहीं आता।

भारत की राजनीतिक पार्टियां अमेरीकी रास्ता अपना रही हैं और अपने प्रचार के लिए विज्ञापन एजेंसियों का सहारा ले रही हैं, वे प्रचार पर अकूत धन खर्च करती हैं। मीडिया प्रधान युग में सब कुछ विज्ञापन के माध्यम से बेचा जा रहा है। 'आंख से ओझल, दिमाग से ओझल' के सूत्र को अपनाकर आक्रामक प्रचार किया जा रहा है। जिस तरह बड़ी कम्पनियां छोटी कम्पनियों

को व्यापार से बाहर कर रही हैं, उसी तरह राजनीति में धनी परिवार महत्वाकांक्षी कमजोर लोगों को चुनावी दंगल से बाहर कर रहे हैं।

इसमें कोई आश्चर्य नहीं है कि व्यक्तियों और पार्टियों का एकमात्र उद्देश्य अपने राजनीतिक कारोबार को जैसे-तैसे बढ़ाना रह गया है। हमारे आज के विधायकों और पुराने लोगों में तुलना करने पर बहुत अन्तर पायेंगे। आज व्यापार के युग में चौ. छोटूराम, चौ. टीकाराम, चौ. लहरी सिंह, प्रो. शेर सिंह, पं. श्रीराम शर्मा जैसे नेता ढूंढे से भी नहीं मिलेंगे। इन लोगों ने अपना पूरा जीवन राजनीति में लगाया, लेकिन इनके पास कुछ सम्पति नहीं थी। जब वे मंत्रीमंडल में नहीं होते थे तो उनको रिक्शा में जाते हुए देखा जा सकता था, कुछ के पास तो बड़े शहरों में जहां वे रहते थे, अपना मकान भी नहीं था।

सन् 1987 के चुनाव ने एक सच्चाई को उद्घाटित किया था कि कांग्रेस ही राज्य की एक मजबूत पार्टी थी, जिसे अनुसूचित जातियों और पिछड़े वर्गों का समर्थन हासिल था, जो राज्य की लगभग आधी आबादी है। दूसरी लोकदल और भाजपा जिसने इकट्ठे मिलकर चुनाव लड़ा था। सन् 2005 में भाजपा ने लोकदल के खिलाफ चुनाव लड़ा, उसका तर्क था कि उनका यह सहयोगी केवल सत्ता प्राप्त करने के लिए ही उनका उपयोग करता है और सत्ता प्राप्त करने के बाद उनसे दुर्व्यवहार करता है। इन दोनों के सांस्कृतिक और विचारधारात्मक आधार में कुछ भी साझा नहीं है, बल्कि लोकदल और भाजपा में किसानी और व्यापारी तथा शहरी व ग्रामीण का विरोधाभास ही है। लेकिन सत्ता का सुख भोगने के लिए दोनों समझौता करते हैं। सत्ता के परम सुख के लिए थोड़े-बहुत कष्ट सहन करने में कोई परेशानी नहीं होती। इन दोनों ने सन् 1967 में, सन् 1977 में और सन् 1987 में समझौता किया। उनकी बारी हर दस साल के बाद आई, लेकिन कभी पांच साल की पारी पूरी नहीं की। सन् 1967 में एक वर्ष से कम, सन् 1977 में दो वर्ष और सन् 1987 में चार वर्ष सत्ता में रहे। कांग्रेस ने हमेशा अकेले ही सरकार बनाई और अधिकांशतः पूरी पारी सत्ता में रही।

सन् 1987 में कांग्रेस का कष्टपूर्ण समय शांतिपूर्ण ढंग से बीत गया और अपने प्रतिद्वन्द्वी लोकदल-भाजपा को मैदान सौंप दिया। कांग्रेस पार्टी और उसके नेताओं के पास चुप्पी लगाने के अलावा कोई चारा नहीं था, उनके प्रतिद्वन्द्वी के पास विधानसभा में 85 विधायक थे और जनता उनके साथ थी। उनके अपने कैंप में भी शायद ही कोई गतिविधि रही हो, वे अपमानजनक हार से स्तब्ध थे। चौ. बंसीलाल के पास अपने घरेलू कार्यों में व्यस्त होने के अलावा कुछ नहीं था। कांग्रेस सन् 1987 और सन् 1990 के विधानसभा व लोकसभा के दोनों चुनाव हार गई, दशकों तक बिना किसी भय के शासन करने वाली कांग्रेस पार्टी के लिए यह बड़ा कठिन समय था।

9

चौ. देवीलाल और उनके स्थानापन्न (1987 - 1991)

हरियाणा में एक कहावत है कि चौ. बंसीलाल कुर्सी का शेर है, और चौ. देवीलाल जनता में हाथी। आप इस कहावत को बदल दें तो इन व्यक्तित्वों के दूसरे रूप देखेंगें। चौ. बंसीलाल सत्ता से बाहर रहते हुए छुपकर रहते हैं और देवीलाल जब सत्ता प्राप्त करते हैं तो उनको पता नहीं होता कि उन्हें क्या करना चाहिए। दूसरे शब्दों में कहा जा सकता है कि चौ. देवीलाल जनता के आदमी हैं। लोगों को नेतृत्व प्रदान करने में उनको महारत है और कार्यालय में वे स्वयं को अच्छा महसूस नहीं करते। चौ. बंसीलाल का लोगों से कोई जुड़ाव न होने के कारण वे जनता में नहीं बल्कि प्रशासन में प्रभावी हैं। देवीलाल लोगों को आसानी से संभाल सकते हैं, लेकिन न तो विधान सभा में विधायकों को और न ही सचिवालय में अधिकारियों को। वे 1987 में 85 विधायकों को संतुष्ट करना काफी कठिन कार्य था। इनमें से कुछ को मंत्री बनाया, कुछ को बोर्ड और निकाय का अध्यक्ष, लेकिन वे कितनों को मलाईदार जगहों पर बैठा सकते थे।

1977 से 1987 के बीच चौ. देवीलाल के बड़े बेटे चौ. ओमप्रकाश चौटाला ने सत्ता की भागीदारी के इच्छुक अपने दो छोटे भाइयों को किनारे करके तथा पार्टी में चौ. देवीलाल के साथ शासन में सहायक का दावा करने वालों को एक तरफ करके परिवार तथा पार्टी में अपनी स्थिति मजबूत कर ली थी। चौ. विरेन्द्र सिंह जैसे वरिष्ठ विधायक को भी जल्दी ही यह अहसास हो गया कि पार्टी और सरकार में उनका अस्तित्व सिंहासन के पीछे खड़े इस आदमी की इच्छा पर टिका है, जो अपने ढंग से सरकार चला रहा है। इस दौरान ही नई तरह की राजनीति और नेतृत्व उभर रहा था। चौ. देवीलाल व्यक्तिगत ईमानदारी और सामाजिक सरोकारों के जिन मूल्यों के

प्रति प्रतिबद्ध थे वे मूल्य अब बीते जमाने और दूसरी दुनिया की बात हो गए थे। कोई भी साधन प्रयोग करके चुनाव जीतना और सत्ता हथियाना ही अब महत्त्वपूर्ण हो गया।

चौ. देवीलाल ने अपने शासन के दो वर्ष जनता से किए वादे पूरे करते हुए लोकप्रिय ढंग से पूरे किए। बुढ़ापा-पेंशन और किसानों के कर्जे माफ करने जैसे सामाजिक और राजनीतिक महत्त्व के काम किए। चौ. देवीलाल को समाज के बहुत बड़े हिस्से का समर्थन मिला। जनता की नजरों में उनका कद और भी ऊंचा हो गया। सन् 1989 का संसदीय चुनाव निकट आया और बोफोर्स काण्ड के कारण गैर-कांग्रेसी पार्टियां बदले माहौल को देख रही थी। कांग्रेस को कड़ी टक्कर देने के लिए उन्होंने गठबन्धन करने शुरू कर दिए थे। जनता पार्टी और लोकदल ने समाहित होने का निर्णय किया। बंगलौर में दोनों पार्टियों के अग्रणी नेताओं की बैठक हुई, मैं रामबिलास पासवान जैसे दोस्तों के साथ इसमें शामिल हुआ। जनता दल नामक नई पार्टी का गठन हुआ और श्री चन्द्रशेखर को इसका अध्यक्ष बनाया गया। इतिहास अपने को दोहराता लग रहा था। सन् 1977 में भी नव गठित पार्टी का अध्यक्ष श्री चन्द्रशेखर को बनाया गया था। सन् 1977 का उदाहरण हमारे सामने था, हम सब को उम्मीद थी कि कांग्रेस पार्टी की हार होगी और गैर-कांग्रेसी पार्टियों को शासन करने का मौका मिलेगा।

जैसी अपेक्षा थी वैसा ही हुआ, जनता दल ने कई अन्य पार्टियों के साथ मिलकर केन्द्र में संरकार बनाई। श्री विश्वनाथ प्रताप सिंह प्रधानमंत्री और चौ. देवीलाल उप-प्रधानमंत्री बने। सांसदों की बैठक में चौ. देवीलाल को सरकार का नेतृत्व करने को कहा गया, लेकिन उन्होंनें प्रधानमंत्री पद के लिए विश्वनाथ प्रताप सिंह का नाम सुझाया। चौ. देवीलाल द्वारा राष्ट्रीय स्तर पर जिम्मेदारी ग्रहण करने के कारण हरियाणा में राजनीतिक स्थिति प्रभावित हुई। वास्तव में, सन् 1989 से 1991 के बीच दो वर्षों के थोड़े अन्तराल में ही चौ. ओमप्रकाश चौटाला ने तीन बार मुख्यमंत्री पद के लिए शपथ ग्रहण की और हर बार कुछ दिनों, सप्ताहों और महीनों के बाद यह पद छोड़ना पड़ा। यह पुरानी पीढ़ी की जगह नई पीढ़ी के नेतृत्व प्राप्त करने की

अधीरता को दर्शाता है। लेकिन चौ. ओमप्रकाश चौटाला द्वारा मा. हुक्म सिंह जैसे (नानएंटिटी) और बनारसी दास जैसे पिटे हुए घोड़े के लिए जगह बनाने का अर्थ है कि अभी पार्टी में उसके विरुद्ध कोई निर्विवाद नेता नहीं उभरा था। सन् 1989 के आत्मसात से लोकदल में ऐसे बहुत से लोग आए जो चौ. ओमप्रकाश चौटाला के नेतृत्व के खिलाफ थे। सरकार अपना कार्यकाल पूरा करने से एक साल पहले ही गिर गई। चार वर्ष के कार्यकाल में छः-सात बार मुख्यमंत्री के पद के लिए शपथ लेना लोकदल की शासन चलाने की कार्यकुशलता को ही दर्शाता है।

कांग्रेस की बुजुर्ग पीढ़ी पार्टी का नेतृत्व करने के लिए बेचैन थी, परन्तु कुछ निश्चित नहीं था। चौ. ओमप्रकाश चौटाला की तरह ही चौ. बिरेन्द्र सिंह भी अधीर थे। सन् 1984 में सांसद बनने से उनको श्री राजीव गांधी के करीब जाने का अवसर मिला। चौ. भजनलाल ने बड़ी चालाकी से उन्हें राज्य से बाहर भेजने का सोचा था, लेकिन अप्रत्यक्ष रूप से उनके लिए यह वरदान ही साबित हुआ। श्री राजीव गांधी ने सन् 1991 के विधानसभा चुनावों से काफी पहले कांग्रेस के सत्ता में आने पर चौ. बिरेन्द्र सिंह को हरियाणा का मुख्यमंत्री बनाने का निर्णय कर लिया था। कांग्रेस पार्टी के तत्कालीन राज्य-अध्यक्ष चौ. शमशेर सिंह सुरजेवाला भी इस पद के इच्छुक थे, लेकिन राष्ट्रीय संगठन का नेतृत्व कर रहे युवा श्री राजीव गांधी ने चौ. बिरेन्द्र सिंह को हरियाणा के मुख्यमंत्री के लिए सर्वाधिक उपयुक्त व्यक्ति माना था।

श्री राजीव गांधी की इच्छा और चौ. बिरेन्द्र सिंह की महत्वाकांक्षा पूरी नहीं हो सकी, जीवन में घटित होने वाली घटनाओं को कोई व्यक्ति या संगठन पहले से निर्धारित नहीं कर सकता।

सन् 1991 के विधान सभा चुनावों के लिए टिकट वितरण में चौ. बिरेन्द्र सिंह का हाथ ऊपर था। चौ. भजनलाल को उस समिति का सदस्य तक नहीं बनाया गया, जिसने कि 90 हल्कों के संभावित उम्मीदवारों की सूची हाईकमान को भेजनी थी। मुझे याद है कि वे दिल्ली में पार्टी अध्यक्ष के नजदीकी लोगों के पास किस तरह मारे-मारे फिर रहे थे, और इस कार्य के प्रभारी अर्जुन सिंह ने उनको उस कमरे में आने की अनुमति नहीं दी,

जिसमें कि संभावित उम्मीदवारों पर विचार करने के लिए बैठक होनी थी। उस समय मैं वहां था, मैने देखा कि चौ. भजनलाल अर्जुनसिंह के घर में उनके दफ्तर से जुड़े प्रतीक्षा-कक्ष में बैठे मिलने के लिए उनके उस संकेत का इन्तजार कर रहे थे, जो उन्हें नहीं मिला। मैं उनके साथ श्री एम.एल. फोतेदार के घर गया, लेकिन वहां भी बात नहीं बनी।

दूसरी ओर, चौ. देवीलाल के कैंप में चौ. ओमप्रकाश चौटाला के छोटे भाई चौ. रणजीत सिंह, जो सन् 1987 में ही मंत्री बने, सन् 1991 से 1993 के बीच मास्टर रणसिंह मान, श्री किरपा राम पूनिया, चौ. विरेन्द्र सिंह जैसे अपने दोस्तों के साथ मिलकर अपने बड़े भाई को सत्ता हथियाने से रोकने के लिए पूरी कोशिश करते रहे। हर बार बड़े भाई ने मुख्यमंत्री की शपथ ली और हर बार छोटे भाई को परेशानी हुई। ये तीन बार हुआ। पहली बार कुछ दिनों के बाद, अगली बार कुछ सप्ताह बाद और तीसरी बार कुछ महीनों बाद। अपने लक्ष्य में स्पष्ट बड़े भाई ने इनको लोकदल से खदेड़ दिया और पार्टी को अपने चहेतों और निष्ठावानों के संगठन में तब्दील कर दिया। केवल उनके दो बेटों को पार्टी के प्रबन्धन और राज्य के प्रशासन में हिस्सेदारी की अनुमति थी।

सन् 1987 के सबसे बुरे समय में जबकि चौ. देवीलाल ने उप-प्रधानमंत्री के रूप में दिल्ली की ओर मुंह किया और मुख्यमंत्री की कुर्सी तथा महम हल्के की विधानसभा की सदस्यता खाली की, तो चौ. रणजीत सिंह द्वारा दिए गए झटकों के बावजूद भी चौ. ओमप्रकाश चौटाला ने स्थिति को अपने काबू में रखा। चौ. देवीलाल इन्हें कुशल और सही उतराधिकारी होने के काबिल मानते थे, उनका वरद्हस्त हमेशा इनके साथ था, इसलिए महम हल्के के उप-चुनाव में लोकदल का उम्मीदवार बनने में कामयाब हुए। चौ. ओमप्रकाश चौटाला के खिलाफ कांग्रेस की ओर से महम हल्के के निवासी और किसी समय में चौ. देवीलाल के खासमखास रहे चौ. आनन्द सिंह दांगी चुनाव लड़ रहे थे। महम का चुनाव किसी युद्ध से कम नहीं था, दोनों पक्ष किसी भी हद तक जाने के लिए तैयार थे। दोनों पार्टियों के समर्थक आपस में भिड़ गए और हिंसा हुई, पुलिस को मजबूरन सख्त कदम

उठाना पड़ा और भीड़ पर गोलियां भी चलानी पड़ी। शासक पार्टी के अपने कार्यकर्ता चौ. अमीर सिंह की हत्या के साथ चुनाव समाप्त हुआ। इस हत्या के कारणों और हत्यारों को लेकर कई तरह की बातें प्रचलित हैं। चौ. अमीर सिंह की हत्या के बाद दायर मुकदमे के परिणाम की किसी को जानकारी नहीं है।

चुनाव समाप्त होने के बाद मुख्यमंत्री बनने की दौड़ शुरू हो गई। चौ. ओमप्रकाश चौटाला का पार्टी पर पूर्ण नियन्त्रण था। उप-चुनाव जीतने के बाद वे अधिक जोशोखरोश में थे। जब उनको मुख्यमंत्री पद की शपथ दिलाने से रोक दिया गया तो वे अपनी पसन्द के व्यक्ति को इस पद पर बिठाने में कामयाब हुए। ऐसे ही एक अवसर पर बहुत साधरण, अपने को कुछ न समझने वाले, आदतन पीछे रहने वाले, अकेले व्यक्ति को कुर्सी मिली और कुछ समय तक राज्य के मुख्यमंत्री रहे। ये व्यक्ति दादरी के (भिवानी जिला) मा. हुक्म सिंह थे।

उत्तराधिकार के झगड़े में लोकदल की सरकार सन् 1991 में अपने कार्यकाल से दो वर्ष पहले ही गिर गई,राज्य के कई मामले अंसबोधित ही रह गए। इसी के साथ पार्टी और सरकार में विभाजन बढ़ गए। निश्चित रूप से किसी पार्टी या सरकार के आपसी झगड़े चुनाव के लिए कभी अच्छे नहीं होते, यह अगले चुनाव में अपनी हार सुनिश्चित करने का निमंत्रण देना है और सन् 1991 में लोकदल ने हार को आंमत्रित किया।

इस दौरान केन्द्र सरकार में समस्या पैदा हो गई। कुछ लोगों का कहना है कि यह होना ही था, उनका मानना है कि यदि देवीलाल का बाहर या अन्दर किसी भी रूप में सरकार से वास्ता होगा तो उसके लिए समस्या ही पैदा होगी। सन् 1979 में श्री मोरारजी भाई देसाई की सरकार उनके कारण गिरी थी। सन् 1991 में विश्वनाथ प्रताप सिंह की सरकार पुनः उनके कारण गिरी। अन्य पिछड़ी जातियों को केन्द्रीय सरकार की नौकरियों में 27 प्रतिशत आरक्षण देने की सिफारिश करने वाले मंडल आयोग को लागू करने के श्री विश्वनाथ प्रताप सिंह के फैसले से संकट शुरू हुआ। इस निर्णय से केबिनेट में विभाजन हो गया, चौ. देवीलाल, श्री चन्द्रशेखर व उनके अनुयायी आरक्षण

के पक्ष में नहीं थे। अपनी वोट इसके खिलाफ देने से अधिक चन्द्रशेखर कुछ नहीं कर सकते थे, लेकिन चौ. देवीलाल की हरियाणा में अपनी सरकार थी, जहां वे वैसा कर सकते थे जैसा वे चाहते थे, और उन्होंनें किया। हरियाणा के अधिकांश कस्बों में हिंसक विरोध हुआ, केन्द्र सरकार के भवनों जैसे डाक घर, रेलवे स्टेशन, आयकर कार्यालय आदि को जला दिया गया। चौ. देवीलाल ने स्वयं कोई विरोध नहीं किया, लेकिन ज्यों ही उनके समर्थकों को उनकी स्थिति का पता चला तो उन्होंने तूफान मचा दिया। राज्य सरकार ने कानून और व्यवस्था लागू करने के लिए कदम उठाए, लेकिन इसके बावजूद दो महीने तक हिंसा की ज्वाला धधकती रही।

मंडल विरोधी बवाल से विश्वनाथ प्रताप सिंह की सरकार गिर गई, और चन्द्रशेखर प्रधानमंत्री बने। चूंकि बागियों के पास 542 सदस्यों के सदन में मात्र 50 ही सांसद थे, श्री राजीव गांधी के नेतृत्व में कांग्रेस पार्टी के समर्थन से सरकार बनी। जर्मन दार्शनिक हीगेल का कथन 'इतिहास अपने को दोहराता है', सच साबित होने जा रहा था। जैसे चौ. चरण सिंह ने 1979 में श्रीमती इन्दिरा गांधी के नेतृत्व में कांग्रेस के समर्थन से सरकार बनाई थी, चन्द्रशेखर ने श्री राजीव गांधी के नेतृत्व में उसी कांग्रेस के समर्थन से सरकार बनाई। दिलचस्प बात यह है कि चौ. चरण सिंह और श्री चन्द्रशेखर दोनों ऐसे नेता थे, जिन्होंनें क्रमश: श्रीमती इन्दिरा गांधी को देश में आन्तरिक आपातकाल लागू करने के लिए और श्री राजीव गांधी को बोफोर्स काण्ड में लिप्त होने के 'अनैतिक कार्यों' के लिए बदनाम किया था। इन दोनों मां व बेटे ने मौके की नजाकत को देखते हुए राजनीतिक चाल चली। उन्होंने अपने 'दुश्मनों' को समर्थन इसलिए दिया ताकि मौका आने पर उनके पैरों के नीचे से सीढ़ी खींची जा सके। श्री राजीव गांधी ने वही किया जो उनकी मां ने किया था। सन् 1991 में श्री चन्द्रशेखर की सरकार गिर गई और संसदीय चुनाव आ पड़े।

सन् 1991 में हरियाणा विधानसभा के चुनाव संसदीय चुनावों के साथ थे, इस चुनाव अभियान के दौरान श्री राजीव गांधी की हत्या हुई थी। चौ. बिरेन्द्र सिंह को उनके युवा-स्वामी श्री राजीव गांधी ने आश्वासन दिया

हुआ था कि यदि कांग्रेस सत्ता में आती है तो उनको मुख्यमंत्री बनाया जाएगा। कांग्रेस तो सत्ता में आई, लेकिन सरकार चौ. बिरेन्द्र सिंह ने नहीं, बल्कि चौ. भजनलाल ने बनाई। चौ. भजन लाल की ताजपोशी हुई। यह क्यों और कैसे हुआ यह एक दिलचस्प कहानी है जिसे पूरी नहीं, तो मुख्य हिस्से बताना जरूरी है।

सन् 1984 से 1989 तक और उसके बाद सन् 1991 तक सांसद रहते हुए चौ बिरेन्द्र सिंह राजीव गांधी का विश्वास जीतने में कामयाब हुए। सन् 1991 में जब चुनाव घोषित हुए तो चौ. बिरेन्द्र सिंह को विधान सभा का चुनाव लड़ने वाले उम्मीदवारों की सूची हाई कमान को भेजने वाली राज्य चुनाव समिति में महत्त्व दिया गया। वे चौ. भजनलाल गुट के बनिस्बत अपने विश्वासपात्रों को टिकट दिलवाने में कामयाब हुए। श्री राजीव गांधी ने हरियाणा के प्रभारियों को संकेत दे दिए थे कि यदि कांग्रेस सत्ता में आती है तो सरकार का नेतृत्व श्री बिरेन्द्र सिंह को सौंपा जाए। हाई कमान के इस अघोषित निर्णय को चौ. बिरेन्द्र सिंह ने अपने अनुयायियों और चुनाव के मैदान में उतरे लोगों में उद्घाटित कर दिया। इसने जहां चुनाव लड़ने वालों में चौ. बिरेन्द्र सिंह को समर्थन दिलाया तो दूसरी ओर चौ. भजनलाल को चौक्कना कर दिया, जो किसी भी कीमत पर अगले पांच साल के लिए मुख्यमंत्री का पद प्राप्त करना चाहते थे।

चौ. भजनलाल भी सन् 1986 से 1989 तक केन्द्र में कृषि-मंत्री रहे और 1989 के बीच, श्री विश्वनाथ प्रताप सिंह और श्री चन्द्र शेखर की गैर-कांग्रेसी सरकार के दौरान, सांसद थे। यद्यपि चौ. भजन लाल श्री राजीव गांधी के उतने निकट तो नहीं आए जितने कि चौ. बिरेन्द्र सिंह, लेकिन वे दिल्ली में सत्ता के केन्द्र से दूर नहीं थे। असल में सन् 1991 से ही उनके पास श्री राजीव गांधी के साथ लगता मकान था। सन् 1991 के विधानसभा सभा चुनावों के दौरान मैं कई बार इस मकान में गया और मुझे अच्छी तरह याद है कि यहीं पर ही पुनः मुख्यमंत्री बनने की योजना बनी और लागू की गई।

चौ. भजनलाल को ज्यों ही विरोधी गुट की योजना का पता चला तो वे सक्रिय हो गए। उन्होंने कांग्रेस व अन्य पार्टियों के उन उम्मीदवारों से चुनाव

के पहले सप्ताह में ही कुछ 'सहायता' के साथ सम्पर्क साधना शुरू कर दिया, जिनके जीतने की संभावना थी और यह सम्पर्क बढ़ता ही गया। अन्ततः जो जीतकर आए उन्होंने उनकी बिन मांगी मदद का स्वागत किया। जब परिणाम घोषित हुए तो चौ. भजनलाल की भविष्यवाणी यथातथ्य सिद्ध हुई कांग्रेस के 51 उम्मीदवार विजयी घोषित हुए। चौ. भजन लाल का राजनीतिक गणित कभी गलत नहीं होता। चौ. बिरेन्द्र सिंह ने भी उन सबसे सम्पर्क किया, जो टिकट दिलवाने के लिए उनके अहसानमन्द थे। उनमें से अधिकांश श्री ए. सी. चौधरी के साथ हरियाणा भवन, दिल्ली में थे। चौ. बिरेन्द्र सिंह के विश्वासपात्रों को हरियाणा भवन में रखने की जरूरत नहीं थी। असल में, वे विरोधी गुट का समर्थन प्राप्त नहीं कर सके।

चौ. बिरेन्द्र सिंह इस बात का अनुमान नहीं लगा पाए कि चुनाव के दौरान श्री राजीव गांधी की हत्या होने पर उनका आधार सिकुड़ना शुरू हो गया था। न केवल चौ. बिरेन्द्र सिंह के लिए बल्कि गांधी परिवार के लिए भी रातो-रात परिदृश्य बदल चुका था, जिसे कांग्रेस पार्टी में ही किनारे कर दिया गया था। हरियाणा के राजनीतिज्ञों में चौ. भजनलाल लचीले हैं, उन्होंने फटाफट केन्द्र में उभरते सत्ता केन्द्र से संपर्क साध लिया। तत्कालीन पार्टी अध्यक्ष श्री सीताराम केसरी और पार्टी के संसदीय नेता श्री नरसिंह राव के नजदीक जाने में कोई दिक्कत नहीं आई, नए स्वामियों की कृपा पाने के लिए उनको केवल यही साबित करना था कि वे राज्य में चौ. बिरेन्द्र सिंह के खिलाफ हैं और केन्द्र में श्री अर्जुन सिंह के। चौ. भजनलाल ने जल्दी ही 'उनका आदमी' होने का विश्वास जीत लिया।

चौ. भजनलाल राजनीति के उन गुरों को भी जानते थे, जिनसे चौ. बिरेन्द्र सिंह अनजान थे। परीक्षा की घड़ी में चौ. बिरेन्द्र सिंह को अपने अलावा केवल सात लोगों का समर्थन हासिल हुआ, जबकि चौ. भजनलाल को 43 का। एक समय पर मेरे विरोधी रहे चौ. हरद्वारी लाल ने मुझे चौ. बिरेन्द्र सिंह और चौ. भजन लाल के बीच समझौता करवाने के लिए कहा। मैने एक तरफ तो चौ. बिरेन्द्र सिंह को समझाया कि वे बाजी हार चुके हैं और मंत्रीमंडल में अपना दूसरा स्थान रखने के लिए सर्वसम्मति से

चौ. भजनलाल का चुनाव होने देना ही उनके लिए सर्वाधिक उपयुक्त है, दूसरी ओर चौ. भजनलाल को चौ. बिरेन्द्र सिंह के घर जाकर विधान सभा के नेता के तौर पर चुने जाने की प्रार्थना करने के लिए तैयार किया। यद्यपि शुरू में दोनों हिचकिचाहट कर रहे थे, लेकिन उन्होंने इस प्रस्ताव को स्वीकार कर लिया। चौ. भजनलाल चौ.बिरेन्द्र सिंह के घर के अलावा किसी ओर स्थान पर मिलने के लिए जोर दे रहे थे, लेकिन मेरे समझाने पर वे मान गए।

नई दिल्ली में राव तुलाराम मार्ग स्थित चौ. बिरेन्द्र सिंह के घर पर जाने के लिए सुबह छः बजे। मैने चौ. भजनलाल की प्रतीक्षा की, उन्हें यहां का रास्ता मालूम नहीं था। चौ. बिरेन्द्र सिंह व चौ. भजनलाल के बीच बैठक सफल हुई। हमारे बीच इस पर सहमति हुई कि चौ. बिरेन्द्र सिंह नेता पद का चुनाव नहीं लड़ेंगे, बल्कि वे चौ. भजनलाल का नाम प्रस्तावित करेंगे। अगले दिन चण्ढीगढ में जब बैठक हुई तो चौ. बिरेन्द्र सिंह ने चौ. भजनलाल के खिलाफ नेता पद की उम्मीदवारी जताई। चौ. भजनलाल ने जब चौ. बिरेन्द्र सिंह के विश्वासघात की बात कही तो मुझे शर्मिन्दा होना पड़ा। चौ. बिरेन्द्र सिंह के लिए यह अपमानजनक था कि उन्हें केवल सात विधायकों का ही समर्थन मिला। मैं नहीं जानता और न ही मैने कभी उनसे जानने की कोशिश की कि सारी स्थिति को जानते हुए उन्होंने समझौता क्यों तोड़ा। कांग्रेस के वरिष्ठ पदाधिकारी डा. रामप्रकाश उस समय उनके राजनीतिक दोस्त थे।

चौ. बिरेन्द्र सिंह मंत्रीमंडल में शामिल हुए, लेकिन हिसार जिले के घिराय हल्के से चौ. देवीलाल जैसे कद्दावर नेता को करारी मात देकर आए युवा नेता चौ. छतरपाल सिंह, पाई हल्के से चौ. तेजेन्द्रपाल मान, अम्बाला जिले के नग्गल हल्के से कड़ी मेहनत करके आगे आए युवा नेता चौ. निर्मलसिंह और पानीपत के व्यापारी बलबीरपाल शाह को मंत्रीमंडल में शामिल करने से चौ. शमशेर सिंह सुरजेवाला का पक्ष प्रबल था।

सन् 1991 के चुनाव ने चौ. बंसीलाल को करारा झटका दिया। चौ. भजनलाल के मुख्यमंत्री बनने के बाद चौ. बंसीलाल के राजनीतिक अस्तित्व के लिए कांग्रेस छोड़ना और अपनी अलग पार्टी बनाना आवश्यक सा हो गया

था। उन्होंनें अपने थोड़े से समर्थकों के साथ हरियाणा विकास पार्टी नामक नया दल बनाया। व्यापार जगत के सितारे श्री ओमप्रकाश जिन्दल ने उनकी मदद की और समय बीतने के साथ इस पार्टी के पांव जमने शुरू हुए। समय बीतने के साथ कांग्रेस और लोकदल के दिग्गज नेता इसमें आने शुरू हो गए।

दूसरी ओर, चौ. देवीलाल और चौ. ओमप्रकाश चौटाला दोनेां ही चुनाव हार गए और विधानसभा में विपक्ष का दायित्व चौ. देवीलाल परिवार के चिर-हितैषी चौ. सम्पतसिंह पर आ पड़ा। विपक्ष की शक्ति कम होने के कारण चौ. भजनलाल ने अपनी मर्जी से शासन किया। कालका से विधायक चुने गए चौ. भजनलाल के बेटे श्री चन्द्रमोहन अब उनका हाथ बटाने लगे थे। इस दौरान चौ. भजनलाल की पत्नी श्रीमती जसमा देवी भी उनके निर्णयों को प्रभावित करने में सक्षम थी। नरसिंह राव के नेतृत्व में कांग्रेस की केन्द्र सरकार का चौ. भजनलाल को पूरा समर्थन उनकी वास्तविक शक्ति थी।

चौ. भजनलाल को पहली बार हर तरफ से निश्चिंत होकर शासन करने का मौका मिला, इस बार किसी को हटाने या नामजद करने वाला नेहरू-गांधी परिवार केन्द्र में नहीं था। नये प्रधानमंत्री को कांग्रेस में नई शक्ति के रूप में अपनी स्थिति मजबूत करने के लिए राज्यों से समर्थन की आवश्यकता थी। चौ. भजनलाल की तूती न केवल हरियाणा बल्कि केन्द्र में भी बोलने लगी।

हरियाणा की राजनीति ने इन पांच वर्षों में कई दिग्गजों के उतार-चढ़ाव देखे। कईयों को बाहर का दरवाजा दिखा दिया तो कई अन्दर आए। कुल मिलाकर पहले की तरह राज्य की सत्ता की राजनीति चलती रही। आओ उस समय को ध्यान से देखें और जो घटनाएं विचार की मांग करती हैं उन पर विचार करें। ये घटनाएं अगले अध्याय की सामग्री प्रदान करती हैं।

10

चौ. भजनलाल की पुनः वापसी (1991 - 1996)

चौ. भजनलाल की तीसरी पारी उसकी पहली दो पारियों के मुकाबले में कम चुनौतीपूर्ण थी, पहली दो में जिस तरह से उन्होंने सत्ता ग्रहण की थी, उसे नैतिक तौर वर वैधता हासिल नहीं थी। सन् 1979 और 1980 में उन्होंनें जोड़-तोड़ से सत्ता हासिल की थी। केवल इस बार ही उन्होंने लोकप्रिय समर्थन से सत्ता ग्रहण की थी, यद्यपि इस बार भी चौ. बिरेन्द्र सिंह गुट के विधायकों में सेंध लगाई थी। लेकिन राजनीति में यह कोई असामान्य घटना नहीं थी और इसके लिए अकेले चौ. भजनलाल को दोषी नहीं ठहराया जा सकता। असल में तो चौ. बिरेन्द्र सिंह ही अपने प्रतिद्वन्द्वी के राजनीतिक कौशल के सामने कमजोर साबित हुए।

चौ. भजनलाल इस समय इतने शक्तिशाली बनकर उभरे कि वे चौ. धर्मपाल मलिक को कांग्रेस का राज्य अध्यक्ष बनवाने में कामयाब हुए, उनकी पत्नी को उन्होंने हरियाणा लोक सेवा आयोग का सदस्य बनाया। श्री धर्मपाल मलिक ने सन् 1991 में संसदीय चुनावों में लोकदल के दिग्गज नेता चौ. देवीलाल को करारी मात दी। सन् 1991 में सोनीपत से संसदीय चुनाव और घिराय से विधानसभा के चुनाव में दोहरी हार ने जाट नेता चौ. देवीलाल को करारा झटका दिया। चौ. देवीलाल की इस हार से पार्टी के कार्यकर्ताओं में गहरी निराशा छा गई। चूंकि चौ. देवीलाल आमतौर पर विपक्ष में रहे थे इसलिए उनको हार उतनी विचलित नहीं कर पाई थी।

हरियाणा बनने के बाद से ही कांग्रेस पार्टी इतना अच्छा प्रर्दशन नहीं कर पाई थी। चौ. धर्मपाल के अलावा केन्द्र में अन्य नए चेहरे भी उभरकर आए। चौ. दलबीर सिंह की बेटी कुमारी शैलजा संसद की सदस्य बनी और श्री

नरसिम्हा राव के मंत्रिमंडल में उप-मंत्री भी बनी। सन् 1967 में पं. भगवद्दयाल शर्मा की सरकार गिराकर मुख्यमंत्री बने राव बिरेन्द्र सिंह के बेटे राव इन्द्रजीत सिंह भी राजनीतिक परिदृश्य पर प्रकट हुए और मंत्री बने।

चौ. शमशेर सिंह सुरजेवाला के बेटे चौ. रणदीप सिंह सुरजेवाला भी नरवाना हल्के से चौ. ओमप्रकाश चौटाला को विधानसभा का चुनाव हराकर हरियाणा के राजनीतिक पटल पर उभरे। इस समय भी बाप और बेटा दोनों विधानसभा के सदस्य हैं। हरियाणा की सत्ता की राजनीति में दिग्गज नेताओं के बेटे-बेटियों का बोलबाला हो गया।

इस समय राजनितिज्ञों के बेटे-बेटियों का राजनीति में प्रकट होना हरियाणां और देश के दूसरे क्षेत्रों के लिए कोई नई बात नहीं थी। सन् 1947 के बाद से ही भारतीय लोकतंत्र सांमतवादी संरचनाओं को उखाड़ फेंकने में कामयाब नहीं हुआ। गांव के बड़े जमींदार और शहर के धनी लोग हरियाणा और केन्द्र की सत्ता पर काबिज हो गए। कुछ व्यक्तियों ने महत्वपूर्ण स्थान जरूर बनाया, लेकिन वे भी अमीर बनकर शासक वर्ग का हिस्सा हो गए। जो लोग इस स्थिति में नहीं आ पाए वे जल्दी ही दृश्य से ओझल हो गए। प्रत्येक राज्य में पांच-छः परिवारों ने बारी-बारी से शासन किया और अधिकांश के पास उनका पिच्छलग्गू बनने के अलावा कोई चारा नहीं था। इन्होंने राजनीतिक पार्टियों पर अपना प्रभुत्व स्थापित कर लिया। यदि कोई राष्ट्रीय राजनीतिक पार्टी उनके अनुसार नहीं चले तो वे अपनी अलग पार्टी बनाकर चुनाव लड़ते हैं। इस तरह स्वतंत्रता प्राप्ति के बाद भी राज्य की सामाजिक और राजनीतिक संरचना में कोई मूलभूत परिवर्तन नहीं हुआ है।

हरियाणा में अधिकांशतः तीन लाल और उनके परिवारों ने - चौ. देवीलाल, चौ. भजनलाल और चौ. बंसीलाल - बारी बारी से सत्ता की बागडोर संभाली। इनके अलावा राव बिरेन्द्र सिंह को तथा चौ. भूपेन्द्र सिंह हुड्डा को ही मुख्यमंत्री बनने का अवसर मिला और इनके बेटे भविष्य में सत्ता प्राप्ति की लाईन में हैं। चौ. शमशेर सिंह सुरजेवाला और उनके बेटे तथा चौ. बिरेन्द्र सिंह भी सर्वोच्च पद पाने के निकट हैं, वे भी कभी इसे प्राप्त कर सकते हैं। संक्षेप में कहा जा सकता है कि सत्ता की कुर्सी बहुत

छोटे से दायरे में ही घूमती रही है, अन्य इससे वंचित ही रहे हैं। पं. भगवद्दयाल शर्मा के बेटे को भी मौका मिला था और वे मंत्री पद प्राप्त करने तक सफल भी हुए, लेकिन वे अपना स्थान नहीं बना पाए और जल्दी ही दौड़ से बाहर हो गए। शायद इसका कारण यह रहा कि मुख्यमंत्री के छोटे से कार्यकाल में इनके पिता परिवार को मजबूत आर्थिक आधार नहीं दे पाए।

विभिन्न राजनीतिक पार्टियों में ये आधा दर्जन परिवार ही छाए रहे। पश्चिम हरियाणा में चौ. देवीलाल और चौ. भजनलाल का परिवार; दक्षिण हरियाणा में चौ. बंसीलाल और राव बिरेन्द्र सिंह का परिवार; मध्य हरियाणा में चौ. भूपेन्द्र सिंह हुड्डा, चौ. बिरेन्द्र सिंह और चौ. सुरजेवाला के परिवार ही राजनीति पर हावी रहे। इनके अलावा कुरुक्षेत्र और हिसार से जिन्दल; करनाल के मान; रेवाड़ी के राव परिवार भी अपने क्षेत्रों में प्रभावी हुए।

कुछ लोगों ने सत्ता के निचले स्तरों पर महत्व प्राप्त किया है, लेकिन वे सत्ता के उच्च शिखर तक नहीं पहुंच पाए; उच्च शिखर हमेशा कुछ लोगों तक ही सीमित रहा है। चौ. जयप्रकाश ने जीन्द, कैप्टन अजय सिंह ने रेवाड़ी, कुमारी शैलजा और श्री लछमन दास अरोड़ा ने सिरसा, सरदार हरपालसिंह और उनके बेटे ने टोहाना, चौ. निर्मलसिंह ने अम्बाला, ए.सी. चौधरी ने फरीदाबाद, श्री रामबिलास शर्मा ने महेन्द्रगढ़, फरीदाबाद के भड़ाना, चौ. तैयब हुसैन और उनके बेटे ने तावडू, खुर्शीद अहमद ने मेवात क्षेत्र में महत्व प्राप्त किया है। इन सभी परिवारों ने राजनीति को अपना कारोबार बनाया है और इसमें अपना स्थान बनाने के लिए अपनी ऊर्जा लगा रहे हैं। इन परिवारों और व्यक्तियों का जोड़-तोड़ ही सरकारें बनाता और गिराता रहा है।

सन् 1991 से सन् 1996 के दौरान ही चौ. बंसीलाल और चौ. बिरेन्द्र सिंह ने कांग्रेस पार्टी छोड़ दी। चौ. भजनलाल को सत्ता की बागडोर सौंपने के निर्णय से चौ. बंसीलाल के पास कांग्रेस को छोड़ने के अलावा कोई चारा नहीं था। सत्ता के बड़े खिलाड़ी अपनी पार्टी के प्रति तभी तक वफादार होते हैं, जब तक वहां उनको विशेष दर्जा मिला रहता है, ज्यों ही वे

एक किनारे होते हैं वे पार्टी को अलविदा कहकर या तो विरोधी पार्टी में शामिल हो जाते हैं या फिर अपनी अलग पार्टी बना लेते हैं।

हरियाणा में सिर्फ लोकदल ही कांग्रेस का विकल्प थी, चौ. बंसीलाल को इसमें किसी स्थान की कोई उम्मीद नहीं थी। न तो चौ. बंसीलाल को और न ही चौ. देवीलाल और उनके बेटे चौ. ओमप्रकाश चौटाला को इकट्ठे मिलकर चलने का विचार पसन्द था। जैसे गांव का सांड अपने क्षेत्र में दूसरे सांड को घुसने नहीं देता, उसी तरह राजनीति के सांड अपने क्षेत्र में किसी दूसरे को सहन नहीं कर सकते। अपने से छोटे का यहां स्वागत होता है, समान हैसियत वाले का नहीं। गैर-कांग्रेस पार्टी में भा.ज.पा. सत्ता प्राप्त करने की दौड़ में दूसरे नम्बर पर थी, लेकिन यह चौ. बंसीलाल की पसन्द नहीं हो सकती थी। व्यापारियों की पार्टी की छवि के कारण भा.ज.पा. नेता के रूप में चौ. बंसीलाल अपनी जाट जाति में ही स्वीकार नहीं होने थे। सत्ता प्राप्त करने के लिए उन्हें किसानों विशेषकर जाटों के समर्थन की आवश्यकता थी। इनके समर्थन से ही वे सत्ता के शिखर तक जाने की उम्मीद कर सकते थे। इसलिए उन्होंनें अन्ततः हरियाणा विकास पार्टी का गठन किया।

सत्ता से संबंध रखने वाले चौ. बिरेन्द्र सिंह को उनके प्रतिद्वन्द्वी चौ. भजनलाल ने बड़े ही तरीके से अपने रास्ते से हटा दिया। विधायकों का बहुमत हासिल करके अपने प्रतिद्वन्द्वी को अपने रास्ते से हटाना ही काफी नहीं था, बल्कि उनके भविष्य में उभरने की संभावना को भी समाप्त करना था। हारा हुआ प्रतिद्वन्द्वी ज्यादा खतरनाक होता है। यद्यपि चौ. बिरेन्द्र सिंह इस तरह के खुंदकी तो नहीं हैं, लेकिन चौ. भजनलाल कोई गुंजाइश नहीं छोड़ना चाहते थे। केन्द्र में श्री नरसिम्हा राव श्रीमती सोनिया गांधी व उनके बच्चों को किनारे करने की भरपूर कोशिश कर रहे थे और हरियाणा में चौ. भजनलाल उनके वफादार सिपाही श्री बिरेन्द्र सिंह को कांग्रेस पार्टी से बाहर करने पर आमादा थे।

चौ. बिरेन्द्र सिंह अपने साथियों के साथ कांग्रेस पार्टी से अलग हुए तिवारी कांग्रेस नामक धड़े में शामिल हो गए, इसमें कांग्रेस के नेता श्री

अर्जुन सिंह, श्री नारायण दत तिवारी, श्री नटवर सिंह आदि नेता थे। चौ. बिरेन्द्र सिंह के सहयोगियों में डा. रामप्रकाश भी थे, जो सन् 1991 में चौ. भजनलाल के मंत्रीमंडल में शामिल थे, लेकिन बाद में उनको मंत्रीपद से हटा दिया था। वक्त की बात है कि जब डा. रामप्रकाश को कांग्रेस का कार्यकारी अध्यक्ष बनाया तो चौ. भजनलाल कांग्रेस के अध्यक्ष थे, जिन्होंने अपने को किनारे समझा और त्याग पत्र दे दिया जिसे स्वीकार कर लिया गया। एंगेल्स ने बहुत पहले कहा था कि शासकों का उदय और अस्त उसी तरह की एक नियमित प्रक्रिया है, जिस तरह सूरज उगता और छिपता है। अमेरिकन कवि टी. एस. इलियट ने बहुत सुन्दर ढंग से कहा है कि 'इतिहास ऐसी साजिशपूर्ण चालबाजियों के उदाहरणों से परिपूर्ण है, जो शासक वर्ग की महत्वाकांक्षा और आत्मश्लाघा की भूख जगाता है और उन्हें भ्रम में डाल देता है।'

सन् 1996 में जब श्रीमती सोनिया गांधी राजनीति में नेता के रूप में सक्रिय हुई तो सन् 1990 में कांग्रेस पार्टी छोड़कर गए चौ. बिरेन्द्र सिंह अपने सहयोगियों के साथ वापस कांग्रेस में लौट आए, लेकिन चौ. बंसीलाल ने हरियाणा की राजनीति को कुछ समय के लिए गहरे में प्रभावित किया।

कांग्रेस पार्टी से बाहर होने पर चौ. बंसीलाल के सामने दोनों तरह के उदाहरण थे। उनके सामने राव बिरेन्द्र सिंह, पं. भगवद्दयाल शर्मा और प्रो. शेरसिंह का उदाहरण भी था और उनके सामने सर छोटूराम और चौ. देवीलाल के फलने फूलने का उदाहरण भी था। पड़ोस के राज्य उतरप्रदेश में जाट नेता चौ. चरण सिंह के फलने फूलने का उदाहरण भी उनके समक्ष था। चौ. बंसीलाल यह भी जानते थे कि उनमें इन नेताओं के वे गुण नहीं हैं, जिनके कारण वे जनता के चहेते बन सके और उनको अपना अनुयायी बनाने में कामयाब हुए। चौ. बंसीलाल जन नेता के खिलाफ थे। रोमन इतिहास में कोरियोलम की तरह चौ. बंसीलाल भी अपनी प्रकृति से जन नेता की छवि से अलग थे।

आपातकाल की क्रूर स्मृतियां अभी लोगों के दिल से पूरी तरह नहीं मिटी हैं, उनकी मनमर्जी की कार्यप्रणाली, गुस्सैल और जनता से दूर रहने

का स्वभाव उनके लिए दिक्कतें पैदा कर रहा था। इसके अलावा नई पार्टी को चलाने के लिए धन की पूर्ति की चुनौती भी उनके सामने थी। चौ. देवीलाल या चौ. चरण सिंह की तरह व्यक्ति आधारित पार्टी को मतदाताओं से लगातार सम्पर्क बनाए रखना होता है, जिसके लिए बहुत धन की आवश्यकता होती है। चौ. बंसीलाल के लिए यह पहाड़ सा काम था, लेकिन इस अपरिहार्य काम को उन्होंने करने की ठानी।

चौ. बंसीलाल की वित्तीय आवश्यकताओं की पूर्ति करने के लिए हिसार के उद्योगपति श्री ओमप्रकाश जिन्दल ने उनसे हाथ मिलाया। चौ. भजनलाल और उनके दामाद श्री अनूप बिशनोई श्री जिन्दल के व्यापार के लिए चुनौती बन चुके थे, इसलिए वे चौ. बंसीलाल से मिलने के लिए अधिक उत्सुक थे। इस्पात के व्यापार में नए खिलाड़ी होने के बावजूद श्री बिश्नोई हरियाणा सरकार के सहयोग से श्री जिन्दल को स्थानीय स्तर पर चुनौती दे रहे थे। सन् 1968 से ही सत्ता की राजनीति में होने के कारण चौ. भजनलाल ने अपने दामाद के व्यापार को मजबूत करने में मदद की थी। इस मौके पर श्री जिन्दल चौ. बंसीलाल के साथ आने और धन खर्चने के लिए खुशी-खुशी राजी हो गए। देहाती व साधारण व्यक्तित्व के धनी और शिखर के उद्योगपति श्री जिन्दल ने धन की समस्या हल करके चौ. बंसीलाल की राजनीति की गाड़ी को पहिये लगा दिए। जब धन की समस्या हल हो गई तो चौ. बंसीलाल ने अपनी पार्टी के लिए कार्यकर्ता ढूंढने का काम शुरू किया।

कार्यकर्ता जुटाने का काम चौ. बंसीलाल के स्वभाव से मेल नहीं खाता था, उनके छोटे बेटे चौ. सुरेन्द्र सिंह ने अपने मित्रों का दिल जीतने के लिए बहुत मेहनत की। लोकदल और कांग्रेस पार्टी से असंतुष्टों से सम्पर्क साधा। लम्बे समय तक मुख्यमंत्री रहने और केन्द्र में मंत्री रहने के दौरान बने उनके वफादार अपनी मातृ पार्टी को छोड़कर उनके साथ आने लगे। चौ. भजनलाल के विरोधी और बिशनोई नेता श्री मनीराम गोदारा हिसार से, चौ. बंसीलाल के मंत्रीमंडल में मंत्री रहे अनुसूचित जाति के विद्वान नेता श्री श्यामचन्द, झज्जर से प्रसिद्ध नेता चौ.मनफूल सिंह, रोहतक से चौ. ओमप्रकाश बेरी जैसे बहुत से नेता उनके साथ आए। इनके साथ आने से चौ. बंसीलाल को राज्य के कुछ हिस्सों में नया आधार मिला।

चौ. बंसीलाल के साथ वे लोग भी आ मिले जो उस समय चौ. चरण सिंह के साथ रह गए थे, जबकि चौ. देवीलाल ने अलग से भारतीय राष्ट्रीय लोकदल का गठन कर लिया था। इनमें हिसार से मंत्री रहे कैप्टन रणजीतसिंह के बेटे चौ. कंवल सिंह, सन् 1982 से 1987 के बीच विधायक रहे भिवानी के चौ. बलबीर ग्रेवाल, सन् 1982 से 1991 तक दो बार विधायक रहे जीन्द से कुलबीर मलिक, सन् 1982 से 1991 तक दो बार विधायक रहे गोहाना से चौ. किताब सिंह मलिक, सन् 1982 से 1987 के बीच विधायक कुरुक्षेत्र से श्री साहबसिंह सैनी व अन्य कई सक्रिय कार्यकर्ता उनके साथ आए, जिससे मतदाताओं में उनकी स्वीकार्यता को बल मिला।

चौ. देवीलाल की पार्टी लोकदल से भी कई महत्वपूर्ण नेता चौ. बंसीलाल के साथ आए। असल में चौ. देवीलाल के बड़े बेटे चौ. ओमप्रकाश चौटाला ने जब पार्टी की कमान संभाली तो ये नेता लोकदल छोड़ने पर मजबूर हो गए, चौ. चौटाला किसी की दखलअंदाजी पसन्द नहीं करते थे, यहां तक कि अपने पिता की भी नहीं। चौ. देवीलाल के मंत्रीमंडल में मंत्री रहे उनके भाई चौ. रणजीत सिंह और काफी पहले विधायक रहे चौ. प्रतापसिंह तो पहले ही पार्टी छोड़ चुके थे। लोकदल भी अन्य क्षेत्रीय पार्टियों जैसे मुलायम सिंह की समाजवादी पार्टी, मायावती की बहुजन समाज पार्टी, प्रकाश सिंह बादल की अकाली दल, फारूख अब्दुल्ला की नेशनल कांफ्रेंस, लालू प्रसाद यादव की राष्ट्रीय जनता दल, करूणानिधि की डी एम के तथा जय ललिता की ए आई डी एम के की तरह पूर्णतः परिवार की पार्टी बन चुकी थी। लोकदल से असंतुष्ट नेताओं में श्री चन्द्रशेखर के मंत्रीमंडल में कुछ समय के लिए मंत्री रहे चौ. जयप्रकाश, सन् 1987 में मंत्री रही कृष्णा गहलोत, पानीपत से श्री सतबीर सिंह कुण्डू, फरीदाबाद से चौ. करणसिंह दलाल के अलावा मजबूत आधार वाले कई महत्वपूर्ण नेता थे।

इनमें जीन्द से चौ. जयप्रकाश का लोकदल से अलग होना कुछ विशेष महत्व रखता है। युवा कांग्रेस के समानान्तर बनी कुख्यात ग्रीन बिग्रेड के अपने व्यक्तिगत गुणों के कारण वे सबसे बड़े नेता बने। उनके पास न तो परिवार की राजनीतिक पृष्ठभूमि थी और न ही धनी थे। साधारण परिवार से राजनीति में आकर वे अपने अप्रतिम साहस के कारण सांसद बने और मंत्री

भी बने। चौ. जयप्रकाश के चौ. बंसीलाल के साथ आने से उनको एक जगह मिल गई जो चौ. ओमप्रकाश चौटाला का विरोध तो करना चाहते थे, लेकिन वे डरते थे।

सन् 1985 में न्याय-युद्ध में महत्वपूर्ण भूमिका निभाने के कारण वे चौ. ओमप्रकाश चौटाला के करीब आए और सन् 1987 में हिसार हल्के से संसदीय चुनाव में टिकट पाने में कामयाब हुए और श्री चन्द्रशेखर की सरकार में मंत्री बने। श्री चन्द्रशेखर की सरकार में वरिष्ठ नेताओं के होने के बावजूद चौ. ओमप्रकाश चौटाला अपने वफादार चौ. जयप्रकाश को मंत्री बनवाने में कामयाब हुए। बाद में चेला विराट रूप धरण कर गया और अपनी नई पहचान को बनाए रखने के लिए चौ. बंसीलाल की ओर छलांग लगा गया। चौ. जयप्रकाश की ग्रीन-ब्रिगेड वाली छवि ने खूब मदद की और इससे भी अधिक बंसीलाल की मदद हुई, क्योंकि उनको हर तरह से मदद की जरूरत थी। श्री ओमप्रकाश जिन्दल के धन और चौ.जयप्रकाश के बाहुबल के सहारे चौ. बंसीलाल ने लोकदल और कांग्रेस से मुकाबला करने का साहस हुआ।

भारतीय किसान यूनियन ने भी चुनावों में चौ. बंसीलाल की मदद की। किसान यूनियन लम्बे समय से चौ. देवीलाल की समर्थक रही, लेकिन न्याय युद्ध के बाद से ही वे चौ.ओमप्रकाश चौटाला से नाराज थे। अच्छे वक्ता और संगठनकर्ता होने के बावजूद वे अपने वर्चस्वी स्वभाव के कारण लोगों को नाराज कर देते थे। वे किसी के सुझाव सुनना भी पसन्द नहीं करते थे। पार्टी के विधायक और मंत्री तक उनके वफादार थे, इस कारण वे उन सबसे वफादारी की अपेक्षा करते थे, जो भी पार्टी के निकट आता था, यहां तक कि जो बाहर से समर्थन दे उससे भी। कोई उनके आगे चूं तक नहीं कर सकता था। इसके विपरीत चौ. देवीलाल सीधे सरल व्यक्ति थे और इस कारण वे लोग भी उनको धोखा दे जाते थे, जिनको उन्होंने ऊपर उठाया था।

आर्य समाज ने भी चौ. बंसीलाल की मदद की। चौ. बंसीलाल ने शराब बंदी का नारा दिया, जिस कारण आर्यसमाज ने उनकी मदद की। सन् 1996 के चुनाव में शराब बन्दी प्रमुख मुद्दा बन गया था। इसने ग्रामीण महिलाओं को अपनी ओर आकर्षित किया और उन्होंने चौ. बंसीलाल के पक्ष में मतदान

किया। आमतौर पर महिलाएं अपने पतियों के इशारे पर ही वोट डालती रही थीं। इसीलिए चौ. बंसीलाल ने सत्ता ग्रहण करते ही सबसे पहले शराबबन्दी कानून बनाया।

चौ. बंसीलाल के भा ज पा से समझौते ने निर्णायक भूमिका अदा की। हरियाणा के राजनीतिक इतिहास में चुनाव से पहले या बाद में भा ज पा से समझौता करके ही गैर-कांग्रेसी सरकारों का गठन संभव हुआ है। समझौते के बारे में राज्य और केन्द्रीय भा ज पा के अलग-अलग विचार थे। जहां राज्य इकाई लोकदल से समझौता करना चाहती थी, वहीं केन्द्रीय नेतृत्व चौ. बंसीलाल से समझौता करने का पक्षधर था। यद्यपि चौ. बंसीलाल और चौ. सुरेन्द्र सिंह के भी भा ज पा से अच्छे ताल्लुक थे, लेकिन डा. सरूपसिंह ने समझौते में निर्णायक भूमिका निभाई।

सन् 1978 से सन् 1984 तक राज्यसभा की सदस्यता के कार्यकाल के दौरान डा. सरूप सिंह ने श्री लालकृष्ण आडवानी से अच्छे संबंध बना लिये थे। सन् 1996 में श्री आडवानी की भा ज पा में महत्वपूर्ण स्थिति थी। श्री लालकृष्ण आडवानी और श्रीमती सुषमा स्वराज का वरद् हस्त पाकर चौ. बंसीलाल ने भा ज पा के दर्जन के करीब विधायकों का समर्थन हासिल किया। अपने 33 विधायकों के साथ भा ज पा के विधायकों को मिलाने से वे विधानसभा में बहुमत हासिल करने के लिए आजाद विधायकों का समर्थन आसानी से ले पाए।

सन् 1996 के विधानसभा के चुनावों में चौ. भजनलाल को उम्मीदवारों को टिकट वितरण की पूरी छूट थी, लेकिन कांग्रेस पार्टी के विधायकों की संख्या सिकुड़कर दस के करीब रह गई। चौ. बिरेन्द्रसिंह, चौ. सुरजेवाला और चौ. भूपेन्द्र सिंह हुड्डा ने कांग्रेस पार्टी में चौ. भजनलाल के खिलाफ मोर्चा खोल दिया। अपमानजनक हार के बाद हाई कमान को हारे हुओं के बारे में तरह तरह के किस्से सुनने को मिले। राजनीति में प्रचार और प्रतिप्रचार तथा आरोप-प्रत्यारोप सच्चाई की बजाए ज्यादा कारगर होते हैं। विधान सभा में पार्टी का नेतृत्व चौ. भूपेन्द्रसिंह हुड्डा को सौंपा गया, जो लम्बे समय तक सांसद तो रहे थे, लेकिन विधानसभा के सदस्य पहली बार ही बने थे। चौ. भूपेन्द्रसिंह हुड्डा का उत्थान असल में चौ. भजनलाल का पतन था। सन् 1996 के चुनाव कांग्रेस पार्टी से चौ. भजनलाल के वर्चस्व के समाप्त होने की शुरूआत थी।

11

चौ॰ बंसीलाल का चौथा दौर

(1996 - 1999)

'जुबान का पक्का' और 'फैसले लेने वाले' शासक के रूप में मशहूर चौ.बंसीलाल ने अपने वायदे के मुताबिक नशाबन्दी को लागू करने में तनिक भी देर नहीं लगाई। शराब-खानों और रेस्तराओं सहित सभी सार्वजनिक स्थानों पर शराब के उपयोग पर पूर्ण-प्रतिबंध के आदेश जारी कर दिए। कुछ समय तो सब कुछ ठीक-ठाक लगा, महिलाएं पुरुषों से ज्यादा खुश नजर आई क्योंकि उनके जिस्मों पर शराबी पतियों से पिटने के निशान ताजा थे और वे बड़ी मुश्किल से सीमित साधनों के साथ परिवारों की गुजर-बसर करती रही थी, लेकिन हरियाणा जैसे राज्य में बल्कि अन्य किसी भी राज्य में यह स्थिति लम्बे समय तक जारी नहीं रह सकती थी। अत: जल्दी ही इस निर्णय के किले की दीवारों में दरारें पड़नी शुरू हो गई और सत्ता में बैठे लोगों, मंत्रियों, विधायकों एवं उनके दोस्तों और रिश्तेदारों द्वारा शराब-तस्करों को पनाह देने की खबरें हवा में तैरने लगी।

शराब के प्रसार के नवीनतम तरीके शीघ्र ही खोज लिए गए। प्लास्टिक की बोतलें और पाऊच दिखाई पड़ने लगे और उनको गांवों में पहुंचाने के अजीबोगरीब तरीके विकसित कर माफिया ने ऐसा जाल फैला दिया कि घर बैठे ही शराब मिलने लगी, किसी को शराब के लिए भटकने और सुरक्षित जगह तलाशने की जरूरत ही नहीं रही। सरकारी मशीनरी को भी शराब-माफिया के प्रतिरोध की बजाय उसके स्वच्छन्द विचरण में सहायक की भूमिका में धकेल दिया गया और बकौल एक उर्दू शायर अब इस 'आयुवर्धक औषधि' का प्रवाह निर्बाध था।

ऐसी स्थिति में चौ. बंसीलाल असहाय बनकर रह गये। यानी प्रदेश का मुख्यमंत्री जो अपने तानाशाही-प्रशासन के कारण विख्यात था, एक मूकदर्शक

की स्थिति में पहुंच गया। लोगों को विश्वास नहीं होता था कि राज्य में ये क्या-कुछ हो रहा है? लेकिन सब कुछ असलियत में ही हो रहा था। यदि दोपहर के उजाले में नहीं तो शाम के धुंधलके में हो रहा था। यहां तक कि व्यक्तिगत चर्चाओं में और प्राय: अखबारों में भी मंत्रियों और उनके आदमियों के नामों का उल्लेख होता था जो कि भाजपा और एच.वी.पी. पार्टियों से संबंधित थे। भारतीय लोकतंत्र में गिरावट का ये एक ऐसा दौर था जो सन् 1970 के दशक में शुरु हुआ था और 1990 के दशक में और अधिक परवान चढ़ा क्योंकि इस दौर में सत्ता में पहुंचे विधायकों को अपने एजेंडा के बारे में कोई भ्रम नहीं रह गया था। वे तो राजनीति में ताकत हासिल करने आये थे और अब और अधिक ताकतवर बनना चाहते थे ताकि वे वहां डटे रहकर सत्ता-संरचना में भागीदारी के लिए सौदेबाजी कर सकें तथा और अधिक ताकतवर बन सकें।

पूँजीवादी लोकतंत्र की चट्टान पर मद्य निषेध की प्रक्रिया का चूर-चूर हो जाना कोई नई घटना नहीं थी और न ही हरियाणा ऐसा पहला राज्य था जिसने पूर्ण नशाबन्दी के फैसले की असफलता का स्वाद चखा था। इससे बहुत पहले गुजरात राज्य इस अनुभव से गुजर चुका था जहां पर यह मज़ाक खूब प्रचलित था कि यदि किसी को शराब की बोतल चाहिए तो थाने से प्राप्त कर सकता है। हालांकि ऐसे मज़ाक की सच्चाई पर यकीन करना तो मुश्किल होता था लेकिन इससे शासन की विफलता का पता तो चल ही जाता है। इससे पहले यहाँ तक कि अमेरिका में भी जब सन् 1920 में नशाबंदी लागू की गई थी तो वह असफल हो गई थी और नशाबंदी तो खत्म करनी पड़ी लेकिन उसने जिस माफ़िया को पैदा किया वह खत्म नहीं हुआ बल्कि उस समृद्ध देश में वह आज भी विभिन्न रूपों में सक्रिय है।

हरियाणा में भी नशाबन्दी का प्रयोग असफल साबित हुआ और इसने माफिया को जन्म दिया जो कि किसी-न-किसी रूप में आज भी सक्रिय है। बड़ी संख्या में बेराजगार नौजवान भर्ती किये गए और तस्करी के निकृष्ट धंधे की उनको ट्रेनिंग देकर चोरी-चकारी से लेकर छुरेबाजी और गोलीबारी जैसी अपराधिक हरकतों का अनुभव प्रदान किया गया। अपराधियों की ये

फौज हालांकि ज्यादा संगठित और बेहतर संचालित तो नहीं है तो भी यह आज भी अपराधिक हरकतें करती रहती है तथा छोटे-2 समूहों में बिखरी हुई है और लूट, डकैती, फिरौती तथा हत्याओं के अपराधों से ही जीवनयापन करती है।

वही चौ. बंसीलाल जो विकास के नाम से जाना जाता था, उसके रहते हरियाणा राज्य विकास से वंचित हो गया था। इसका मुख्य कारण था 'आबकारी' का बन्द हो जाना क्योंकि वही राजस्व का मुख्य स्रोत था। इसके बदले बंसीलाल ने राजस्व उगाही के कई रास्ते सोचे और कुछ हताशापूर्ण तरीके भी इस्तेमाल किए जैसे पंजीकरण फीस बढ़ाकर 15 प्रतिशत कर दी गई और मोटर-कारों के लिए ईकाई-दहाई के रजिस्ट्रेशन नम्बर मोटी फीस लेकर अलॉट करने शुरू किए। लेकिन आबकारी के भयंकर नुकसान की भरपाई में ये कदम ऊँट के मुँह में जीरा ही साबित हुए। दूसरे इन कदमों से बंसीलाल ने बदनामी ही अर्जित की। स्वास्थ्य और शिक्षा सेवाओं का धन के अभाव में भट्ठा बैठ गया। विश्वविद्यालयों और कॉलेजों में भर्ती पर पाबन्दी लगा दी गई जिससे स्टाफ की बेहद कमी हो गई और अन्तत: शिक्षण एवं शोध की गुणवत्ता में गिरावट आई। यहाँ तक की स्कूलों में नई भर्ती नही की गई। इन सब बातों ने चौ. बंसीलाल की पार्टी के जनाधार को और अधिक घटा दिया। चौ. बंसीलाल के अनुयायी दीवार पर लिखी जा रही इस इबारत को पढ़ना शुरू कर चुके थे, इसलिए उन्होंने अन्य दलों में राजनीतिक शरण के लिए जगह तलाशनी शुरू कर दी थी।

अपने विधायकों की किसी मांग के आगे भी न झुकने वाले चौ. बंसीलाल की ऐसी गत बनी कि वह अपने केबिनेट के साथियों की जन विरोधी गतिविधियों को भी अनदेखा करने के लिए मजबूर हो गए। उनमें से कुछ तो प्राइवेट बसें चलाकर सरकार को वाजिब टैक्स भी न देने की गतिविधि में संलिप्त थे। जबकि सत्ताधरी खेमे के ज्यादातर विधायक हर प्रकार के उस लाभ के लिए लालायित थे जो कि सत्ता के गलियारे में उनकी हैसियत के चलते मिल सकता था। वही बंसीलाल जिसे इस तरह की हरकतों से नफरत करने वाला जाना जाता था, अब आँख मूँदकर बैठ

गया। ऐसा आदमी जो विकास के नाम से जाना जाता था, अब 'विकास के विनाश' से ही संतुष्ट लग रहा था जो विकास कभी उसने बड़ी तेजी और सख्ती के साथ शुरू किया था। सन् 1970 में जो सड़के उसने खुद बनवाई थी अब वे सड़कों का भूत नजर आती थी, लगता था कि वहाँ कभी सड़क रही होगी जो बाद में मुरम्मत की इंतजार करती-करती बह गई। बिजली जो कभी हरियाणा का गौरव होती थी, अब दिन में सिर्फ कुछ घंटों के लिए ही आती थी। जनता को अब संदेह होने लगा था कि क्या यह वही बंसीलाल है जो कभी हरियाणा के निर्माता के रूप में जाना जाता था या फिर उसका भूत है।

जन-प्रतिनिधि होने के नाते विधायक ही जनता के मूड की खबर देने वाले सबसे ज्यादा संवेदनशील मौसमी पंछी होते है। चौ. बंसीलाल के चौथे दौर के तीसरे साल में विधायकों ने भाँप लिया था कि उनका भाग्य पलटी मारने वाला है। जब विधायकों को यह एहसास हो जाता है कि अगले चुनाव में उनकी जीत संदिग्ध है तो यही विधायक जो कि पूरे पाँच साल सदन में जाने से भी कतराते रहते हैं और तभी सदन में जाते हैं जबकि प्रति छमाही सदन का सत्र बुलाया जाना कानूनी बाध्यता होती है तो अगले चुनाव में फिर विधायक बनने के लिए एकदम उल्टी दिशा में मुड़ जाने या कमर के बल झुक जाने जैसी कोई भी जादूगराना कसरत कर सकते हैं। कई बार तो ये कानूनी बाध्यता वाला सत्र भी घटाकर मात्र दो या तीन दिन और प्राय: एक ही दिन कर दिया जाता है। इसलिए बहुतों को आश्चर्य नहीं हुआ जब बंसीलाल के सत्रह विधायक उनसे बगावत कर गए और इनेलो के मुखिया चौ. ओमप्रकाश चौटाला के निकट अपना तम्बू गाड़ लिया। हरियाणा की जनता भी इस तरह की गर्म स्थिति का इंतजार करती रहती है क्योंकि पाँच साल तक की सुस्त चाल से वह तंग आ चुकी होती है और यह चुनाव का समय ही होता है जिसे जनता सबसे ज्यादा पसंद करती है।

मुझे एक प्रकरण याद आता है जिससे पता चलता है कि चुनाव के प्रति हरियाणा की ग्रामीण जनता में कितना असाधारण चाव मौजूद है। जब मैं विधायक था तो एक स्थानीय लोकहितैषी व्यक्ति ने मुझे सोनीपत के एक गांव में आयोजित कार्यक्रम में मुख्य अतिथि के तौर पर आमंत्रित किया। इस कार्यक्रम में उन ग्राम पंचायतों को टी.वी. आदि कई तरह के मुफ्त उपहार

दिये जाने थे जो पंचायतें अपने गांव में सर्वसम्मति से सरपंच बनाने को तैयार हो जाए। सर्वसम्मति से बना सरपंच फिर पंचों को मनोनीत करेगा। इस प्रस्ताव बारे गांव के एक तबके में तो कुछ उत्साह नजर आया परन्तु कुछ लोग निरुत्साहित नजर आये। जब उक्त परोपकारी व्यक्ति ने अपने भाषण में दिए जाने वाले उपहारों की फेहरिस्त बताई तो एक बुजुर्ग आदमी खड़ा हुआ और उपहारों की कीमत पूछी। परोपकारी व्यक्ति ने कीमत बताई तो बुजुर्ग ने कहा कि ठीक है आप इतनी राशि अभी इसी वक्त मुझसे ले जाइये और अपने उपहार अपने घर ले जाइये। हमें तो पाँच साल में एक बार इस तरह का मौका मिल पाता है और आप इसको खत्म करने के लिए चले आए हैं।

इस प्रकार सन् 1999 में एक बार फिर राज्यव्यापी उत्तेजना का अवसर दिखाई पड़ा जब चौ. बंसीलाल की शासक पार्टी के सत्रह विधायक पाला बदलकर चौ. ओमप्रकाश चौटाला की विपक्षी पार्टी की तरफ चले गए ताकि उनके मंत्रीमंडल में वे सभी मंत्रीपद हासिल कर सकें। दरअसल ये सत्रह विधायक श्री चौटाला की मदद से अपना ही केबिनेट बनाना चाहते थे, लेकिन कुछ कठिनाईयां आन खड़ी हुई। उनमें से कई मुख्यमंत्री की कुर्सी के दावेदार थे इसलिए किसी एक पर शीघ्र सहमति नहीं बन सकी। दूसरी ये कि श्री चौटाला भी ऐसे कच्चे खिलाड़ी नहीं थे जो परोक्ष रूप में हाथ आती सत्ता के मौके को हाथ से गंवा देते। जब राजनीतिक सौदेबाजी का मौका आया तो वे अड़ गये। इसलिए आसन्न चुनाव का खतरा और उसमें निर्दलीय अथवा नयी पार्टी बनाकर जीतने के कोई आसार न देखते हुए उन सत्रह विधायकों को चौ. ओमप्रकाश चौटाला को नया मुख्यमंत्री स्वीकार करना पड़ा। ये अलग बात है कि ये सब एक संक्षिप्त ड्रामेबाजी के बाद ही हुआ था।

इस तरह गड्ढे में धकियाए हुए हताश श्री बंसीलाल ने फिर उसी कांग्रेसी खेमे में शरण मांगी जहां से उन्हें निष्काषित किया गया था और जिसकी वे अत्यधिक भर्त्सना करते थे। यहां तक कि पार्टी की सर्वाधिक सम्मानयोग्य अध्यक्षा श्रीमती सोनिया गांधी के खिलाफ भी अशोभनीय बयानबाजी करते रहे थे। इससे साबित होता है कि राजनीतिक पार्टियों के लिए किसी

टिप्पणियों का कोई अर्थ नहीं है। बशर्ते उनकी अनदेखी करने पर राज्य अथवा केन्द्र में सत्ता पर कब्जा हो सकता हो। चौ. चरण सिंह और श्री चन्द्रशेखर के उदाहरण हमारे सामने हैं और ऐसे ही अनेक किस्से दूसरे कई राज्यों के भी जगजाहिर हैं। इसलिए कांग्रेस की सर्वाधिक शक्तिशाली- अध्यक्षा के खिलाफ की गई टिप्पणियों को भी नजरअंदाज किया गया ताकि चौ. बंसीलाल को सहयोग देकर कांग्रेस पार्टी राज्य की सत्ता में हिस्सा पा सके और कुछ अरसा बाद राज्य में कांग्रेस की सरकार बनने के आसार बन सकें। इसलिए कांग्रेस संसदीय पार्टी के तत्कालीन नेता चौ. भूपेन्द्र सिंह हुड्डा ने चौ. बंसीलाल का तत्काल स्वागत किया और कांग्रेस हाईकमान से इस सौदेबाजी का अनुमोदन कराया और हाईकमान श्रीमती सोनिया गांधी ही थी।

सौदा ये हुआ था कि फिलहाल कांग्रेस पार्टी बंसीलाल की सरकार को समर्थन देकर गिरने से बचा लेगी और कुछ माह बाद बंसीलाल अपनी पार्टी एच.वी.पी. का कांग्रेस में विलय कर देंगे अथवा बंसीलाल मुख्यमंत्री का पद चौ.भूपेन्द्र सिंह हुड्डा को सौंप देंगे जोकि जो उस वक्त कांग्रेस पार्टी के सदन में नेता थे। इस सौदेबाजी से उस वक्त चौ. बंसीलाल की सरकार को जीवनदान मिल गया क्योंकि कांग्रेस और निर्दलीय विधायकों ने मिलकर चौ. बंसीलाल की सरकार के समर्थकों की संख्या 46 के आंकड़े तक पहुंचा दी थी। लेकिन ये जोड़तोड़ चिरस्थायी नहीं रह पाया क्योंकि परदे के पीछे काफी कुछ घट चुका था। बंसीलाल ने एच वी पी का कांग्रेस में विलय करने और सन् 2001 के चुनावों से पूर्व मुख्यमंत्री की कुर्सी छोड़ने में अनिच्छा प्रकट कर दी थी। इसलिए ये जोड़-तोड़ ज्यादा नहीं चल सका। कांग्रेस ने चौ. बंसीलाल की सरकार से समर्थन वापिस ले लिया और इस तरह चौ. बंसीलाल की सरकार धराशायी हो गई। लिहाजा उनको पद त्यागना पड़ा और इस तरह चौटाला के लिए मैदान खाली हो गया था।

कांग्रेस ने सोचा था कि समर्थन वापसी से चुनाव होगा लेकिन ऐसा नहीं हो सका, बल्कि हुआ ये कि चुनाव से भयभीत भगोड़े विधायकों ने चौ. ओमप्रकाश चौटाला को मुख्यमंत्री बनाना मंजूर कर लिया और उनमें से कुछ को ही मंत्री पद मिल पाया। हालाँकि दोनों खेमों में बेचैनी भी रही लेकिन भगोड़े विधायक चौटाला की समस्त चालों से अनभिज्ञ थे और इस स्थिति

में चौटाला को भी अपना शतरंजी कौशल दिखाने का पूरा मौका मिल चुका था। अत: उसने भगौड़ों की नाक रगड़वा कर पूर्ण आत्मसमर्पण करवाकर ही उन्हें स्वीकार किया था।

चौ. ओमप्रकाश चौटाला भी अन्यों की तरह यह समझते थे कि 'होणी को लम्बे समय तक टाला नहीं जा सकता।' इसलिए नियत समय से एक साल पहले ही विधान सभा चुनाव करवाना पड़ा। चौ.चौटाला ने भी समय से काफी पहले ही जनता के मूड को भाँप लिया था। उसने अच्छी तरह जान लिया था कि अधिकांश जनता का काँग्रेस से मोह भंग हो चुका है। हालांकि शुरू में जनता काँग्रेस को सत्ता में लौटाने के मूड में थी, क्योंकि बारी के हिसाब से भी काँग्रेस का नम्बर पड़ता था। यूँ तो चौ. बंसीलाल भी जाट मुख्यमंत्री थे और उन्हें गैर-जाटों की आकाँक्षाओं को प्रशस्त करना चाहिए था, परन्तु वह उस वक्त काँग्रेस में नही थे। इसलिए अब चौ. भजनलाल ही थे जो हरियाणा में गैर-जाट आकाँक्षाओं के प्रतिनिधि बनकर उभर चुके थे। गैर-जाटों ने सोचा कि वही ऐसा व्यक्ति है जो राज्य की सत्ता संरचना में उनको हिस्सेदारी दिलवा सकता है। अपने शासन काल में जिस तरह चौ. देवीलाल और उनके बड़े पुत्र चौ. ओमप्रकाश चौटाला ने जाटों का पक्ष लिया था ठीक उसी तरह चौ. भजनलाल ने गैर-जाटों का पक्ष लेकर तराजू को बराबर कर दिया था, हालाँकि काँग्रेस में रहते हुए चौ. बंसीलाल भी जातिवादी राजनीति करने वाले के रूप में नहीं जाने जाते थे, लेकिन अब काँग्रेस से बाहर होकर एच वी पी के मुखिया के रूप में राज्य की तात्कालिक राजनीति ने उन्हें मजबूर कर दिया कि वह उसी समुदाय का पक्ष लें जिसका पक्ष चौ. भजनलाल नहीं लेते थे (अर्थात जाट समुदाय का)

आखिर हरियाणा की जनता सन् 2000 के चुनाव में चौ. ओमप्रकाश चौटाला की तरफ क्यों झुकी और काँग्रेस से विमुख क्यों हुई यह समझना थोड़ा मुश्किल है क्योंकि घटनाक्रम बड़ी तेजी से बदला था। चौ. बंसीलाल की सरकार के पतन के समय में लोगों को कहते सुना था कि वे स्पष्ट तौर पर काँग्रेस के पक्ष में जायेंगे और वे गैर-जाट को मुख्यमंत्री देखना चाहते हैं। पता नहीं चौ. भूपेन्द्र सिंह हुड्डा ने कोई युक्ति लड़ाई या जिस तरह काँग्रेस ने पहले चौ. बंसीलाल की सरकार को समर्थन दिया और फिर जल्दी ही

स्पोर्ट वापिस लेकर सरकार गिरायी उससे जनता में नाराजगी पैदा हुई कहना मुश्किल है। खैर, जनता का मूड़ तेजी से बदला और लोग चर्चा करते सुने गए कि काँग्रेस का खेल खत्म हो चुका है। यदि चौ. भूपेन्द्र सिंह हुड्डा ने ही चौ.ओम प्रकाश चौटाला को हटाना था तो फिर चौ. बंसीलाल को किसने हटाया था- गैर-जाट मतदाताओं ने। ऐसा प्रतीत होता है कि जाट-आधिपत्य का दौर अभी लम्बा चलेगा। जनता तो जाति का हिसाब रखती है, व्यक्ति का नहीं रखती। एक व्यक्ति के रूप मे चौ. भूपेन्द्र सिंह हुड्डा पर कभी भी जातिवाद की छाप नहीं रही-लेकिन उसका जाट जाति से होना ही गैर-जाटों के लिए पर्याप्त कारण था कि फिर उसी वर्चस्वशाली जाति का आदमी आएगा जिस जाति को वे सबसे ज्यादा नापसंद करते हैं। हो सकता है ऐसी ही भावना ने इस स्वाद को कांग्रेस के खिलाफ मोड़ दिया हो। इसके अलावा कोई दूसरा कारण नजर नहीं आता कि जनता ने अचानक अपना रूझान क्यों बदल लिया था।

यदि कांग्रेस पार्टी किसी कारण गैर-जाटों की आकांक्षाओं को आघात करती है तो गैर-जाट समुदाय गैर-कांग्रेस गठबंधन के पक्ष में चला जाता है। ऐसी स्थिति में शहरी वोटर कांग्रेस की बजाए भाजपा को पसंद करते है। और ग्रामीण गैर-जाट वोटर भाजपा के सहयोगी लोकदल के पीछे चले जाते हैं। लोकदल भाजपा का यह पुराना गठबंधन केवल सन् 1996 के चुनाव में टूटा था क्योंकि उस वक्त राज्य में चौ. बंसीलाल के नेतृत्व में एच वी पी के रूप में एक नई गैर-काँग्रेस पार्टी उभर आई थी। क्योंकि चौ.बंसीलाल को ज्यादा जाट-मानसिकता का नेता नहीं माना जाता था इसलिए भाजपा ने लोकदल नेता चौ. ओमप्रकाश चौटाला की बजाय चौ. बंसीलाल को ही साथ लेना पसंद किया। ये दूसरी बात है कि हालात ने चौ. बंसीलाल को मजबूर कर दिया कि अपने संक्षिप्त शासन काल में उनका झुकाव जाटों की तरफ मोड़ दिया।

इस दौर में जहाँ गैर कांग्रेस राजनीति में बदलाव आया वहीं पर कांग्रेस की राजनीति में भी बदलाव आया। क्योंकि अब कांग्रेस पार्टी के भीतर चौ. भूपेन्द्र सिंह हुड्डा के रूप में मुख्यमंत्री के पद का दावेदार एक मात्र नेता उभर चुका था। इससे पूर्व सन् 1991 में भी चौ. बिरेन्द्र सिहं की तरफ से एक जाट की चुनौती आयी थी परन्तु तब उस चुनौती को चौ. भजनलाल ने

परास्त कर दिया था और राज्य की राजनीति की जाट और गैर-जाटों को बारी-बारी की परम्परा को कायम रखा था। चौ.भूपेन्द्र सिंह हुड्डा की चुनौती जरा ज्यादा पुख्ता थी क्योंकि यह बहुसंख्यक जाट समुदाय की मजबूत पट्टी से उभर कर आई थी। चौ.भूपेन्द्र सिंह हुड्डा रोहतक जिला से है जहां का जाट-समुदाय परंपरागत तौर पर दबंग माना जाता है जो स्वाभाविक तौर पर दूसरों पर भारी पड़ता है और उनके लिए गांव स्तर पर या राज्य स्तर पर सत्ता हथियाने का कोई रास्ता ही नही छोड़ता है। शायद यही कारण था जिसने सन् 2000 के चुनाव में गैर-जाट समुदाय को गैर-कांग्रेसी गठबंधन के पक्ष में मोड़ने का काम किया था।

सत्ता की अदला-बदली के इस क्रम में अधिकांश गैर-जाट वोटरों ने हर पांचवें वर्ष कांग्रेस के बदले भाजपा और भाजपा के बदले कांग्रेस को पसंद किया। और इस बदलाव के पीछे कोई भावना या सनक नहीं थी बल्कि यह उनकी मजबूरी थी। क्योंकि सही मायने मे कोई भी सरकार जनता की सरकार नही थी। राजनीति गठजोड़ था तो सत्तासीन गठजोड़ के प्रति असंतोष के कारण था। हर गठजोड़ किसी लोकलुभावने नारे की लहर पर चढ़कर सत्ता पर काबिज होता रहा है। और जनता की असली दिक्कतों को दूर नहीं किया है। जनता के पास हर पाँच साल बाद इस गठजोड़ को बदलने के अलावा कोई विकल्प नहीं रहा है, बेशक ये बदलाव चाहे जैसा भी होता हो। हर बार जनता ने यही देखा कि सत्ताधरी नये-2 लोग अपनी जेबें भर रहे हैं। हालांकि सत्ता-हड़पू गुट आकार मे बहुत बड़े नहीं परन्तु .... जनता को हर बार अपने दुर्भाग्य से ही संतोष करना पड़ा है, चाहे सत्तासीन कोई भी रहा हो।

चाहे जो हो सन् 2000 के चुनाव में चौटाला और भाजपा गठबंधन ने एकबार फिर सत्ता पर कब्जा कर लिया। अन्तर ये था कि अबकी बार चौटाला को सदन में स्पष्ट बहुमत हासिल था और उसने भाजपा के बाहर रहते हुए ही सरकार बना ली थी। हालांकि चौटाला ने बार-बार भाजपा को सरकार में शामिल होने का न्यौता दिया परन्तु भाजपा शामिल न हो सकी। इसका एक कारण तो चुनाव के दौरान भाजपा के साथ किये गये व्यवहार की खटास थी और दूसरा कारण यह हो सकता है कि भाजपा को केन्द्र

सरकार में चौटाला की पार्टी को मंत्रीपद देना पड़ सकता था। अब तक हरियाणा में चौटाला अपने दल का निर्विवाद नेता स्थापित हो चुका था क्योंकि चौ.देवीलाल की सेहत ठीक नहीं रह गई थी और चौटाला उनका उपयोग सिर्फ रैलियों में भावनात्मक अपील बढ़ाने के लिए करता था। जोकि वाकई असरदार साबित हुई थी। इसलिए चौटाला ने भाजपा की मांग से बहुत कम सीटें छोड़ी और उनमें भी भाजपा को ऐसी सीटें दी जिन पर इसका जीतना बहुत मुश्किल था और जब निर्णय का मौका आया तो कई सीटों पर उनके खिलाफ निर्दलियों को मदद करके उन्हें हरवा दिया। नतीजतन भाजपा की सीट संख्या दहाई का आंकड़ा भी नहीं छू सकी।

इतना ही नहीं चौटाला ने केन्द्र में भी भाजपा के साथ चालें चलीं। सन् 1996 और 2000 के बीच तीन बार लोकसभा के चुनाव हुए और चौटाला ने एकाधिक बार भाजपा को समर्थन देकर वापिस ले लिया। जब कांग्रेस तथा भाजपा किसी को भी स्पष्ट बहुमत नहीं मिल सका तो भाजपा ने सरकार बनाने का दावा पेश किया और सरकार बनायी भी लेकिन वह चन्द दिनों तक ही टिक सकी। इस दौरान भाजपा को मुश्किल दिनों में हरबार चौटाला का मुंह ताकना पड़ा और चौटाला ने तभी समर्थन दिया जब उसको माफिक आया और वह भी पूरी कीमत वसूल करने के बाद। इस स्थिति ने भाजपा के केन्द्रीय नेतृत्व को परेशान कर छोड़ा और उन्होंने चौटाला की पार्टी के साथ आगे कोई-संबंध न रखने का मन बना लिया था।

चौटाला के मन में भी भाजपा के प्रति कोई कम खटास नहीं थी क्योंकि सन् 1996 के चुनाव में भाजपा परम्परागत गठबंधन को तोड़कर चौ. बंसीलाल के साथ जा मिली थी। चौटाला इस कड़वाहट को भूले नहीं थे। अपनी कड़वाहट और प्रतिघात के लिए मशहूर चौ.चौटाला को भाजपा से हिसाब बराबर करने का सन् 2000 के चुनाव से अच्छा कोई मौका नहीं हो सकता था। चौ.चौटाला जानते थे कि वोटरों का बहुमत चौ.बंसीलाल से नाराज है, गैर-जाट वोटरों का भी एक हिस्सा कांग्रेस से इसलिए खफा है कि चौ. भजनलाल की जगह लेने के लिए कांग्रेस में भी एक जाट नेता (चौ.भूपेन्द्र सिंह हुड्डा) तैयार बैठा है। चुनाव में अपना पलड़ा भारी देखकर

चौ.चौटाला ने पूरा जोर लगा दिया और पूरे आत्मविश्वास के साथ चुनाव में उतरे और अपनी पार्टी के लिए बहुमत जुटाने में कामयाब हुए।

इससे पूर्व सन् 1989 और 1991 के बीच भी चौ. ओमप्रकाश चौटाला ने अपनी पार्टी का नेता स्थापित होने के कई प्रयास किए थे, विशेषकर जबकि उनके पिता चौ. देवीलाल भारत के उप-प्रधानमंत्री बन गए थे, लेकिन हर बार उसकी पार्टी के अंदर मौजूद शक्तियों ने ही उनका रास्ता रोक लिया था। इन शक्तियों में खुद उनके दोनों भाई चौ. रणजीत सिंह व चौ. प्रतापसिंह भी थे और इनके अलावा चौ.चौटाला के मित्र चौ. विरेन्द्र सिंह और चौ. सम्पतसिंह भी शामिल थे।

उस समय चौ. देवीलाल खुदमुख्तार थे और चौ.चौटाला के दोनों भाई और उपरोक्त मित्र चौ. देवीलाल से सम्पर्क करके चौ.चौटाला के सम्भावित नेतृत्व के रास्ते में अड़चनें खड़ी कर दिया करते थे। इसलिए आश्चर्य की कोई बात नहीं कि उस छोटे से दौर में चौ. चौटाला ने तीन बार मुख्यमंत्री पद की शपथ ली और तीनों ही बार उसे इस्तीफा देना पड़ा था। कुल मिलाकर कुछ महीनों और कुछ दिनों तक ही वह मुख्यमंत्री की कुर्सी पर बैठ पाए थे, लेकिन अब स्थितियां बदल चुकी थी। चौ. देवीलाल दखल देने की स्थिति में नहीं रह गए थे। दोनों भाइयों को भी पार्टी से बाहर कर दिया गया था। जहां तक दो मित्रों का सवाल है चौ. विरेन्द्र सिंह कांग्रेस में चले गए थे और चौ. सम्पत सिंह को सेवाभाव के साथ पार्टी में रहने को विवश कर दिया गया था। चौ. ओमप्रकाश चौटाला अब अपनी पार्टी के सर्वोच्च नेता बन चुके थे और पार्टी के अन्दर से उन्हें कोई चुनौती नहीं थी। वह जो चाहते उसे कर दिखाने के अब उनके पास पर्याप्त अवसर मौजूद थे। उन्होंने एक राजनेता और प्रशासक के रूप में पांच वर्ष के दौरान (2000-2005) अपनी काबलियत का भरपूर एहसास भी कराया है।

12

चौ. ओमप्रकाश चौटाला का पूर्णकाल (2000 - 2005)

सरकार व पार्टी दोनों की लगाम इनेलो प्रधान चौधरी ओमप्रकाश चौटाला के हाथ में होने के कारण सत्ता पर उनका पूर्ण अधिकार था, उन्होंने हरियाणा के इतिहास में केवल आठ मंत्रियों के साथ सबसे छोटा मंत्रीमण्डल बनाया। लोकतन्त्र की हानि एक तरह से लोगों के लिए लाभकारी सिद्ध हुई, क्योंकि इससे मंत्रीमंण्डल के भारी भरकम खर्चों में कमी आई। हरियाणा में सत्ता की परम्पराओं के मुताबिक चौ. ओमप्रकाश चौटाला के दोनों बेटों ने हरियाणा के प्रशासनिक व सरकारी कार्यो में मदद की। यह 'महान' परम्परा पहले मुख्यमंत्री चौ. बंसीलाल ने शुरू की थी, उनके बेटे चौ. सुरेन्द्र सिंह व बेटी सरोज सिवाच ने सरकार चलाने में उनकी खूब मदद की। बाद में चौ. भजनलाल के बेटे श्री चन्द्रमोहन व श्री कुलदीप बिश्नोई ने भी यही किया। चौधरी देवीलाल की भी उनके दो बेटों चौ. ओमप्रकाश चौटाला व चौ. रणजीत सिंह ने मदद की। लेकिन केवल हरियाणा के राजनीतिज्ञों को ही इसका दोषी नहीं ठहराया जा सकता, क्योंकि भारत के अन्य राज्यों में भी परम्पराएं इसी तरह मौजूद हैं। असल में इसका जन्म मध्यकाल में निरकुंश राजतन्त्र के दौर में हुआ है।

चौ.चौटाला की सरकार की शुरूआत तो शान्तिपूर्ण रही, लेकिन जल्दी ही अफवाहें उड़ने लगी कि उनके एम.एल.ए. और मंत्री उनसे व उनके बेटों के काम करने के तौर तरीकों से खुश नहीं है। चूंकि ज्यादातर मंत्री नए थे, इसलिए उन्हें पता नहीं था कि हरियाणा या किसी भी राज्य में मंत्री होने का अर्थ क्या होता है। कई बार मंत्री रहे और एक से अधिक मुख्यमंत्रियों के साथ काम कर चुके श्री हीरानन्द आर्य ने अनेक लोगों की उपस्थिति में

टिप्पणी करते हुए मुझसे कहा था कि हरियाणा में केवल एक ही मंत्री है बाकी तो सब संतरी हैं।

श्री हीरानन्द आर्य का यह कथन गलत नहीं था क्योंकि सरकार की सारी सत्ता केवल मुख्यमंत्री के हाथों में ही केन्द्रित थी। मंत्री अपना काम निकलवाने के लिए मुख्यमंत्री के ओ.एस.डी. या व्यक्तिगत स्टाफ को सलाम करते हुए देखा जा सकता है। कई बार तो मंत्री मुख्यमंत्री से अपने काम निकलवाने के लिए मुख्यमंत्री के बेटे को अपने साथ लेकर जाते देखे गये हैं। चौ. ओमप्रकाश चौटाला हरियाणा में जो कर रहे थे, उसमें कुछ भी असामान्य नहीं था, हां कुछ मंत्री इस 'परम्परा' से अवगत नहीं थे।

चौ. चौटाला के सरकार बनाने के कुछ ही महीने बाद ही बगावत की बू आने लगी थी। हुआ यूं कि राजनीति में नौसिखिये मंत्री ने अपने जाति भाई आई.जी.(सी.आई.डी.) से कहा कि अगली सुबह हरियाणा में उनकी सरकार होगी। पुलिस अधिकारी बात पकड़ नहीं पाया और कहने लगा की सरकार तो अभी भी उनकी ही है, वे दोनों तो बड़े ओहदों पर विराजमान हैं। इस पर मंत्री ने खुलासा करते हुए कहा की वे खुद मुख्यमंत्री बनने जा रहे हैं क्योंकि बहुत से विधायक बगावत करने का निर्णय कर चुके हैं और कांग्रेस ने भी समर्थन का वायदा किया है। असल में वह मंत्री पहली बार बना था और शायद राज्य में राजनीति और पुलिस के रिश्ते को नहीं जानता था। मंत्री के जाते ही आई.जी. (सी.आई.डी.) ने मुख्यमंत्री को बता दिया की उनकी सरकार में क्या खिचड़ी पक रही है।

संगठन और प्रशासन पर मजबूत पकड़ के लिए विख्यात हरियाणा के मुख्यमंत्री चौ. ओमप्रकाश चौटाला ने साजिश रचने वालों को न केवल पुलिस से बल्कि अपने पार्टी के लठैतों से भी एक-एक करके पिटवाया। महत्वाकांक्षी विधायकों और मंत्रियों पर एक तरफ जहां पुलिस नजर रख रही थी वहीं दूसरी तरफ पार्टी वर्कर भी किसी व्यक्तिगत कार्यक्रम में भाग लेने पर उनको अपमानित करते थे। ऐसा सुना गया है कि वह 'भावी' मुख्यमंत्री अपने साथियों के साथ जब सचिवालय में आंठवी मंजिल पर स्थित अपने दफ्तर जा रहे थे, तो इनेलो समर्थकों ने उनमें से कुछ की तो धुनाई भी कर

डाली। ये पिटे हुए मंत्री व विधायक इन अफवाहों का खंडन करने व मुख्यमंत्री तथा उनके बेटों की प्रशंसा करने को मजबूर थे और ये 'सम्मानित मंत्री' जब इन अफवाहों का खंडन कर रहे थे तो कोई इन्हें झूठा नहीं मान सकता था क्योंकि ये थे तो आखिर 'सम्मानित लोग'।

इस अधकचरी बगावत को दबाने के बाद चौ. ओमप्रकाश चौटाला को अपनी पार्टी या सरकार के बारे में चिंता करने की कोई बात नहीं थी। ये कोई छोटी-मोटी सफलता नहीं थी, क्योंकि चौ.बंसीलाल जैसा लौह पुरूष भी सन् 1996 से सन् 1999 के बीच मुख्यमंत्री था तो अपने विधायकों और मंत्रियो को संभालकर नहीं रख पाया था। उसके लगभग आधे विधायक भाग कर चौ.चौटाला से जा मिले थे। इन विधायकों को सबक सिखाने का काम भी चौ.बंसीलाल ने नहीं, बल्कि चौ. ओमप्रकाश चौटाला ने किया। उसने उन्हें गन्ने की तरह चूस कर फेंक दिया। अपने इस काम के लिए चौ. ओमप्रकाश चौटाला को हमेशा याद किया जाएगा। हरियाणा की राजनीति को बदनाम करने वाला 'आया राम गया राम' का जो खेल सन् 1967 से शुरू हुआ था, उसे चौ. ओमप्रकाश चौटाला ने दूसरी पार्टी के बागियों को सजा देकर खतम किया।

दल-बदल विरोधी कानून इस 'आया राम गया राम' की घटिया राजनीति को खत्म करने का कारगर साधन सिद्ध हुआ। इस कानून का वास्तविक स्वरूप श्री राजीव गांधी के प्रधानमंत्रित्व काल (सन् 1984-1989) के दौरान लागू किया गया, जो किसी भी पार्टी विधायकों की कम से कम एक तिहाई संख्या को ही दल बदलने की छूट प्रदान करता था। लेकिन 20वीं शताब्दी के अंतिम वर्ष में जो संशोधन हुआ उसने दल-बदलू राजनीति को लगभग खत्म ही कर दिया, क्योंकि अब दल बदलने के लिए विधायक दल का दो तिहाई बहुमत चाहिए। इस तरह से चौ. ओमप्रकाश चौटाला ने जो किया वो हरियाणा की राजनीति में एक दुर्लभ चीज थी। इस तरह का उदाहरण भारत के किसी और राज्य में तो देखने को नहीं मिलता। सन् 1989 के महम उपचुनाव के बाद जो लोग चौटाला को उसके पिता की तरह पसंद नहीं करते थे, उन्होंनें भी कुछ अच्छाई देखनी शुरू कर दी। इस तरह से उन्होंनें जो कुछ भी दल-बदलू विधायकों के साथ किया वो प्रशंसनीय था।

दूसरा प्रशंसनीय काम जो चौ. ओमप्रकाश चौटाला ने अपने सन् 1999-2005 के मुख्यमंत्री काल में किया वो था ग्रामीण क्षेत्रों का विकास। उन्हें पूरा अहसास था कि उनका वोट बैंक गांवों में ही है, इसलिए उन्होंने अपना समय और सरकारी खजाना गांवों के लिए खोल दिया। उन्होंने खासतौर से खुद के व अपने बेटों के हल्कों के गांवों में सड़कों का जाल बिछाया, गांव के लड़कों को पुलिस, परिवहन व अन्य क्षेत्रों में नौकरियां दी। इस का असर दोनों तरह से हुआ यदि लाभ प्राप्त करने वाले लोग खुश हुए तो दूसरे लोग नाराज भी हुए। चौ. ओमप्रकाश चौटाला के किसानों के प्रति लगाव ने दूसरे लोगों को नाराज भी किया। इस प्रकार नाराज लोगों की संख्या खुश लोगों से कई गुना हो गई। लेकिन ज्यादातर क्षेत्रीय पार्टियां ऐसा ही करती हैं। जब कभी व सत्ता में आती हैं, तो अपनी जाति के लिए ही काम करती हैं और जब तक उनकी अपनी जाति के लोग खुश रहते हैं तो वे दूसरों की परवाह नहीं करते।

चौ. ओमप्रकाश चौटाला के सशक्त शासन का एक और नकारात्मक पक्ष उनका अपने राजनैतिक प्रतिद्वन्द्वियों के विरूद्ध बदले की कार्रवाई करना था। महम से चौ. आनंदसिंह दांगी, जींद के चौ. जयप्रकाश, किसान यूनियन के चौ. घासीराम नैन आदि उनके राजनैतिक प्रतिशोध के शिकार बने। ये तीनों ही किसी समय चौ. ओमप्रकाश चौटाला के सहयोगी थे, लेकिन बाद में उनसे अलग होकर इन्होंनें उनका विरोध किया। करनाल के श्री तेजिन्द्र सिंह मान जो सन् 1970 से ही चौ. देवीलाल परिवार के निशाने पर थे, इस समय सबसे ज्यादा भुक्त भोगी रहे। जब कभी भी चौ.देवीलाल परिवार की सरकार आई तो इस व्यक्ति पर अपराधिक मामले बना कर सलाखों के पीछे डाल दिया गया। अन्यों ने भी कई महीने जेल में बिताने पड़े। ये भी सुनने में आया कि चौ. चौटाला के शासन काल में इन जन प्रतिनिधियों को जेल में शारीरिक यातनाएं भी भोगनी पड़ी। लेकिन इन अफवाहों की सच्चाई बताने की जरूरत किसी ने भी नहीं समझी। इस तरह की अफवाहें चाहे झूठी ही क्यों न हों लेकिन जनमानस की विचारधारा पर गहरा असर ड़ालती हैं। इस प्रकार जनता में चौ.चौटाला के शासन के प्रति आतंक पैदा हुआ। चौ. ओमप्रकाश चौटाला के शासन की दुखपूर्ण बात यह रही कि बिना सही

जानकारी के सही माध्यम का स्थान अफवाहों ने ले लिया। आम जनता डरी सहमी थी और सरकारी गुर्गों से अपने आप को छिपा कर रखना चाहती थी। जिन्होंनें इस शासन में लाभ उठाया था उनके सिवाय बाकी सारी जनता लगातार पार्टी और सरकार से दूर होती चली गई। जिस तरह की हवा बह रही थी वो जाट कौम को भी अपने साथ बहा कर ले गई, क्योंकि जातियां अलग-2 स्थानों पर अकेली-2 नही रहतीं बल्कि सभी मिश्रित समाज में रहते हुए प्राकृतिक व मानव निर्मित आपदाओं का मिलजुल कर सामना करते हैं।

इससे पहले कि चौ. चौटाला की सरकार अपना आधा कार्यकाल भी पूरा करती, लोग परिवर्तन की बात करने लगे। मुख्यंमत्री का छोटा बेटा चौ. अभय चौटाला राज्य में सबसे भयावह व्यक्तित्व बन कर उभरा। बड़े बेटे चौ. अजय चौटाला को कुछ हद तक विनम्र माना जाता था, इसलिए वो लोकप्रिय थे। चौ. अभय चौटाला क्या थे और क्या नहीं इससे कोई फर्क नहीं पड़ता, क्योंकि लोकतंत्र में जहां हर पाँच वर्ष बाद और अक्सर इससे पहले चुनाव होता हो वहां किसी भी व्यक्ति की जनता में जो छवि है वही मायने रखती है। इन सभी बातों ने चौटाला सरकार को जनता में अलोकप्रिय बना दिया और उनमें परिवर्तन की भावना को मजबूत किया।

लेकिन अब प्रश्न यह था कि इनका स्थान कौन लेगा, कांग्रेस के खेमे में कई लोग इसके लिए तैयार बेठै थे, जिनमें चौ. भजनलाल, चौ. भूपेन्द्रसिंह हुड्डा, चौ. बिरेन्द्रसिंह, चौ. शमशेर सिंह सुरजेवाला और उनका पुत्र भी ये इच्छा लिए थे। सन् 2005 के चुनाव से पहले कांग्रेस पार्टी ने एक महत्वपूर्ण परिवर्तन किया। 2004 में चौ. भूपेन्द्रसिंह हुड्डा के लोक सभा में चुनाव जीतने के बाद चौ. भजनलाल को राज्य इकाई का अध्यक्ष बनाया। इससे गैर-जाटों के मन में उम्मीद की एक किरण जागी।

हरियाणा जैसे छौटे राज्य में किसी एक जाति को दी गई नौकरियों में यहां तक कि बदलियों में भी प्राथमिकता देना सरकार के भाग्य को निर्धारित कर सकता है। तीन साल चौ. बंसीलाल. की सरकार व उसके बाद 6 साल तक चौ. ओमप्रकाश चौटाला की सरकार के बाद गैर-जाट सोच रहे थे कि

अब मुख्यमंत्री की बारी उनकी है और इसी आधार पर वे चौ.भजनलाल का समर्थन कर रहे थे।

कोई विश्वास करे या न करे एक बार एक पुलिस अधीक्षक ने अपने एक नजदीकी पत्रकार को बताया कि चौ. ओमप्रकाश चौटाला के राज में निर्देश था (मौखिक) कि किसी भी जाट के खिलाफ गैर-जाट के कहने पर एफ.आई.आर. न लिखी जाए। जब पुलिस अधिकारी का ध्यान चौ. तेजिन्द्र सिंह मान, चौ. आनंदसिंह दांगी और चौ. घासीराम नैन के खिलाफ दर्ज केसों की ओर दिलाया गया, तो उसने कहा कि ये तीनों मामले तो राजनैतिक हैं। मामला चाहे कुछ भी हो जनता इस बात से परेशान थी कि पिछले नौ वर्षो में दो जाट मुख्यमंत्रीयों के काल में स्पष्ट रूप से केवल एक ही जाति का समर्थन किया गया है। हम सभी जानते हैं कि जब अफवाहों का बाजार गर्म हो तो किस तरह से राई का पहाड़ बनता है। जनता की यही भावनाएं राजनैतिक पार्टियों और उनके नेताओं का भाग्य निर्धारित करती हैं।

अब हम दोबारा कांग्रेस के खेमे की ओर लौटते हैं, सन् 2005 के चुनाव में अधिकतर लोग मुख्यमंत्री बदलना चाहते थे और अपनी नजरें चौ. भजनलाल पर गड़ाए थे। हरियाणा राज्य की छोटी सी दुनिया में राजनीति पार्टी की बजाए जातिगत संबंधों के इर्द-गिर्द घूमती है। चौ.भजनलाल जाट विरोधी भावनाओं के प्रतीक बन कर उभरे, उन्हें ब्राह्मणों, पंजाबियों के अलावा जाटों के आंतक तले जी रही दूसरी दबी-कुचली जातियों का समर्थन हासिल था। जाटों मे एक प्रवृति पाई जाती है कि वो जितने है उससे ज्यादा दिखाई देने की कोशिश करते हैं। उदाहरण के लिए यदि कोई जाट सरकारी नौकरी पा जाए तो वो बताता घूमेगा कि किस प्रकार बड़े अधिकारी उसके साथ हैं। दूसरी बात यदि जाट अपने प्रतिद्वन्द्वी से आगे निकल जाए तो वो न केवल खुद खुश होता है, बल्कि दूसरे का जीना भी दूभर कर देता है। इस बारे में दो कहानियां दिमाग में आती हैं।

बात चौ. छोटूराम के जमाने की है, गोहाना के निकट के गांव के एक सूदखोर ने जिसका अंग्रेज सरकार से अच्छा संबंध था गांव से एक जाट

जैलदार को हटवा दिया। अब वो जैलदार चौ. छोटूराम के पास लाहौर पहुचाँ जो उस समय पंजाब की युनियनिस्ट पार्टी की सरकार में मंत्री थे और उन्हें बताया कि उसके जैलदारी से हटाए जाने पर जाटों का कितना अपमान हुआ है। जब चौ. छोटूराम ने उसे बहाल करवा दिया तो वो सीधा उस सूदखोर के घर गया और डण्डे से दरवाजा खटखटाया। जब वो बाहर निकला तो जेलदार ने उससे कहा कि 'तेरा फूफा फिर आ गया' इस पर उस सूदखोर ने उत्तर दिया 'चौधरी ये मत समझना कि ये केवल तुम्हारी खुशकिस्मती से ही हुआ है, इसमें कुछ हमारी बदकिस्मती भी शामिल है'।

दूसरी घटना उन दिनों की है जब घोड़ा ही एक मुख्य सवारी हुआ करती थी। एक आदमी एक जाट के पास घोड़ा मांगने के लिए गया। जाट ने कहा कि घोड़ा तो नहीं मिल सकता, क्योंकि उसका बेटा घोड़ा लेकर दूसरे गांव गया हुआ है। ना सुनने के बाद वो आदमी थोड़ी दूर ही गया था कि जाट ने उसे दोबारा बुलाया। उसने सोचा कि शायद घोड़ा आ गया है लेकिन जब वह जाट के पास पहुंचा तो जाट ने कहा 'घोड़ा यदि घर पर होता तो भी मै तुझे घोड़ा नही देता' क्योंकि तुम मेरे बेटे की सगाई में नही आए थे।

ग्रामीण जाट मुंहफट होते हैं और इसी कारण वो जितने हैं उससे ज्यादा दिखाई देते हैं। उनकी चौधर की भूख, निडरता और सत्ता की ललक ने उनको राज्य में सबसे सशक्त कौम बना दिया है। हरियाणा की ज्यादातर जमीन पर जाटों का कब्जा है, साथ ही पुलिस और फौज में भी जाटों की संख्या बहुत अधिक है, इसलिए वो किसी से नही डरते। यहां तक कि वो किसी भी जाति को अपने से ऊंचा नहीं समझते, क्योंकि वास्तविक जीवन में उनके पास ज्यादा जमीन, ज्यादा सुरक्षा, ज्यादा राजनैतिक सत्ता चौ. छोटूराम के दिनों से ही रही है। जैसाकि प्रत्येक क्रिया की प्रतिक्रिया होती है यदि जाट सत्ता में आने पर दूसरों के लिए खतरा बन जाते हैं, तो दूसरे भी चुपचाप एकजुट होकर मौका आने पर हिसाब बराबर करने की कोशिश करते हैं। और यह मौका सन् 2005 में आया। फरवरी के महीने में चुनाव होना था। अब टिकटों का बंटवारा होना था तो चौ. भजनलाल समेत किसी को

भी मुंह नहीं लगाया गया तथा जिलेवार स्थापित नेताओं की बात सुनी गई। जिसके परिणामस्वरूप चौ. भजनलाल के अलावा चौ. भूपेन्द्रसिंह हुड्डा, चौ. बिरेन्द्र सिंह, चौ. सुरजेवाला, कुमारी शैलजा, राव इंदरजीत सिंह आदि सभी को उनका हिस्सा मिला। इसके अलावा सभी 10 सांसदों को एक-एक टिकट देने की छूट थी। जैसी कि उम्मीद थी परिणाम कांग्रेस के अनुकूल रहा और उन्हें 90 मे से 65 सीटें प्राप्त हुईं।

चौ. ओमप्रकाश चौटाला की लोकदल के हार का एक कारण उसका भाजपा से गठबंधन न होना था। दोनों को ही इसकी कीमत चुकानी पड़ी। हरियाणा और पंजाब के इतिहास में कोई भी गैर-कांग्रेस सरकार बिना भाजपा के समर्थन के नहीं बनी है। ऐसा माना जाता है कि हरियाणा और पंजाब में पंजाबी हिन्दुओं का समर्थन हासिल करने वाली यह पार्टी कभी भी अपने बलबूते पर तो सरकार नहीं बना सकी, लेकिन शहरी इलाकों में इसका काफी प्रभाव है। चौ. चौटाला ने भाजपा के साथ गठबंधन करने की भरपूर कोशिश की यहां तक कि उसने अपने पारिवारिक मित्र सरदार प्रकाशसिंह बादल की भी मदद ली जो केन्द्र में भाजपा से जुड़ा था। यहां तक कि भाजपा के केन्द्रीय नेताओं ने भी इस गठबंधन की कोशिश की लेकिन भाजपा के स्थानीय नेता और कार्यकर्ता अपने कड़वे अनुभवों को भुलाने के लिए तैयार नहीं थे। उन्होंने साफ बता दिया कि यदि केन्द्रीय नेताओं ने जबरदस्ती इनेलो के साथ गठबंधन किया तो वे सभी पार्टी छोड़ देंगे। परिणाम यह हुआ कि इनेलो केवल 9 सीटें ही जीत पाई, जिसमें केवल चौ. ओमप्रकाश चौटाला को छोड़ कर बाकी सभी आरक्षित हल्कों से जीत कर आए थे और भाजपा को आधा दर्जन सीटें ही मिलीं।

अब कांग्रेस पार्टी के सामने एक बड़ा काम दो बड़े दिग्गज नेताओं चौ. भजनलाल और चौ. भूपेन्द्रसिंह हुड्डा में से किसी एक को मुख्यमंत्री बनाने का था। चौ. भजनलाल पहले तीन बार में 12 वर्ष मुख्यमंत्री रह चुके थे, लेकिन ऐसा कौन है जो एक बार फिर मुख्यमंत्री बनना नहीं चाहेगा। वे सत्ता का ताज पहनना चाहते थे और उन्होंनें इसके लिए सारी ताकत लगा दी, लेकिन दूसरी तरफ चौ.भूपेन्द्रसिहं हुडड्ा भी चुप नहीं बैठे थे। कांग्रेस ने

नवनिर्वाचित विधायकों की चण्डीगढ में मीटिंग बुलाई जिसमें 9 एम.पी. भी मौजूद थे। केन्द्रीय पर्यवेक्षकों ने सभी को एक-एक करके बुलाया और उनके बेटे को छोड़कर सभी सांसदों ने चौ.भजनलाल के खिलाफ मत दिया, लेकिन उनका दावा था कि 65 में से 40 विधायक उनके साथ थे। मतदान मौखिक था और केन्द्रीय पर्यवेक्षक ही सच्चाई को जानते हैं। लेकिन एक बात सच है कि विधायको में किसी को लेकर भी एकमत नहीं थे। चंडीगढ़ मीटिंग में मुख्यमंत्री के पद को लेकर कोई फैसला नहीं हो पाया, इसलिए मुख्यमंत्री के ताज का फैसला पार्टी अध्यक्ष श्रीमती सोनिया गांधी पर छोड़ दिया। कुछ दिन बाद दिल्ली में दोपहर के समय मिटिंग बुलाई गई लेकिन श्रीमती सोनिया गांधी ने सुबह ही चौ. भजन लाल को बुला कर अपना निर्णय सुना दिया कि वे चौ. भूपेन्द्रसिंह हुड्डा को मुख्यमंत्री बनाना चाहती हैं। हालांकि चौ. भजनलाल इस निर्णय को हजम तो नहीं करना चाहते थे, लेकिन उन्होंने आज तक कभी पार्टी के खिलाफ खुली बगावत भी नहीं की थी। उन्होंने अपना विरोध केवल उस मिटिंग में अनुपस्थित रह कर किया। लगभग 20 विधायक चौ. भजनलाल के दिल्ली निवास पर रुके और उन्होंने इस मिटिंग में हिस्सा नहीं लिया।

बाद में कुछ अनुपस्थित विधायकों ने कहा कि चौ. भजनलाल ने उन्हें जबरदस्ती अपने निवास पर बंधक बना कर रखा था, लेकिन इस बात की पूरी संभावना है कि वे सभी अपनी मर्जी से रुके हों और सत्ता से तालमेल बिठाने के लिए झूठ बोले हों। राजनीति में दोस्त कब दुश्मन बन जाएगा कोई नहीं कह सकता। चौ. भूपेन्द्रसिंह हुड्डा के नेता चुने जाने का एक बड़ा मजेदार पक्ष है। उन्हें मुख्यमंत्री का पद पाने के लिए लम्बे समय तक संघर्ष करना पड़ा। यह पद उनके पिता जी को पार्टी के प्रति समर्पण और वरिष्ठता को देखते हुए दिया जा रहा था, जिसे उन्होंने अस्वीकार कर दिया था। चौ.भूपेन्द्रसिंह हुड्डा ने अपनी महत्वाकांक्षा को पूरा करने के लिए सारी ताकत लगाई। मौका उनके सामने था और वे इसे छोड़ना नहीं चाहते थे। इसी तरह का एक मौका चौ.बिरेन्द्र सिंह के जीवन में सन् 1991 मे आया था, बल्कि उनके लिए तो मौका चौ. भूपेन्द्र सिंह हुड्डा से भी आसान था, लेकिन चौ. बिरेन्द्र सिंह ने तो मौका गंवा दिया था। ऐसा मौका फिर भी

उनकी जिन्दगी में आ सकता है, लेकिन इस के अभी कोई आसार नजर नहीं आते।

चौ.भूपेन्द्रसिंह हुड्डा ने अपने आप को सिद्ध किया और सत्ता का केन्द्र एक बार फिर से रोहतक में आ गया जो कभी चौ. छोटूराम के जमाने में होता था। फतेहाबाद, भिवानी और सिरसा कभी पुराने हिसार जिले की तहसीलें होती थीं इस क्षेत्र का सन् 1968 से लेकर 2005 तक लगभग 40 साल हरियाणा की राजनीति में दबदबा रहा। लेकिन अब यह दबदबा रोहतक की ओर खिसक चुका है।

हरियाणा जैसे छोटे राज्य में क्षेत्रीय दबदबे का अर्थ उस क्षेत्र के लोगों को ज्यादा नौकरियाँ तथा उस क्षेत्र के कस्बों के विकास से है। इस बात को सभी जानते हैं कि तीन लालों के 40 वर्ष के शासन काल में भिवानी, हिसार व सिरसा जिले के कस्बे तो तेजी से विकसित हुए जबकि रोहतक, सोनीपत व जीन्द जिले के कस्बे अविकसित ही रहे। जहाँ तक नौकरियों का सवाल है, रोहतक और सोनीपत जिलों को सबसे ज्यादा नापसंद किया जाता था। पहले के लगभग सभी मुख्यमंत्रियों ने दलील दी कि रोहतक के लोग तो पहले ही नौकरियों में बहुत हैं, दिल्ली के नजदीक होने के कारण आसानी से उच्च शिक्षा प्राप्त कर सकते हैं। भले ही इन बातों में कितनी भी सच्चाई क्यों न हो, लेकिन इन जिलों के लोग नाराज तो थे ही।

यदि हम थोड़ा ध्यान से देखें तो पता चलेगा की हरियाणा में सत्ता संघर्ष मुख्यतः हिसार व रोहतक के बीच रहा है, और इसने सन् 2005 में हरियाणा के मुख्यमंत्री के चुनाव में महत्त्वपूर्ण भूमिका निभाई है। इसी तरह से सत्ता संघर्ष की राजनीति में जाट और गैर-जाट का विरोधाभास भी महत्वपूर्ण स्थान रखता है। जैसा कि सन् 1950 में पंजाब में कांग्रेस ने सरदार प्रतापसिहं कैरों को मुख्यमंत्री बनाकर और श्री भीमसेन सच्चर को राजदूत बनाकर, रूस भेज कर, जाटों का पक्ष लिया था वही नीति सन् 2005 में हरियाणा में अपनाई गई। जो शुरूआत चौ.छोटूराम ने की थी उससे जाट हरियाणा में लगातार मजबूत होते चले गए और राजनैतिक रूप से दूसरी सभी जातियों से ताकतवर

हो गए। कांग्रेस पार्टी जाटों को नाराज नहीं करना चाहती थी, इसलिए सन् 2005 के चुनाव के बाद चौ. भूपेन्द्रसिंह हुड्डा को मुख्यमंत्री बनाया गया। रोहतक के जाटों को चौ. भूपेन्द्रसिंह हुड्डा में उम्मीद की एक किरण दिखाई पड़ी और उन्होंने ज्यादा जोश के साथ चुनाव में भाग लिया। चौ. भूपेन्द्रसिंह हुड्डा ने भी दलील दी, कि वो पार्टी की जड़ें जाटों में और अधिक मजबूत करेंगे। इस प्रकार इन सभी घटनाओं की पृष्ठभूमि में चौ. भूपेन्द्रसिंह हुड्डा ने मार्च 2005 में सत्ता की बागडोर संभाली। इससे आगे की कहानी अगले अध्याय में दी गई है।

13

चौ. भूपेन्द्रसिंह हुड्डा का प्रथम कार्यकाल (2005 - 2010)

चौ.भजनलाल और बालू की भीत जैसे उनके समर्थक असंतुष्ट थे, चौ. भूपेन्द्रसिंह हुड्डा का आरम्भिक कार्यकाल आसान नहीं था। एम.पी., एम.एल.ए. व जनता में अपनी पैठ बनाने के लिए चौ. भूपेन्द्रसिंह हुड्डा ने अपने कार्यक्रम को गंभीरता से लिया और इसे लागू करने पर जोर दिया। उन्होंने दिल्ली के साथ लगते इलाकों गुडगांव, झज्झर, सोनीपत और फरीदाबाद को व्यापारिक रूप से विकसित करने पर जोर दिया। मुख्यमंत्री बनते ही उन्होंने दिल्ली के उत्तर में विश्व स्तरीय राजीव गाँधी शिक्षा शहर विकसित करने की घोषणा की। उन्होंने राष्ट्रीय राजधानी क्षेत्र के आसपास चार विशेष आर्थिक क्षेत्र बनाने की भी घोषणा की। हालांकि नए मुख्यमंत्री का ये प्रयास वैश्वीकरण और उदारीकरण की राष्ट्रीय नीति के अनुसार था ताकि बड़े उद्योगपतियों को हरियाणा में निवेश करने के लिए लुभाया जा सके। इस रास्ते में कई रूकावटें थी। कई सामाजिक कार्यकर्त्ताओं तथा राजनैतिक अवसरवादियों ने इस मौके का फायदा उठाने की कोशिश की। लेकिन यह विरोध बड़ा रूप धारण नहीं कर सका, क्योंकि राज्य सरकार ने किसानों को जमीन की जो कीमत दी थी, उससे वे खुश थे और ये प्रोजेक्ट बिना किसी शोर-शराबे के चल रहे हैं। अब इसके खिलाफ केवल चौ. भजनलाल के छोटे बेटे श्री कुलदीप बिश्नोई की ही आवाज सुनी जा सकती है। ऐसा नही है कि चौ. भजनलाल और उनके बेटे किसानों के सच्चे हितैषी हैं, लेकिन उन्हें हर मामले में चौ.भूपेन्द्रसिंह हुडडा का विरोध करना ही पड़ता है।

ये बड़ी ही उत्सुकता की बात है की पं. बगांल में किसान तृण मूल कांग्रेस की प्रधान श्रीमती ममता बैनर्जी के नेतृत्व में सरकार के खिलाफ खड़े हो गए और पुलिस को गोलीबारी तक करनी पड़ी, लेकिन हरियाणा में

ऐसा कुछ भी नहीं हुआ। प. बगांल में विरोधी पार्टी ने सरकार को झुका दिया और सरकार को यह बयान देना पड़ा कि बिना किसानों से अनुमति लिए जमीन नहीं ली जाएगी। यहां पर तुलनात्मक अध्ययन की जरूरत है। लेकिन क्योंकि हमारा विषय केवल हरियाणा के सत्ता संघर्ष पर केन्द्रित है इसलिए हम इस विषय को यहीं छोड़ देते हैं। दूसरे राज्यों में भी जहां विशेष आर्थिक क्षेत्र बने हैं, वहां थोड़ा-बहुत विरोध हुआ है और केन्द्र सरकार इस बारे में फिर से विचार करने पर मजबूर हुई है।

वर्ष 2005 में गुडगांव में हड़ताल पर गए होंड़ा कंपनी के कर्मचारियों व करनाल में लिबर्टी के हड़ताली कर्मचारियों पर पुलिस ने जो ज्यादती की उसने सरकार के लिए कुछ परेशानी जरूर खड़ी की। शुरूआती दौर में मुख्यमंत्री को अपने ही कुछ आदमियों के मनचले व्यवहार के कारण भी परेशानी उठानी पड़ी। लेकिन धीरे-धीरे जैसे-जैसे अनुभव होता गया उन्होंनें सभी चीजों खास कर प्रशासन पर अपनी पकड़ मजबूत की, लेकिन अभी भी ऐसा माना जाता है कि आला अधिकारी उन्हें अपने इशारों पर नचाते हैं। शिक्षा, खेती, उद्योग व तकनीकी के क्षेत्रों के विशेषज्ञ हमेशा अधिकारियों की मनमानी से तंग रहते हैं। लेकिन जैसे ही नए मुख्यमंत्री को इस बात की जानकारी हुई उन्होंने गलती करने वाले आला अफसरों के खिलाफ कार्यवाही करनी शुरू कर दी।

चौ. भजनलाल को छोड़ कर बाकी सभी दावेदार शांत होकर बैठ गए हैं। केवल चौ. भजनलाल ही कांग्रेस के बदन में कांटे की भांति चुभ रहे हैं, क्योंकि वे अगले चुनाव में नई पार्टी का गठन करके कांग्रेस की जड़ें हिलाना चाहते हैं। अब उन्होंने जनहित पार्टी बना ली है और चौ. भूपेन्द्र सिंह हुड्डा और चौ. भजनलाल के बीच की लड़ाई खुले में आ गई है। चौ. भजन लाल अपने अस्तित्व के लिए लड़ रहे हैं।

हालांकि चौ. भूपेन्द्र सिंह हुड्डा की सरकार ने अभी केवल अढाई वर्ष ही पूरे किए हैं। चौ. ओमप्रकाश चौटाला की पार्टी चुनावों की तैयारी में जुट गई है, उनके इस जोश का एक कारण पंजाब में सरदार प्रकाश सिंह बादल की सरकार का गठन भी है। हालांकि चौ. ओमप्रकाश चौटाला के इस

आशावाद के कई कारण हैं, लेकिन मुख्य कारण यह विश्वास है कि जब पंजाब में सरदार प्रकाश सिंह बादल भ्रष्टाचार के अनेक मामलों के बावजूद सत्ता में वापिस आ सकते हैं, तो वे क्यों नहीं। वो समझते हैं कि उन्हें केवल जागरूक रहने की जरूरत है।

चौ. भजनलाल और उनके पुत्र जो राजनैतिक पार्टी बनाने जा रहे हैं वो नाम मात्र को ही राजनैतिक होगी, लेकिन यदि हम आज भारतीय राजनीति पर नजर दौडाएं तो पाएंगें कि ज्यादातर क्षेत्रीय पार्टियां तथा कुछ राष्ट्रीय पार्टियां भी केवल मात्र प्राईवेट लिमिटेड कंपनियां हैं, जिन्हें केवल एक परिवार ही नियंत्रित करता है और चलाता है। आज भारत वर्ष के राज्यों में ये राजनैतिक कम्पनियां चल रही हैं और निर्वाचन आयोग ने इन्हें स्वीकार भी किया है। काश्मीर से लेकर कन्याकुमारी तक एक भी ऐसा राज्य नहीं हैं, जहाँ इसप्रकार की कोई न कोई पारिवारिक-राजनैतिक पार्टी न हो। काश्मीर की नेशनल कांफ्रेस, पंजाब का शिरोमणि अकाली दल, हरियाणा की इडियन नेशनल लोकदल, उतरप्रदेश की समाजवादी पार्टी, राष्ट्रीय लोकदल और बहुजन समाज पार्टी, बिहार का राष्ट्रीय जनतादल, प.बंगाल की तृणमूल कांग्रेस, तमिलनाडु की डी.एम.के. तथा ए.आई.डी.एम.के., कर्नाटक में जनता दल (सेक्युलर) आदि।

चौ. भजनलाल और उनके पुत्र एक अपनी घर की पार्टी खड़ी करके कोई कानून नहीं तोड़ रहे हैं, क्योंकि ये सारा राजनैतिक खेल तो हमारे पूरे देश में निर्वाचन आयोग की देखरेख में कब से चल रहा है। जैसा कि कहा जाता है, 'गंगा गए गंगादास जमना गए जमनादास' उसी तरह से चौ. भजनलाल भी भारत में रह कर भारतीय होने की रीत निभा रहे हैं, बल्कि वे तो इस प्रकार के राजनैत्तिक खेल शुरू करने वालों में रहे हैं। वे एक 'विशुद्ध' भारतीय पार्टी का नेतृत्व करने जा रहे हैं। बल्कि खुद कांग्रेस पार्टी भी अगले चुनाव के लिए अपने आप को इसीप्रकार से तैयार कर रही है।

कांग्रेस पार्टी को अब पहले से मौजूद इनेलो, भाजपा व बसपा के अलावा चौ. भजनलाल व उनके बेटे की नई पार्टी का भी सत्ता संघर्ष में

सामना करना होगा। चौ. भजनलाल के पुत्र श्री.कुलदीप बिश्नोई ने तो अभी से अपने आप को मुख्यमंत्री घोषित कर दिया है। अब देखना है कि उनकी भविष्यवाणी सच होती है या नहीं। लेकिन एक बात है कि यह नवगठित पार्टी चौ. भूपेन्द्र सिंह हुडडा की सरकार के लिए गंभीर चुनौती प्रस्तुत करेगी। जो लोग हरियाणा की राजनीति को जानते हैं वे सहज ही अंदाजा लगा सकते हैं कि चौ. भजनलाल की पार्टी सत्ता पर काबिज होने के लिए दो चीजों का सहारा ले सकती है। उनमें एक यह है किं वे नारा लगायेंगे कि चौ. भूपेन्द्रसिंह हुड्डा और चौ. ओमप्रकाश चौटाला दोनों ही जाटों के हितों की ही पूर्ति करेंगें और उनकी पार्टी गैर-जाटों का भला करेगी।

सन् 1996 से 2010 के बीच हरियाणा में लगातार तीन जाट मुख्यमंत्री चौ.बंसीलाल (1996-1999), चौ. ओमप्रकाश चौटाला (2000-2005) और चौ. भूपेन्द्रसिंह हुड्डा (2005-2010) रहे हैं। यह एक ऐसी सच्चाई है जो चौ. भजनलाल को गैर-जाटों का समर्थन दिलाएगी। चौ. ओमप्रकाश चौटाला इसका कोई जबाव नहीं देगें क्योंकि इससे उन्हें जाट वोट मिलने की उम्मीद बढ़ेगी। चौ. भूपेन्द्रसिंह हुड्डा यह अपील जरूर करेंगे कि कांग्रेस ने कभी जातिगत राजनीति नहीं की, लेकिन जातिगत आधार पर बंटी राजनीति में ऐसी अपीलें कोई काम नहीं आती।

इस जातिगत राजनीति के युग में भी जनता की भलाई के लिए किए गए काम याद रखे जाते हैं। कांग्रेस के ऐसे दो मुख्यमंत्री मध्यप्रदेश में श्री दिग्विजय सिंह और दिल्ली में श्रीमती शीला दीक्षित ने लगातार दस वर्ष तक मुख्यमंत्री की कुर्सी संभाली है, ये दोनों चौ. भूपेन्द्र सिंह हुड्डा के लिए प्रेरणा स्रोत हो सकते हैं। इसलिए चौ. भूपेन्द्र सिंह हुड्डा जातिगत राजनीति में अपने हाथ गन्दे करने की बजाए विकास कार्य में लगे हुए हैं। जिस विकास कार्य ने श्री दिग्विजय सिंह और श्रीमती शीला दीक्षित को जिताया वह चौ. भूपेन्द्र सिंह हुड्डा को भी जिता सकता है।

चौ. भूपेन्द्र सिंह हुड्डा जानते हैं कि वे जाट होने के कारण ही मुख्यमंत्री बन पाए, पिछले चुनाव में मिले समर्थन को खोना नहीं, बल्कि

इस जाति में चौ. ओमप्रकाश चौटाला के आधार को भी कमजोर करना है। सन् 2005 तक ऐसा माना जाता था कि जाट चौ. देवीलाल और उनके बेटे के समर्थक हैं, लेकिन सन् 2005 के चुनाव में चौ. भूपेन्द्र सिंह हुड्डा ने उस वोट बैंक में सेंध लगाई, जिससे वे चौ. भजनलाल को पछाड़ने में कामयाब हो सके। इस वोट बैंक को काबू में रखने के लिए चौ. भूपेन्द्र सिंह हुड्डा को चौ.ओमप्रकाश चौटाला से भी ज्यादा ख्याल रखना पड़ेगा इस जाति के किसानों का। सन् 2005 में प्रथम बार मुख्यमंत्री बने इस व्यक्ति ने न केवल तीनों लालों से छुटकारा पाने का ऐतिहासिक काम किया, बल्कि किसानों के लिए भी कुछ ऐसा किया जिसे ऐतिहासिक कहा जाएगा।

सबसे महत्वपूर्ण काम ये था कि इन्होंने शहरी विकास और विशेष आर्थिक क्षेत्र के लिए किसानों से जो जमीनें ली, उसके लिए काफी अच्छी कीमत चुकाई। जो पहले चुकाई जाने वाली क़ीमत से दोगुने से भी ज्यादा थी। इससे भी महत्वपूर्ण बात यह है कि दस हजार रूपए प्रति वर्ष प्रति एकड़ उस किसान को तीस वर्षो तक मिलते रहेंगें। 7 अक्तूबर की बिजली रैली में श्रीमती सोनिया गांधी द्वारा घोषणा की गई कि यह राशि बढ़ा कर 15000 रू कर दी जाएगी और इसमें 500रू प्रतिवर्ष की बढ़ोतरी होगी। इस तरह का भला तो किसानों के मसीहा कहे जाने वाले चौ. छोटूराम ने भी कभी नहीं सोचा और न ही चौ. देवीलाल के दिमाग में ही आया, जिन्हें किसानों का नेता माना जाता था। यह तो समय ही बताएगा कि चौ.भूपेन्द्र सिंह हुड्डा का यह कदम तथाकथित जाट या किसान नेता चौ. ओमप्रकाश चौटाला के खिलाफ उनकी कितनी मदद कर पाएगा।

कांग्रेस को आने वाले चुनाव में ज्यादा खतरा चौ. ओमप्रकाश चौटाला की इनेलो से नहीं, बल्कि चौ.भजनलाल के बेटे श्री कुलदीप बिश्नोई की नई पार्टी से है। यह नई पार्टी हो सकता है अकेले दम पर चुनावी जंग में कुछ ज्यादा न कर पाए, लेकिन भाजपा या बसपा के साथ मिल कर यह अवश्य ही कांग्रेस के लिए संकट पैदा कर सकती है। सुश्री मायावती चुनाव से पहले कोई गठबंधन नहीं करना चाहती, क्योंकि वे जानती हैं कि ऐसा

करने से उनका वोट बैंक कम होता है। उतरप्रदेश में ब्राह्मण वोटों को अपने साथ मिलाने का सामाजिक इंजीनियरिंग का फार्मूला कामयाब रहा है, इसलिए वो इस फार्मूले को दूसरे राज्यों में भी अपनाना चाहेंगी। इस सफलता ने उन्हें इतना महत्वाकांक्षी बना दिया है, कि वो सन् 2009 में होने वाले संसदीय चुनावों में खुद को प्रधानमंत्री बनाने के सपने को साकार होते देखना चाहती हैं।

बसपा का अपने बलबूते पर हरियाणा विधान सभा का चुनाव लड़ना चौ. भजनलाल व उनके बेटे के लिए लाभदायक ही है, क्योंकि जितने वोट बसपा को मिलेंगे उतने ही कांग्रेस के घटेंगें। यदि उत्तर प्रदेश का ब्राह्मणों को अपने झंडे तले लाने का फार्मूला हरियाणा में कामयाब रहा तो कांग्रेस पूरी तरह से बरबाद हो जाएगी। परम्परागत रूप से ब्राह्मण और दलित दोनों ही कांग्रेस के मतदाता रहे हैं। यदि ये दोनों कांग्रेस के हाथ से निकल गए तो कांग्रेस बहुत पीछे संघर्ष करती नजर आएगी। हांलाकि इस समय चुनाव के नतीजों के बारे में कोई भविष्यवाणी नहीं की जा सकती, लेकिन एक बात तय है कि आने वाला समय कांग्रेस के लिए आसान नहीं होगा।

चौ. ओमप्रकाश चौटाला की इनेलो की सबसे बड़ी कमी यह है कि इस पार्टी में कोई भी गैर-जाट मुख्यमंत्री नहीं बन सकता और सन् 2010 के चुनावों के बाद किसी जाट के मुख्यमंत्री बनने की संभावना मात्र से ही गैर-जाट जनता के रोंगटे खड़े हो जाते हैं। सन् 1996 से 2010 तक लगातार जाट मुख्यमंत्रियों के आने से गैर-जाट जनता उन सभी पार्टियों के खिलाफ एकजुट हो गई है जो किसी जाट को मुख्यमंत्री बनाना चाहती हैं। कांग्रेस में समय के साथ बदलाव की संभावनाएं हमेशा रही हैं। हम जानते हैं कि किस प्रकार सन् 1986 में चौ. भजनलाल को चौ. बंसीलाल के लिए कुर्सी खाली करनी पड़ी थी। इससे पहले सन् 1975 में जब बंसीलाल केन्द्र में चले गए थे तो हरियाणा की बागडोर लाला बनारसीदास गुप्ता को सौंप दी गई थी। इस तरह की कोई संभावना इनेलो में कभी भी नहीं हो सकती।

लाला बनारसीदास गुप्ता को सन् 1989 में लोकदल ने मुख्यमंत्री बनाया जब चौ. देवीलाल केन्द्र में चले गए। लेकिन यह भी सच है की स्व.

बनारसीदास गुप्ता दोनों ही बार कठपुतली मुख्यमंत्री थे, लेकिन जनता को पूरा विश्वास है कि इनेलो के सत्ता में आने पर कठपुतली किस्म का गैर-जाट मुख्यमंत्री भी नहीं मिलेगा। हरियाणा की जनता में यहां तक कि जाटों में भी यह भावना है कि इनेलो जाटों की पार्टी है। यह भावना यदि एक तरफ गैर-जाटों को इससे दूर करती है तो जाटों को इसका कट्टर समर्थक भी बनाती है। कांग्रेस की 'धर्मनिरपेक्षता' तो उसकी कोई मदद करती नजर नहीं आती, लेकिन इनेलो का जातिवाद और भाजपा का संप्रदायवाद उनको एक ठोस वोट बैंक प्रदान करता है। इसी धर्मनिरपेक्षता ने उत्तर प्रदेश में कांग्रेस को कंगाल कर दिया है उसका वोट बैंक जातिवादी और सांप्रदायिक पार्टियों ने छीन लिया है। बदली हुई परिस्थितियों में कांग्रेस के गुण ही उसकी बर्बादी का कारण बन रहे हैं। सन् 2010 में होने वाले हरियाणा विधानसभा चुनावों में क्या परिणाम सामने आयेंगें यह तो केवल समय ही बताएगा, लेकिन आज की परिस्थितियों में अपने अच्छे काम के बावजूद भी कांग्रेस की जीत आसान नजर नहीं आ रही। चुनाव के परिणाम काफी कुछ समझौतों व समीकरणों पर निर्भर करेगा।

सन् 2010 में होने वाला चुनाव हरियाणा के इतिहास में शायद पहला चुनाव होगा जब दो से ज्यादा मजबूत पार्टियां सत्ता के लिए मैदान में होगी। इससे पहले के मुकाबलों में हमेशा एक तरफ कांग्रेस पार्टी होती थी और दूसरी तरफ दो या दो से अधिक गैर-कांग्रेस पार्टियां होती थी। इस खतरे का कांग्रेस पार्टी को अहसास हो चुका है, इसलिए उन्होंने सामाजिक इंजिनियरिंग के सुश्री मायावती के फार्मुले का इस्तेमाल करते हुए दलित नेता चौ. फूलचन्द मुलाना को हरियाणा का कांग्रेस पार्टी का प्रधान बनाया और पं. कुलदीप शर्मा को कार्यकारी प्रधान बनाया है। ऐसा करके कांग्रेस हाई कमान ने सुश्री मायावती की बसपा के खतरे को कुछ कम कर दिया है, लेकिन कांग्रेस की यह नीति क्या रंग लाती है यह तो समय ही बताएगा। यह बात सही है कि प्रधान पद के लिए बहुत ही उपयुक्त व्यक्ति का चुनाव किया गया है और इसका श्रेय चौ. भूपेन्द्र सिंह हुड्डा व कांग्रेस हाई कमान दोनों को जाता है।

राजनैतिक पार्टी का प्रधान कोई भी हो इससे हरियाणा के मतदाताओं पर कोई प्रभाव नहीं पड़ता। हरियाणा के मतदाता भी इस बात को जानते हैं कि आम तौर पर ये प्रधान केवल नाम के लिए होते हैं, क्योंकि सरकार चलाने का काम पार्टी प्रधान नहीं करते। चौ. ओमप्रकाश चौटाला एक पंजाबी को पार्टी प्रधान बनाकर पंजाबियों के वोट अपनी पार्टी के हक में समझने की मूर्खता नहीं कर सकते और जनता भी इतनी मूर्ख नहीं है। वह भी जानती है कि यदि इनेलो चुनाव जीतती है तो प्रधान का इसमें कोई महत्वपूर्ण रोल नहीं होगा। कांग्रेस पार्टी का दलित प्रधान चाहे कितना ही सक्षम और बुद्धिमान क्यों न हो, लेकिन उससे यह उम्मीद नहीं की जाती कि वह दलितों के बीच जाकर कहे कि यदि कांग्रेस पार्टी जीतती है तो वे मुख्यमंत्री बनेंगे। इसी तरह से हरियाणा भाजपा के प्रधान भी इस तरह का कोई दावा नहीं कर सकते। कांग्रेस की समस्या यह है कि यदि उन्होंने किसी दलित को मुख्यमंत्री पद के लिए प्रस्तुत किया तो जाट और दूसरी कई कृषक जातियां एकदम से चौ. ओमप्रकाश चौटाला की इनेलो को अपना समर्थन दे देगीं। इस तरह से कांग्रेस ने चौ. ओमप्रकाश चौटाला के जाट वोटों में सेंध लगाने में जो सफलता अर्जित की है वो मिट्टी में मिल जाएगी। बेशक एक दलित को अपना नेता बनाने का फैसला दलितों में कांग्रेस की स्थिति को मजबूत करेगा, लेकिन साथ ही जाटों से मिलने वाले मजबूत समर्थन को भी कमजोर करेगा। ऐसी स्थिति में चौ. भूपेन्द्र सिंह हुड्डा की मेहनत व्यर्थ चली जाएगी। जाटों और दूसरे किसानो में चौ. भूपेन्द्र सिंह हुड्डा की व्यक्तिगत लोकप्रियता कांग्रेस का मुख्य वोट बैंक है।

हम जानते हैं कि इस तरह का प्रयोग महाराष्ट्र जैसे राज्य में असफल हो चुका है। कांग्रेंस पार्टी ने श्री सुशील कुमार शिंदे को महाराष्ट्र का मुख्यमंत्री बनाया था। यह एक अच्छा चुनाव था क्योंकि श्री सुशील कुमार शिंदे एक योग्य प्रशासक और सदाबहार राजनीतिज्ञ थे। लेकिन इससे वहां की शक्तिशाली मराठा कौम नाराज हो गई। ऐसी परिस्थितियों में मराठों को खुश करने के लिए कांग्रेस पार्टी को श्री शिंदे को केन्द्र में भेजना पड़ा और श्री विलासराव देशमुख को महाराष्ट्र का मुख्यमंत्री बनाना पड़ा। कांग्रेस पार्टी पंजाब में एक ओ.बी.सी. श्री ज्ञानी जैलसिंह को मुख्यमंत्री बनाकर इस तरह का प्रयोग पहले

भी कर चुकी है इसके बाद चाहे राजिन्द्रकौर बट्ठल हों या कैप्टन अमेरन्द्र सिंह हों या सरदार बेअंत सिंह कांग्रेस ने हमेशा एक जट्ट सिख को ही मुख्यमंत्री बनाया है। वोट की राजनीति में वर्चस्वी व बहुसंख्यक जाति की अवहेलना करना नामुमकिन है। भारतीय समाज में जाति व्यवस्था एक धर्मनिरपेक्ष लोकतंत्र के पनपने में सबसे बड़ी बाधा है। अनुमान लगाया जा सकता है कि हरियाणा में सन् 2010 का चुनाव पहले के चुनावों से ज्यादा जटिल होगा।

14

सदाबहार और मौसमी पार्टियां

हालांकि हरियाणा में सत्ता संघर्ष मुख्य रूप से एक तरफ कांग्रेस पार्टी व दूसरी तरफ लोकदल और भाजपा के बीच रहा है फिर भी चाहे नाम मात्र के लिए ही क्यों न हों अनेक पार्टियां चुनावी मैदान में उतरती रही हैं। इस तरह की पार्टियों को दो भागों में बांटा जा सकता है। सदाबहार पार्टियां और मौसमी पार्टियां।

सी.पी.आई. और सी.पी.एम. सदाबहार पार्टियां हैं जिनका अपना एक इतिहास, अपनी एक विचारधारा और समर्पित कार्यकर्ता हैं दूसरी और बसपा,सपा, राकंपा, लोजपा आदि मौसमी पार्टियां हैं, जो बरसाती मेंढक की तरह केवल चुनावों के मौसम में ही नजर आती हैं। दूसरे वर्ग में वो पार्टियां आती हैं जो किसी व्यक्ति विशेष के द्वारा उसके जातीय या क्षेत्रीय उद्देश्यों को ध्यान में रख कर खड़ी की गई हैं। ये पार्टियां अलग-अलग पार्टियों से भगोड़े कार्यकर्ताओं को अपने में शामिल करती हैं। इन मौसमी पार्टियों का चरित्र चाहे कुछ भी हो, लेकिन एक बात तो तय है कि ये चुनाव को रंगीन बना देती हैं। सदाबहार पार्टियां क्योंकि कामगारों के हितों के लिए गठित हैं इसलिए ये चुनाव को बुर्जुआ पार्टियों के लिए छोड़ देती हैं। ये या तो चुनावों में हिस्सा ही नहीं लेती या फिर केवल ऐसे स्थानों से ही चुनाव लड़ती हैं जहां इनका कुछ प्रभाव होता है।

इस तरह से सदाबहार और मौसमी पार्टियों का कार्य क्षेत्र एक दूसरे से एक दम अलग होता है। कम्युनिस्ट विचारधारा पर आधरित पार्टियां कामगारों और किसानों के, विद्यार्थियों और अध्यापकों के, भूमिहीन मजदूरों और सरकारी कर्मचारियों के संगठन बनाती हैं, लेकिन महत्वाकांक्षी व्यक्तियों द्वारा खड़ी की गई पार्टियां, किसी मेले में लगने वाली चाट की दुकानों की तरह

ठीक मौका आने पर अपनी दुकानदारी खोल लेती हैं। ये **मौसमी पार्टियां** चुनावी दंगल के बड़े खिलाड़ियों को लाभ या हानि पहुंचाने का काम करती हैं। दूसरी तरफ सदाबहार पार्टियां रंगीन नारे देने की बजाय बड़े मुद्दों को जनता के बीच लेकर जाती हैं। ऐसा नहीं है कि ये पार्टियां चुनाव के रूख को बदल पाती हैं लेकिन कम से कम जागरूक जनता में तो कुछ विचार प्रवाहित करती ही हैं।

हरियाणा में मौसमी नजर आने वाली ये पार्टियां कहीं न कहीं गंभीर पार्टियां भी हैं। असल में बसपा, सपा, राकंपा, लोजपा आदि सभी क्षेत्रीय पार्टियां हैं और अपने मातृ-राज्य में बहुत गहरी जड़ें रखती हैं। ये उन राज्यों में कभी न कभी अपनी सरकार भी बनाती हैं। इन पार्टियों के साथ समस्या यह है कि ये पार्टियां राष्ट्रीय पार्टियां बनने का सपना देखती हैं लेकिन क्षेत्रीय और राष्ट्रीय के बीच एक प्रकार का विरोधाभास पाया जाता है जो क्षेत्रीय हैं वो राष्ट्रीय नहीं हो सकता और जो राष्ट्रीय है वो क्षेत्रीय नहीं हो सकता। अब क्योंकि क्षेत्रीय पार्टियां अपने क्षेत्र में मजबूत होती हैं इसलिए उन्हें केन्द्रीय सत्ता में भी भागीदारी मिल जाती है। इनमें से कुछ पार्टियां यूपीए की सदस्य हैं या फिर डा.मनमोहन की सरकार को समर्थन दे रही हैं।

हरियाणा में इन पार्टियों का कोई भविष्य नहीं है। ये तो कांग्रेस और भाजपा जैसी मुख्य पार्टियों के नाराज कार्यकर्ता हैं। जो इन क्षेत्रीय पार्टियों के अध्यक्षों को हरियाणा में अपनी राजनैतिक दुकान खोलने के लिए उकसाते हैं। ये दुकानदारी मुख्य रूप से चुनावों के मौसम में जमाई जाती है क्योंकि इस समय बहुत सारे प्रत्याशी टिकटों के लिए दौड-धूप कर रहे होते हैं और ये प्रत्याशी जानते हैं कि चुनाव के लिए फंड कैसे इक्ट्ठा करते हैं ऐसी स्थिति में पार्टियों को अपने संगठन के लिए चंदा भी खूब मिलता है। इसके अलावा इन्हें कुछ न कुछ वोट भी मिलते हैं जो चुनाव आयोग की नजरों में इनका स्थान बरकरार रखते हैं। इस प्रकार से ये एक राज्य की मौसमी लेकिन दूसरे राज्य की मुख्य पार्टियां देश में लोकतंत्र को बनाए रखने में बहुत महत्त्वपूर्ण स्थान रखती हैं क्योंकि लोकतंत्र में प्रत्येक व्यक्ति को अपनी पार्टी बनाने, चुनाव लड़ने और अपनी पसंद के प्रत्याशी या पार्टी को वोट

देने का पूरा हक होता है। इसमें कोई शक नहीं कि भारत दुनिया का सबसे बड़ा लोकतंत्र है जिसमें दुनिया के सबसे ज्यादा वोटर, सबसे ज्यादा प्रत्याशी और सबसे ज्यादा पार्टिया हैं।

जहां तक सदाबहार पार्टियों का सवाल है सन् 1964 में विभाजन के बाद सी पी आई तो कम्युनिस्ट पार्टियों में सबसे कंगाल हो गई, लेकिन सीपीएम हमेशा से ही एक मजबूत संगठन रहा है। जिसने अनेक महत्त्वपूर्ण काम किए हैं। हालांकि हरियाणा राज्य में ये बहुत ही कमजोर पार्टियां हैं लेकिन इनके द्वारा खासतौर से सी पी एम द्वारा किए गए कामों को कम करके नहीं आंका जा सकता।

सीपीएम खुद हरियाणा से भी पुरानी है। खुद लेखक के ही हम उम्र भिवानी जिले में दादरी के कामरेड धर्मसिंह कासनी ने सन् 1964 के विभाजन के बाद इस पार्टी का नेतृत्व किया है। वो एक साप्ताहिक पत्र निकालते थे जिसे जनता में अनेक लोग बड़े चाव से पढ़ते थे। यह साप्ताहिक पत्र जनता के मुद्दे उठाता था, राजनैतिक गलतियों पर उंगली रखता था और सरकार की गलत नीतियों की कटु आलोचना करता था। सीपीएम के जो थोड़े-बहुत कार्यकर्ता हैं वे बहादुरी से जुल्म का मुकाबला करते हैं। सबसे पहली बात ये कार्यकर्ता शिक्षित हैं और जो शिक्षित नहीं हैं वो भी तथाकथित पढ़े-लिखे लोगों की तुलना में सामाजिक और आर्थिक तौर से ज्यादा जागरूक हैं। समझदारी और विश्लेषण की क्षमता सी.पी.एम के कार्यकर्ताओं का ऐसा गुण हैं जिसे इससे सहानुभूति रखने वाले गुण और इसके विरोधी दुर्गुण बताते हैं।

यह जानकर कोई आश्चर्य नहीं होना चाहिए कि सशक्त बौद्धिक क्षमता वाली सीपीएम ने हरियाणा में अपना अधिकांश समय हरियाणा की राजनीति में होने वाले उतार-चढ़ाव व उसका विश्लेषण करने के लिए मीटिंग करने, कांफ्रेस करने और विचार-गोष्ठी आयोजित करने में लगाया है। एक तरफ जहां इस तरह के काम सीपीएम के कार्यकर्ताओं को बेहतर बनाते हैं, दूसरी तरफ उसके पास व्यावहारिक गतिविधियों जैसे सामाजिक आंदोलन और सत्ता संघर्ष के लिए कम समय बचता है। हो सकता है कि मैं मुद्दे को बढ़ा-चढ़ा कर पेश कर रहा हूं लेकिन जब भी मैं हरियाणा में सीपीएम की

स्थिति को देखता हूं तो मुझे रोमांटिक युग के एस टी कॉलरिज द्वारा सेक्सपियर के हैमलेट के बारे कही गई टिप्पणी याद आ जाती है जो इस प्रकार से है-

> "हैमलेट का दिमाग व्यावहारिक की बजाय अस्पष्ट बातों में ज्यादा उलझता रहता है उसे सोचने के लिए बहादुरी, निपुणता, इच्छा शक्ति या मौके की जरूरत नहीं होती बल्कि वो तो किसी भी घटना पर सोचने लगता है.....इसके परिणामस्वरूप वास्तविक प्रतिक्रिया के बजाय वो लम्बे समय तक सोच में डूबा रहता है और अपने आप से तर्क करता रहता है.....और क्योंकि सारे तर्क वितर्क दिमाग की गहराईयों में चलते हैं और धीरे-धीरे वास्तविकता के धरातल से कट जाते हैं और इसका असर बाहर प्रकट होने वाली भावनाओं पर भी पड़ता है।"

किसी भी अन्य भारतीय राजनैतिक पार्टी के पास इतनी जबरदस्त बौद्धिक पृष्ठभूमि नहीं है लेकिन साथ ही कोई भी दूसरी पार्टी लोगों को आंदोलित करने से इतनी नहीं हिचकिचाती। हरियाणा में सीपीएम को शायद ज्यादा भाग्यशाली नहीं कहा जा सकता क्योंकि इसके नेता का आम जनता में बहुत ठोस आधार नहीं है। कामरेड धर्मसिंह कासनी के बाद सीपीएम के दूसरे बड़े नेता कामरेड रघबीर सिंह हुड्डा थे जिन्होंनें चौ.देवीलाल जैसे नेताओं द्वारा शुरू की गई मुहिमों के साथ चलते हुए बुर्जुआ राजनीति को कुछ चोट पहुंचाने का गंभीर प्रयास किया। कामरेड रघबीर सिंह हुड्डा अपने अनेक साथियों जैसे का.पिरथी सिंह, का. इन्द्रजीत सिंह, का. बलबीर दहिया आदि के साथ इमरजैंसी के पूरे दौर में जेल में बंद रहे। का.रघबीर सिंह हुड्डा के पास का.पिरथी सिंह, का.इन्द्रजीत सिंह, का.बलबीर सिंह दहिया, का.श्रद्धानन्द सोलंकी जैसे सक्षम सेनानी थे जिन्होंने पार्टी के कठिन मोर्चों को बड़ी सफलता के साथ संभाला। ये सभी नौजवान आज भी पार्टी का झंडा उठाए हुए हैं और जनता में जड़ें जमाने की भरपूर कोशिश कर रहे हैं लेकिन जहां आम जनता के समर्थन का सवाल है पार्टी की स्थिति में कोई विशेष सुधार नहीं हुआ है, क्योंकि ज्यादातर मतदाता इस पार्टी द्वारा किए गए बौद्धिक और व्यावहारिक कार्य के बारे में अनभिज्ञ हैं।

सीपीएम ने हरियाणा विधानसभा के चुनावों में कूदने में कभी भी दिलचस्पी नहीं दिखाई। लोकसभा चुनावों में जरूर उन्होंने अपने प्रत्याशी खड़े किए हैं। चौ.देवीलाल के लोकदल के समर्थन से एक दो बार उन्होंने हरियाणा विधानसभा की एक दो सीट भी जीती है। पार्टी के पास जनता का समर्थन नहीं है इसलिए वो हरियाणा के सत्ता संघर्ष में तो कोई दिलचस्पी नहीं लेती, लेकिन विद्यार्थियों में इस पार्टी का काफी समर्थन है। इसका विद्यार्थियों से जुड़ा संगठन एस एफ आई न केवल विद्यार्थियों से बल्कि आम जनता से जुड़े मुद्दों को भी उठाता है। ऐसे मुद्दे जिन्हें उठाने का साहस कोई दूसरी पार्टी नहीं कर सकती उन्हें केवल यही पार्टी उठाती है। मैं भूल नहीं सकता कि हिसार में हुए सुशीला काण्ड को जनता में ले जाने का साहस इसी पार्टी ने किया था।

सीपीएम ने इमरजैंसी के दौरान रिवासा कांड के मुद्दे को उठाकर बड़ी बहादुरी का परिचय दिया था। ये वो समय था जब लोग घरों में भी बात करने से डरते थे। एक ग्रामीण परिवार को बहुत ही क्रूर व घटिया ढंग से प्रताड़ित और अपमानित किया गया। परिवार के एक भाई-बहन को एक दूसरे के साथ वह सब करने पर मजबूर किया गया, जिसे कोई भी भाई-बहन करने से पहले मरना पसंद करेंगे। सीपीएम के बहादुर और बेखौफ नेताओं ने इस परिवार का साथ दिया। ऐसे समय में जब बाकी सभी पार्टियों के नेता चुप्पी साधे बैठे थे तो कामरेड पिरथी सिंह के नेतृत्व में सी पी एम के नेताओं ने 'शेर' को उसके घर में जाकर ललकारा था। भले ही इस पार्टी का राज्य के सत्ता संघर्ष में कोई स्थान न हो लेकिन हरियाणा के समाज के बौद्धिक और नैतिक पक्ष को ऊपर उठाने में इस पार्टी का बहुत महत्त्वपूर्ण योगदान है।

इसके अलावा यदि हरियाणा में किसी पार्टी ने वास्तव में धर्म-निरपेक्षता का पालन किया है तो वो सी पी एम ही है। इस पार्टी ने अपने साहित्य, पैम्फलेट्स, सैमिनार, प्रदर्शन और सीधे आमने-सामने होकर के राज्य में हर प्रकार के जातिवाद और संप्रदायवाद का विरोध किया है। चाहे वो संप्रदायवाद हिन्दू का हो, मुसलमान का हो या सिख का हो। सी पी एम ने हमेशा इस सांप्रदायिकता की राजनीति का पुरजोर विरोध किया है। हालांकि कुछ हिस्सों में कुछ मात्रा में कार्यकर्ताओं की संख्या में कमी आई है। इस पार्टी ने हमेशा

मानवीय अधिकारों और सभ्य समाज की परम्पराओं की रक्षा के लिए संघर्ष किया है, जबकि कुछ दूसरी पार्टियों को तो इन सिद्धांतों के अर्थ तक भी मालूम नहीं हैं।

लोकतंत्र की रक्षा के लिए मुहिम हालांकि सत्ता संघर्ष में हमेशा पिछड़ जाती है, लेकिन एक दिन यही चुनाव का सबसे बड़ा मुद्दा बनकर उभरेगा। अर्थव्यवस्था का बाजारीकरण भारतीय राजनीति और सामाजिक व्यवस्था को अपने शिकंजे में जकड़ रहा है, गरीब लोगों पर तो मानों दुखों का पहाड़ टूट पड़ा है। जैसे-जैसे शिकंजा कसेगा, लोग दुखी होंगे वो शोषणकारी बाजारी ताकतों का विरोध करने के लिए सी पी एम जैसी लोकहितकारी पार्टी की शरण में जाएंगें। हालांकि हरियाणा में सी पी एम के कामरेड़ों की संख्या ज्यादा नहीं है,लेकिन वो जरूरत पड़ने पर किसी भी परिस्थिति का मुकाबला करने में सक्षम हैं। का.इन्द्रजीत सिंह, कामरेड पिरथी सिंह, कामरेड बलबीर सिंह दहिया, का.श्रद्धानन्द सोलंकी बहुत ही ऊंचे चरित्र और सुझबूझ वाले राजनैतिक नेता हैं। उन्हें केवल जनता में जाकर मौके का लाभ उठाने की जरूरत है।

यह मौका जितना संभावित है उतना ही तार्किक है क्योंकि जैसे-2 बाजारी शक्तियों का शिकंजा कसता जाएगा, कामगारों की हालत बिगड़ेगी और वे लोग व्यक्तिवाद और भोगवाद से बाहर निकलने को मजबूर होंगें और ऐसी करो या मरो की स्थिति में बुर्जुआ पार्टियों द्वारा लोगों को बहकाने के लिए इस्तेमाल किए जाने वाले सभी तरीके असफल हो जाएंगे और लोगों में असंतोष बढ़ता चला जाएगा। जब लोगों की जरूरतें पूरी नहीं होंगी और उनके पेट में भूख की आग जल रही होगी तो धर्म, राम-मंदिर, जातिवाद या संप्रदायवाद की नशीली घुट्टी उस आग को बुझाने के बजाए भड़काने का काम करेगी और जनता में आन्दोलन होगा।

जो मौका आज सी पी एम के सामने नजर आता है उसे बसपा भुना सकती है क्योंकि गरीब जातियों के लोग उसकी तरफ ज्यादा झुके हुए नजर आ रहे हैं और दूसरी बात जाति के नाम पर आज भी लोग एकजुट हो जाते हैं, हालांकि कुमारी मायावती श्री कांशी राम द्वारा की गई मेहनत का लाभ

उठा रही हैं फिर भी उन्होंनें समय की नब्ज को पहचान लिया है और उत्तरप्रदेश में उनका फार्मूला कामयाब होने के बाद वो काफी महत्त्वाकांक्षी हो गई हैं। आने वाले वर्षों में हरियाणा समेत जितने भी राज्यों में चुनाव होने हैं वो उन सभी में इस जातीय अंकगणित को इस्तेमाल करने की कोशिश करेंगी। उनकी राजनीति कांग्रेस और भाजपा की ही तरह दूसरी जातियों को अपना जूनियर बनाती है। कांग्रेस पार्टी अनेक वर्षों तक निम्न जाति के लोगों को अपना पिछलग्गू बनाकर राज करती रही और अब कुमारी मायावती ठीक इसका उल्ट कर रही हैं।

कुमारी मायावती ने केवल उस समीकरण को उल्टा कर दिया है। पिछले वर्षों की शासक जातियां आज शासित और पिछलग्गू बन गई हैं, जातियों के ऊंचेपन की बजाय आज उनकी संख्या ज्यादा मायने रखती है। इस प्रकार संख्या ने तथाकथित जातीय उत्कृष्टता का स्थान ले लिया है। समय अच्छे के लिए ही बदल रहा है और आम जनता का लोकतंत्र सदियों पुराने सामंतवाद का स्थान ले रहा है। ये सारा परिणाम है एक आदमी श्री कांशीराम के संपूर्ण समर्पण का और एक औरत कुमारी मायावती की दृढ़ निश्चय से भरी लड़ाई का जो उन्होंने तथाकथित ऊंची जातियों के संरक्षकों के खिलाफ लड़ी है।

सीपीएम की लोगों के लोकतंत्र की मुहिम की बजाए पलड़ा आज कुमारी मायावती की मुहिम जो उत्तरप्रदेश में कामयाबी हासिल कर चुकी हैं की ओर झुका नजर आता है,लेकिन हरियाणा में पूंजीवादी-अर्थव्यवस्था में बदलाव के कभी न पूरे होने वाले सपने को देखने वाले हरियाणा के समाज में जातीय संरचना शत-प्रतिशत उत्तरप्रदेश जैसी नहीं है। कुमारी मायावती की एकमात्र महत्त्वाकांक्षा सत्ता पर काबिज होकर वही करना है जो सभी करते हैं,इसमें वो कभी कम तो कभी ज्यादा कामयाब रही हैं। इस बार दुनिया में जनसंख्या के हिसाब से छठे नंबर पर आने वाले उत्तरप्रदेश में पूर्ण बहुमत हासिल किया है।

कुमारी मायावती की विचारधरा पूर्ण रूप से बुर्जुआ है। किसी भी दूसरी बुर्जुआ पार्टी की ही तरह वो भी केवल चुनावी सफलता के बारे में सोचती

हैं। उन्होंने कभी भी कोई सामाजिक मुद्दा नहीं उठाया है और न ही कभी गरीबों के हित के लिए कोई आन्दोलन चलाया है। वो तो केवल ऐसे नारे और प्रतीक इस्तेमाल करती हैं जो उनके चुनावी क्षेत्र के लोगों के दिमाग को काबू कर सकते हैं। वो जातीय चेतना को ज्यादा से ज्यादा तीखा करना चाहती हैं क्योंकि जातीय चेतना के ज्यादा तीखा होने से जातीय ध्रुवीकरण ज्यादा स्पष्ट हो जाता है। भारत की सभी जातियों के लोग बहुत संतुष्टि महसूस करते हैं यदि मुख्यमंत्री, जज या एस.पी. या अन्य कोई बड़ा अधिकारी उनकी अपनी जाति का हो। इस तरह का जातिवाद केवल मुट्ठीभर लोगों की तो मदद करता है लेकिन बहुतायत जनता को तरसता हुआ छोड़ देता है और ये लोग तो केवल दूसरों को खाते हुए देख कर खुश हो सकते हैं क्योंकि इन्हें खुद के लिए कुछ भी नहीं मिलता। गरीब लोग कितने दिनों तक जातियों में बंटे रहेंगे। जनतांत्रिक संगठनों जैसे वोट, सबके लिए शिक्षा, कानून के समक्ष समानता आदि के विकास के बावजूद भी सदियों से चली आ रही जातिप्रथा अभी कमजोर नहीं पड़ी है।

केवल जातिप्रथा के खत्म होने पर ही कम्युनिस्ट पार्टी का महत्त्व स्पष्ट हो पाएगा और तब जाति के आधार पर नहीं बल्कि वर्ग के आधार पर ध्रुवीकरण होगा। आज के इस जातिवाद के दौर में हरियाणा की सी पी एम राजनैतिक स्तर पर कहीं नजर नहीं आ रही है। गुडगावां में होंडा कम्पनी के कर्मचारियों पर हुए अत्याचार का विरोध या करनाल में लिबर्टी जूता कम्पनी के मजदूरों की रक्षा करने जैसी छिटपुट घटनाओं में जरूर इस पार्टी का नाम ऊपर आता है।

शायद परिस्थिति की मांग है कि सीपीएम की हरियाणा ईकाई अपनी रणनीति और कार्यप्रणाली में कुछ परिवर्तन करे। इस समय राज्य की सी पी एम ईकाई के लिए आत्ममंथन की जरूरत है कि आजादी के दिनों से लेकर आज तक वो एक बार भी सरकार बनाने में कामयाब नहीं हो पाए। हालांकि पंजाब में भी यह पार्टी अपने लिए कोई सीटें नहीं जीत पाती, लेकिन वहां इसकी स्थिति हरियाणा से बेहतर है। ऐसा लगता है कि यह पार्टी बसपा और दूसरी बुर्जवा पार्टियों की भांति चुनावी पार्टी न होने को गर्व का विषय

मानती है, लेकिन दूसरी तरफ से देखें तो मजबूरी का नाम गांधीवाली कहावत इस पार्टी पर ठीक बैठती है। इसका अर्थ यह हुआ कि यदि आपके पास चुनावों में खड़ा करने के लिए सक्षम प्रत्याशी नहीं हैं तो आप बहाना बना रहे हैं कि आप चुनाव के समय अपनी दुकानदारी जमाने वाली बुर्जुआ पार्टियों की तरह नहीं हैं।

बेशक बसपा एक चुनावी पार्टी है जो सामाजिक रूप से पिछड़े तबकों के वोट बैंक पर जिंदा है और सत्ता के लिए इस भूख के ही कारण अपने से ठीक विपरीत विचारधारा रखने वाली भाजपा से भी गठबंधन करने से नहीं कतराती है। तीन बार किया गया ये जोर जबरदस्ती का गठबंधन तीनों ही बार बुरी तरह से असफल रहा है। एक बार इसने कांग्रेस के साथ भी गठबंधन किया है जब वो उत्तरप्रदेश की राजनीति में कुछ ताकतवर थी। इन सभी प्रयोगों के असफल होने पर बसपा ने अकेले अपने दम पर चुनाव लड़ने का फैसला लिया। लेकिन वो भी असफल रहा। सन् 2007 के चुनावों में उसने एक नया प्रयोग किया उसने ऊंची जाति वालों के लिए अपनी नफरत को त्याग दिया और सबसे ऊंची जाति अर्थात ब्राह्मणों के साथ समझौता कर लिया। अब क्योंकि मुसलमानों के वोट तो किसी भी ऐसी पार्टी को मिल सकते हैं जो भाजपा के खिलाफ हो तो ऐसे में उसके लिए चुनाव जीतना ज्यादा मुश्किल नहीं रहा।

लेकिन क्या बसपा हरियाणा में होने वाले अगले चुनावों में इस फारमूले का प्रयोग करेगी यह कोई नहीं जानता क्योंकि उसने अभी तक इस बारे में कोई योजना जाहिर नहीं की है लेकिन यह हरियाणा से बिना किसी सफलता के अनेक वर्षों से लोकसभा चुनाव लड़ रही है। इसका मुख्य उद्देश्य तो थोड़े बहुत वोट लेकर अपनी उपस्थिति को दर्ज करवाना है लेकिन कभी कभार एक दो सीट भी इसे मिल जाती है।

कांग्रेस ने अपनी स्थिति को मजबूत करने के प्रयास शुरू कर दिए हैं। चौ. भूपेन्द्र सिंह हुड्डा की सरकार बड़े पैमाने पर विकास कार्य करने में लगी हुई है और पार्टी को भी नए सिरे से संगठित किया गया है यह देश और

समाज दोनों के हित में है। एक लोकतांत्रिक और धर्मनिरपेक्ष सरकार भविष्य में भी बनी रहे क्योंकि लालों के द्वारा, साम्प्रदायिक भाजपा द्वारा और जातिवादी बसपा द्वारा बनाए गए गठबंधन जिन्हें फिलहाल कांग्रेस ने दबा रखा है समाज को केवल जाति और धर्म के नाम पर बांटने का काम ही करेंगे।

एक बात तो तय है कि सत्ता की राजनीति को गरीब के हक की राजनीति बनने में तो अभी समय लगेगा। तब तक मूल्यों की राजनीति को दरकिनार करते हुए बुर्जवा संघर्ष चलता रहेगा। सदियों से चली आ रही सामाजिक और राजनैतिक संरचनाएं न तो एक दम से मिटाई जा सकती हैं और न ही पुनर्रचित की जा सकती हैं लेकिन तेजी से बदल रही सामाजिक और आर्थिक परिस्थितियां इसे अवश्य ही कमजोर करेंगी। इससे नीची जातियां ज्यादा आतंकी नहीं तो कम से कम कुछ आक्रामक हो जाएंगी और ग्रामीण-शहरी सामाजिक संरचना को अपनी और झूका लेंगी। इस तरह से जाति और संप्रदाय की राजनीति के स्थान पर धर्मनिरपेक्षता की राजनीति एक मजबूरी बन जाएगी। वैश्वीकरण और उपभोक्तावाद के बढ़ते हुए प्रभाव से ऐसा होकर रहेगा क्योंकि ये दोनों ही प्रक्रियाएं धर्मनिरपेक्ष हैं और लाभ कमाने की प्रबल इच्छा के अलावा और कोई धर्म नहीं अपनाती।

आज की स्थिति में धर्मनिरपेक्ष राजनीति जाति और कौम की राजनीति से ज्यादा मजबूत नजर आ रही हैं लेकिन यह तो समय ही बताएगा कि क्या कम्युनिस्ट, समाजवादी और उदारपंथी दल इस मौके का फायदा उठा पाते हैं। यह तो खुद सी पी एम को ही तय करना है कि क्या वो तैयार हैं या समय उनके लिए अनुकूल है या नहीं। लेकिन परिस्थितियों की मांग है कि ये सभी घटक एक जुट हो जाएं और समय के अनुसार बदलती परिस्थिति का लाभ उठाएं। यदि सी पी एम के बौद्धिकवाद में थोड़ी क्रियाशीलता भी आ जाएं तो वो अपने पैरों के नीचे की जमीन को बढ़ाने में कामयाब हो जाएंगे, उनका क्रियाकलाप और प्रभाव का क्षेत्र बढ़ जाएगा। इस तरह से हरियाणा की राजनीति के तात्कालिक और सुदूर भविष्य के जो आयाम हमने

पेश किए हैं वो तो मात्र दिशा सूचक के समान हैं वे कोई भविष्यवाणी नहीं हैं। बहुत कुछ तो इस बात पर निर्भर करेगा कि सन् 2010 में होने वाले चुनावों से पहले के दो वर्ष से भी अधिक समय के दौरान अलग-2 पार्टियां क्या काम करती हैं। इस समय तो केवल इतना ही कहा जा सकता है कि आने वाला चुनावी दंगल सत्ता के इच्छुक प्रत्याशियों के लिए आज तक के सभी मुकाबलों से मुश्किल होगा।

15

कुछ निष्कर्ष

हरियाणा की सत्ता की राजनीति पर दृष्टि डालते हुए कुछ निष्कर्ष और व्याख्याएं अपरिहार्य हैं। एक-दो अपवादों को छोड़कर हरियाणा की सत्ता की राजनीति प्रारम्भ से ही कुछ परिवारों तक सीमित रही है। सत्ता की राजनीति में प्रभावी इन परिवारों में राव बिरेन्द्र सिंह का परिवार 19वीं शताब्दी से ही है तथा चौ. भूपेन्द्र सिंह हुड्डा, चौ. ओमप्रकाश चौटाला और चौ. बिरेन्द्र सिंह के परिवार 20वीं शताब्दी के प्रारम्भ में प्रतिष्ठित हुए। जहां चौ. बिरेन्द्र सिंह चौ. छोटूराम के परिवार से हैं, वहीं चौ. ओमप्रकाश व चौ. भूपेन्द्र सिंह हुड्डा के परिवार उनके प्रतिद्वन्द्वी रहे हैं। चौ.बंसीलाल और चौ. भजनलाल का परिवार राजनीति में वर्तमान हरियाणा बनने के बाद ही आया।

राजनीति के पटल पर उभरे इन परिवारों में अधिकाशंतः आर्य-समाज और स्वतंत्रता आन्दोलन में भाग लेने वाले थे। चौ. भूपेन्द्र सिंह हुड्डा और चौ. ओमप्रकाश चौटाला दोनों के परिवारों ने अपने अपने क्षेत्रों में आर्य समाज और स्वतंत्रता आन्दोलन में काम किया। चौ.बंसीलाल और चौ. भजनलाल साधारण पृष्ठभूमि वाले परिवार से आए। हरियाणा के चालीस वर्ष के इतिहास में ये परिवार लगभग पच्चीस वर्ष तक सत्ता की कुर्सी पर विराजमान रहे। इन राजनीतिक परिवारों के उभार में जाति का गहरा हाथ है, अधिकतर समय जाट जाति के व्यक्ति ने सत्ता की कुसी संभाली और चौ. भजनलाल समेत सभी की जड़ें गांवों में थीं, शहर का कोई भी व्यक्ति अभी तक मुख्यमंत्री नहीं बन पाया। न ही अनुसूचित जाति का कोई व्यक्ति सता की उच्च कुर्सी तक पहुंचा। जबकि चौ चांदराम और चौ.दलबीर सिंह जैसे दिग्गज नेता लम्बे समय तक राजनीति में रहते हुए संसद और विधानसभा के चुनाव जीते और केन्द्र में तथा राज्य में मंत्री भी रहे। इनके अलावा चौ.

फूलचन्द मुलाना, चौ. श्यामचन्द, श्रीमती शकुन्तला भगवाड़िया, श्रीमती करतार देवी कई बार विधायक और मंत्री बने, लेकिन न तो कोई नेता के तौर पर उभरा और न ही उनका परिवार प्रतिष्ठित राजनीतिक खानदान में बदल पाया। इन वर्गों से श्री रामप्रकाश और चौ. अमरसिंह धानक भी लम्बे समय तक राजनीति में रहे। ऐसे कुछ उदाहरण हैं, जिनकी दूसरी पीढ़ी को राजनीति में आने का मौका मिला। कुमारी शैलजा के पिता चौ. दलबीर सिंह केन्द्र और राज्य की राजनीति में लम्बे समय तक रहे, एक बार उनके भाई भी विधायक रहे। फरीदाबाद के चौ. गयालाल का बेटा भी अब विधायक है। कम से कम चौ. चांदराम और चौ. दलबीर सिंह सत्ता की उच्च कुर्सी के लिए योग्य थे, लेकिन उनको कभी मौका नहीं दिया गया।

सहज ही अनुमान लगाया जा सकता है कि जातिगत संरचनाएं सत्ता में वर्चस्वी स्थिति के लिए प्रभावी भूमिका निभाती हैं कि अनुसूचित जाति से संबंधित उच्च शिक्षित एवं राजनीतिक रूप से अनुभवी होने पर भी किसी व्यक्ति को राज्य की राजनीति में प्रभावी भूमिका नहीं दी गई। इन जातियों में से न तो किसी की मंत्रीमंडल में और न ही राजनीतिक पार्टी के सांगठनिक ढांचे में प्रभावशाली भूमिका रही।

पिछड़े वर्गों की स्थिति भी बहुत अच्छी नहीं है, इनमें से भी कोई न तो मंत्रीमंडल का अध्यक्ष रहा और न ही पार्टी संगठन का, बल्कि मंत्रीमंडल में इनकी उपस्थिति नाम मात्र की ही रही। कुरुक्षेत्र के डा. रामप्रकाश ही कुछ समय के लिए कांग्रेस पार्टी के कार्यकारी अध्यक्ष रहे, कुछ समय तक उनका अध्यक्ष रहना ही पिछड़ी जातियों की राजनीति में कमजोर स्थिति को दर्शाता है।

दलित जातियों में सुश्री मायावती के बढ़ते प्रभाव के चलते ही चौ. फूलचन्द मुलाना कांग्रेस के राज्य अध्यक्ष बने हैं। यद्यपि चौ. दलबीर सिंह भी एक बार इस पद पर रहे, लेकिन उनका कार्यकाल इतना कम था कि लोग भूल ही गए हैं।

इन पिछड़ी जातियों की तरह ही महिलाओं की हालत है। हमारे समाज में महिलाओं की स्थिति कमजोर रही है, उनको राज्य में मुख्यमंत्री बनने और

किसी पार्टी के अध्यक्ष का पद नहीं दिया गया। हरियाणा में श्रीमती प्रसन्नी देवी और बहिन चन्द्रावती जैसी महिला नेत्री रहीं, जो सन् 1950 के प्रारम्भिक वर्षों में ही विधानसभा के लिए चुनी गईं, जब तक चौ. बंसीलाल, चौ. भजनलाल और चौ. भूपेन्द्र सिंह हुड्डा ने अपनी राजनीतिक पारी शुरू भी नहीं की थी। श्रीमती ओमप्रभा जैन भी प्रतिष्ठित महिला नेत्री थी। पिछड़ी जातियों के नेताओं की तरह ही इन महिला-नेत्रियों के खानदान भी राजनीति में अपनी जगह नहीं बना पाए।

हरियाणा की राजनीति की अच्छी बात यह है कि साम्प्रदायिकता यहां जगह नहीं बना पाई। यद्यपि सन् 1947 में विभाजन के दौरान साम्प्रदायिक हिंसा हुई थी। लेकिन हरियाणा बनने के बाद जिस तरह राजस्थान, गुजरात, उतरप्रदेश और मध्य प्रदेश जैसे राज्यों में गाहे-बगाहे साम्प्रदायिक हिंसा हो जाती है, वैसी स्थिति हरियाणा में नहीं है। इसका एक कारण तो यह भी है कि हरियाणा में मुस्लिम आबादी अधिक नहीं है और जो है वह एक विशेष क्षेत्र में ही है।

साम्प्रदायिक सद्भाव में चौ. छोटूराम का विशेष योगदान है। यद्यपि वे आर्य समाजी और सामाजिक पृष्ठभूमि के कारण गो-रक्षा के कट्टर समर्थक थे, लेकिन राजनीति में जमींदार लीग के साथ होने के कारण साम्प्रदायिकता से ऊपर उठकर विभिन्न जातियों और समुदायों को एक मंच पर लाने का कार्य किया। सौभाग्य से हरियाणा में गो-हत्या के सवाल पर हिन्दुओं और मुस्लिमों में तो कभी दंगे नहीं हुए। हरियाणा की प्रभुत्वशाली खेतीहर जातियों में धार्मिक कट्टरता का न होना भी साम्प्रदायिक सद्भाव का कारण है। शहरी उच्च जातियों में ही संस्थागत धर्म की जड़ें मजबूत हैं।

एक समय पर शहरी और ग्रामीण जनता के बीच अन्तर्विरोध काफी बढ़ गया था, लेकिन शहरों के विस्तार से व अधिकाधिक संख्या में गांव से शहर में आकर बसने से तथा गांवों में शहरी जीवन शैली रो व नई तकनीक के आने तथा व्यवसाय के तीव्रता के विकास से यह अन्तर्विरोध कम हुआ है। यद्यपि शहरी और ग्रामीण आबादी के बीच का फासला तो कम हो रहा है, लेकिन दो अर्थव्यवस्थाओं का फासला कम नहीं हो रहा,बल्कि अमीर और गरीब का यह फासला बढ़ता ही जा रहा है और उसी के अनुसार राजनीति के ध्रुवीकरण में भी परिवर्तन आ रहे हैं।

हरियाणा में सत्ता के लिए संघर्ष अभी भी ग्रामीण आभिजात्य वर्ग में है, बेशक यह चाहे कस्बों या बड़े शहरों में रहता हो, लेकिन इसकी पहचान ग्रामीण जाति और समुदाय से ही है। ग्रामीणों ने भी इन नेताओं को त्याग नहीं दिया, गांवों से जुड़ाव इनकी ग्रामीण पहचान को बनाए रखता है।

लोकतांत्रिक संस्थाओं के प्रतिनिधि चुनते हुए आबादी का बहुत बड़ा हिस्सा नौजवान और महिला मतदाता परम्परागत जाति, समुदाय और संयुक्त परिवार के ढांचे के कारण अपने परिवार, जाति और समुदाय के साथ ही वोट डालते हैं। परिवार के बंधन से अलग होकर स्वतंत्र तौर पर युवा शक्ति को अभी रूप ग्रहण करना है।

महिलाओं की स्थिति तो ओर भी खराब है, उन्हें अभी अपनी स्वतंत्र पहचान बनानी है, अभी तक तो उनके वोट को उनके पिता और पति के साथ जोड़कर ही देखा जाता है। कानून में महिलाओं की सुरक्षा के प्रावधान के बावजूद परिवारों में उनके साथ सौतेला व्यवहार किया जाता है। बहुत कम महिलाएं स्वतंत्र तौर पर निर्णय लेकर अपना वोट डालती हैं। कहा जा सकता है कि अधिकांश मतदाता अपना निर्णय स्वतंत्र तौर पर न लेकर अपने परिवार के साथ लेते हैं।

पार्टी का टिकट हासिल करने से लेकर माहौल अपने पक्ष में करने तक पैसे का बोलबाला है। संसदीय और विधानसभा के चुनावों में करोड़ों रुपए खर्च होते हैं। गांव की पंचायत से लेकर संसद तक के चुनाव में खर्च को देखते हुए कोई सामान्य व्यक्ति चुनाव लड़ने की सोच भी नहीं सकता। इसलिए जो एक बार चुनाव जीत जाता है वह इस व्यापार में बने रहने के लिए अधिकाधिक धन 'कमाने' के लिए जुगाड़ करता है। इस तरह लोकतंत्र की न्यामतें कुछ लोगों तक ही सीमित रहती हैं।

हरियाणा में जाति और समुदाय के आधार पर समीकरण बनाकर चुनाव लड़ने वाली पार्टियों के बीच ही सत्ता संघर्ष रहा है। विचारधारा के आधार पर राजनीति करने वाली सी.पी.एम. जैसी पार्टी सत्ता के खेल से बाहर ही है। आधुनिकीकरण, व्यावसायीकरण और भूमंडलीकरण के बावजूद भी हरियाणा का राजनीतिक ढांचा जाति और समुदाय पर आधारित तथा संचालित है।

ध्यान देने योग्य बात यह है कि हरियाणा के राजनीतिज्ञ व्यापार के क्षेत्र में हाथ आजमा रहे हैं और व्यापारी राजनीति के क्षेत्र तक फैल रहे हैं। चौ. ओमप्रकाश चौटाला, चौ. भजनलाल, बंसीलाल, राव बिरेन्द्र सिंह, जयप्रकाश आदि व्यापार के क्षेत्र में आए। इसीतरह श्री ओमप्रकाश जिन्दल, श्री विनोद शर्मा, श्री रमेश गुप्ता, श्री मांगे राम गुप्ता, श्री बलबीर पाल शाह और कई सारे लोग मूलतः व्यापारी हैं, उन्होंने सांसद या विधायक बनने को अपने व्यापार के लिए सहायक पाया। व्यापार से राजनीति और राजनीति से व्यापार को बढ़ावा मिल रहा है।

हरियाणा की राजनीति में परिवारों का आधिपत्य जारी है कोई भी राजनीतिक नेता अपने परिवार को ही राजनीति में आगे बढ़ाता है। वह इस तरह अपने बच्चों या पत्नी को सौंपता है जैसे कि उसकी सम्पति पर उनका अधिकार होता है। इसके उदाहरण हमारे सामने हैं। चौ. भूपेन्द्र सिंह हुड्डा के मंत्रिमंडल के दो सदस्यों श्री ओमप्रकाश जिन्दल तथा चौ. सुरेन्द्र सिंह की विमान दुर्घटना में दुखद मृत्यु से विधानसभा की सीटें खाली हुई तो उनके स्थान पर उनकी पत्नियों को टिकट दिया गया। बेटों को राजनीति में स्थापित करने की परम्परा फल फूल रही है। चौ. शमशेर सिंह सुरजेवाला का बेटा, चौ. भजनलाल के दोनों बेटे, चौ. ओमप्रकाश चौटाला के दोनों बेटे, राव बिरेन्द्र सिंह का बेटा, चौ. बंसीलाल के बेटे, दामाद और पुत्रवधू, चौ. भूपेन्द्रसिंह का बेटा, चौ जयप्रकाश का भाई (बेटे की उम्र न होने के कारण) राजनीति में हैं।

हरियाणा के विकास और प्रगति के लिए राजनीति को सामन्ती ढांचे से निकालने की जरूरत है। जाति और समुदाय पर टिकी राजनीति को विवेकपरक बनाने की जरूरत है, जिससे हरियाणा के सामाजिक ढांचे में मौजूद सामन्ती तत्वों को समाप्त करके उसके स्थान पर आधुनिक विचारधारा को स्थापित करने की जरूरत है। जो लोग हरियाणा को हर दृष्टि से आधुनिक बनाना चाहते हैं, वही इस दिशा में काम करेंगे।